本書爲全國高等院校古籍整理研究工作委員會直接資助項目（2028）成果，并得到河南省博士後科研啓動項目、信陽師範學院"南湖學者獎勵計劃"青年項目的資助

〔清〕靳輔撰　張樂鋒校注

靳文襄公奏疏校注

長江出版傳媒
湖北人民出版社

圖書在版編目（CIP）數據

靳文襄公奏疏校注 / 張樂鋒校注. —— 武漢：湖北人民出版社，2022.10
ISBN 978-7-216-10441-8

Ⅰ. ①靳… Ⅱ. ①張… Ⅲ. ①奏議－匯編－中國－清代 Ⅳ. ①K249.065

中國版本圖書館CIP數據核字(2022)第080180號

責任編輯：楊　猛
封面設計：張　弦
責任校對：范承勇
責任印製：肖迎軍

靳文襄公奏疏校注
JIN WENXIANG GONG ZOUSHU JIAOZHU

出版發行：湖北人民出版社		地址：武漢市雄楚大道268號	
印刷：武漢郵科印務有限公司		郵編：430070	
开本：787毫米×1092毫米　1/16		印張：16	
字數：285千字		插頁：2	
版次：2022年10月第1版		印次：2022年10月第1次印刷	
書號：ISBN 978-7-216-10441-8		定價：68.00元	

本社網址：http://www.hbpp.com.cn
本社旗艦店：http://hbrmcbs.tmall.com
讀者服務部電話：027-87679656
投訴舉報電話：027-87679757

（圖書如出現印裝質量問題，由本社負責調換）

前　言

　　黄河作爲中華民族的母親河，在塑造和哺育華夏文明的同時，也因其"善淤、善決、善徙"，對國家歷史進程與流域社會産生了深遠影響。明清兩代，政治中心與經濟中心的分離，使得漕運成爲國家要務。由於黄河下游河道的決溢，與朝廷命脈——京杭大運河的暢通與否關係密切，所以黄河治理也同樣成爲國之大政。

　　清初，受明末戰事等影響，河務廢弛，河患頻仍，"去歲遭闖逆蹂躪之餘，官竄夫逃，無人防守。伏秋水汛，自黄河北岸小宋、曹家口等處盡皆衝決，濟寧以南廬舍大半漂没"①。爲此，清廷仿照明制，在順治元年（1644）便設置了河道總督一職，負責黄、運兩河事務。儘管歷經楊方興、朱之錫等數任河臣的修治，黄河防務卻不盡如人意。在此背景下，康熙帝基於河工事務的特殊性，轉而將治水技能及相關經驗作爲選拔河道總督的主要標準②。時任安徽巡撫的靳輔，在康熙十一年（1672）到任之初便留心地方河務③，也因而成爲河道總督的合適人選，並於康熙十六年（1677）二月被任命爲河道總督④。

　　靳輔（1633—1692），字紫垣，漢軍鑲黄旗人，順治九年（1652）以官學生身份考授國史館編修，歷任内閣中書、兵部員外郎、内國史院學士、武英殿

---

　　① 《清世祖實録》卷一四，順治二年二月丙寅條。按：書中注釋所徵引相關古籍多爲習見重要史録及各府州縣志，因不涉關鍵，且爲節省篇幅、方便閲讀計，不一一標明版本出處。

　　② 賈國靜：《清前期的河督與皇權政治——以靳輔治河爲中心的考察》，《中南大學學報（社會科學版）》2017年第3期。

　　③ 《清聖祖實録》卷三九，康熙十一年五月丁未條。

　　④ 《清聖祖實録》卷六五，康熙十六年二月辛未條。

學士等職；康熙十年（1671）陞任安徽巡撫，改折漕糧、復設社倉，三藩之亂時，"轉輸糧餉，造戰艦，設營舍，皆適宜"①，因而"上獎輔實心任事，加兵部尚書銜"②；康熙十六年（1677）起，兩度出任河道總督，履職十餘年，於康熙三十一年（1692）卒於任上。

黃、淮、運交匯的洪澤湖區域，既是漕運樞紐，又因地勢低窪而水患嚴重。靳輔便以淮揚地區中心，對黃、淮、運三河與洪澤湖進行了系統治理。在繼承潘季馴"束水攻沙"理念的基礎上，靳輔創製的治河、導淮、保運的治河模式，不僅有效解決了清初以來的河患問題，也成爲此後治河的主導策略。《靳文襄公奏疏》作爲靳輔出任河道總督期間有關治河奏疏的彙編，不僅集中反映了其治理黃、淮、運的主張與實踐措施，而且記載了當時的河道形勢與治河過程的討論、分歧，是其《治河方略》一書的補充與注解。

靳輔上任伊始，面對河道敝壞的形勢，"一面即遍歷河干，廣諮博詢，求賢才之碩畫，訪諳練之老成"。在此基礎上，針對前任"多盡力於漕艘經行之地；若於其他決口，則以爲無關運道而緩視之"的治河策略，靳輔提出系統治河的思路，"大抵治河之道，必當審其全局，將河道、運道爲一體，徹首尾而合治之，而後可無弊也"。③ 因此，靳輔首先倡議堵塞黃河沿岸決口，進而挑挖、疏濬清江浦以下河道，並將濬河與築堤相結合，"既築堤矣，與其取土於他處，何如取土於河身？寓濬於築，而爲一舉兩得之計也"④。與之相對，清江浦以上河段，即是黃、淮、運、湖交匯要衝，也是漕運樞紐所在，自然成爲靳輔關注的重點區域。故而，靳輔通過挑疏清口、調整運口、增築高家堰坦坡、加幫河堤、深挑運河、開挖引水河等系列措施，以兼顧治河與漕運。

無論是疏濬河道，還是增築堤防，均耗費甚繁。與治河伴隨始終的是經費籌措問題，靳輔對此有深刻認識，"臣惟修治河工，必先以措設錢糧爲要"⑤。靳輔治河之初，正值三藩之亂，河工經費捉襟見肘，故其不僅通過改進工程技術的方式來削減開支，"減築堤、濬河之丈尺，並條議坦坡制水、下樁包土等法以代石、埽、板工"；而且提議"補納修河之費""加納剝淺之資""開廣武

---

① 光緒《重修安徽通志》卷一三八《職官志》。
② 《清史稿》卷二七九《靳輔傳》。
③ 《靳文襄公奏疏》卷一《河道敝壞已極疏》。
④ 《靳文襄公奏疏》卷一《經理河工第一疏挑清浦至海口》。
⑤ 《靳文襄公奏疏》卷一《經理河工第七疏裁併河官，選調賢員》。

生納監之事例"來彌補經費。① 隨著治河工程的次第興舉,加之淮揚地區水患頻發,民生困苦,爲確保工程進度與質量,靳輔採取了"寓賑於工"的措施,接連上書,請求"留漕濟工"②。治河過程中由於水情變化,工程措施多有調整,"是以臣或於從未築堤之處增築堤工,或於從未建閘壩之所增建閘壩",所需經費也由此增加。爲此,靳輔也不得不請求借撥錢糧,以解燃眉之急③。然而,河工經費的浩繁,既存在核銷手續繁瑣的問題,也招致朝臣非議,成爲制約靳輔治河的重要因素。這也促使靳輔在後續的治河過程中,通過在"屯墾額餘官田所收籽粒、佃價等項內銷算"等方式來籌措資金④。

相對於河工錢糧而言,河務官員的選用對於工程質量與後期維護上的作用尤爲重要,"惟是大工興舉之日,協理必須多員,而大工告竣之後,保護尤資羣力"。實則由於河務官員隸屬龐雜,權責混淆,相互掣肘,"雖官之大小各有所司,然其職掌之紛淆、事權之雜出,以致掣肘貽誤者,皆當確議釐定也"。爲此,靳輔重新理順淮揚、淮徐等道職掌與淮安等府河務機構轄區,並選調相應官員"各給委劄,分界事權,授以機宜,共襄大務"。⑤ 爲確保工程質量與防護效果,靳輔還奏請添設河兵分段看守,"並請嚴立議處,優定議敘之例,以鼓舞而儆戒之也"⑥。同時,靳輔根據河工險要程度,對沿河各地官員進行了系統優化,以期"何處堤工俱有專責官弁,修防自密,永可無誤"⑦。靳輔在治河之餘,對淮揚地區社會民情也頗多留意。針對徐州、泰州等地"幅員甚廣,民情亦復刁悍""庶而且富,因之事務繁劇,一牧不能兼顧"等情形,靳輔建議"割設小縣,以分治之"⑧,在加強地方管理的同時,也能爲治河提供人力與資金支持。

陳潢作爲靳輔的幕賓,在其治河過程中發揮了重要作用,靳輔言:"憶臣治河以來,藉潢之殫瘁經營,盡赤心以佐臣之不逮者不少,是以其間興工之委

---

① 《靳文襄公奏疏》卷一《經理河工第六疏籌劃錢糧》。
② 《靳文襄公奏疏》卷三《請留漕濟工疏》《再請留漕濟工疏》。
③ 《靳文襄公奏疏》卷四《請借錢糧疏》。
④ 《靳文襄公奏疏》卷六《霪霖漲漫疏》。
⑤ 《靳文襄公奏疏》卷一《經理河工第七疏裁併河官,選調賢員》。
⑥ 《靳文襄公奏疏》卷二《敬陳經理第七疏立勸懲以儆汙吏》。
⑦ 《靳文襄公奏疏》卷四《請添河員疏》。
⑧ 《靳文襄公奏疏》卷六《分添縣治疏》。

曲細微，以及將來取必竣工之責，非潢協力區畫不可。"① 兩人在長期的合作過程中形成了珍貴的友誼。因而，靳輔不僅向康熙帝推薦陳潢，爲其謀得道員職銜；更在陳潢被誣去世之後，請求恢復其道銜，"是臣與潢乃同事一體之人，臣幸而生，遂得再受皇恩；潢不幸而死，臣何忍負之！"② 此外，靳輔治河期間，朝野上下仍存在諸多與之相左的治河理念。卷四之《詳陳臆說疏》對靳輔與崔維雅間論辯的詳細描述，對於深入理解清初治河知識的流佈及其認識具有重要意義。

《靳文襄公奏疏》是在靳輔去世之後，由其長子靳治豫於雍正初年奉命協理河工期間③編輯而成，"今少司空奉天子命協理河務，追念前猷，咨嗟手澤，裒輯前後疏稿，悉以鋟板"④，並由時任漕運總督張大有作序。《靳文襄公奏疏》分爲正文《治河題稿》八卷、附錄《撫皖題稿》一卷，共計十六萬餘字。《靳文襄公奏疏》基於時間脈絡，囊括了靳輔在治河過程中圍繞技術策略、工程進度、資金籌措、機構調整、官員選派等重要問題向康熙帝的奏請，是探討清初君臣互動、治河機制與地方變遷的重要文獻。

有鑒於此，本書以國家圖書館藏雍正初年靳治豫刻《靳文襄公奏疏》爲底本，以《四庫全書》直隸總督採進本爲對校本，通過對其中所涉及的人物、職官、河工、地名等內容進行系統考證、注釋，以期形成完備、準確的校注本，爲研究黃河史、水利史與靳輔治河思想提供可靠的文獻資料。

---

① 《靳文襄公奏疏》卷六《欽奉上諭疏條陳下河》。
② 《靳文襄公奏疏》卷八《義友竭忠疏》。
③ "加副參領靳治豫工部侍郎銜，協理江南河工事務。以其父靳輔向任總河，著有勞績，靳治豫亦明晰河務故也"（《清世宗實錄》卷三九，雍正三年十二月己丑條）。
④ 《靳文襄公奏疏·序》。

目　　錄

序 …………………………………………………………………………… 1

卷一　治河題稿 ………………………………………………………… 3
　　恭報到任疏 …………………………………………………………… 5
　　河道敝壞已極疏 ……………………………………………………… 6
　　經理河工第一疏挑清浦至海口 ……………………………………… 9
　　經理河工第二疏挑疏清口 …………………………………………… 13
　　經理河工第三疏高堰坦坡 …………………………………………… 14
　　經理河工第四疏包土堵決 …………………………………………… 16
　　經理河工第五疏挑運河 ……………………………………………… 17
　　經理河工第六疏籌畫錢糧 …………………………………………… 19
　　經理河工第七疏裁併河官，選調賢員 ……………………………… 21
　　經理河工第八疏添設兵丁 …………………………………………… 27

卷二　治河題稿 ………………………………………………………… 31
　　敬陳經理第一疏以中河之土築堤 …………………………………… 33
　　敬陳經理第二疏爛泥淺挑引河二道 ………………………………… 35
　　敬陳經理第三疏幫高堰堤以束淮濟運 ……………………………… 36
　　敬陳經理第四疏並修清水潭以束淮敵黃 …………………………… 37
　　敬陳經理第五疏挑河以濟重運 ……………………………………… 39
　　敬陳經理第六疏改調河員以供大修 ………………………………… 40
　　敬陳經理第七疏立勸懲以儆汙吏 …………………………………… 44

江南大修疏 …………………………………………………… 46
　　指陳河道疏 …………………………………………………… 47
　　經理三疏未盡事宜疏 ………………………………………… 49
　　經理七疏未盡事宜疏 ………………………………………… 50
　　再陳一疏未盡事宜疏 ………………………………………… 52
　　酌改運口疏 …………………………………………………… 56
卷三　治河題稿 …………………………………………………… 59
　　題明經理第一疏未盡事宜疏 ………………………………… 61
　　特陳歲修疏 …………………………………………………… 63
　　特請大修疏 歸仁堤 ……………………………………………… 65
　　恭報合龍疏 清水潭 ……………………………………………… 67
　　恭報完工疏 改運口 ……………………………………………… 69
　　恭報合龍疏 翟家壩九河 ………………………………………… 70
　　再陳未盡事宜疏 ……………………………………………… 72
　　請留漕濟工疏 ………………………………………………… 74
　　再請留漕濟工疏 ……………………………………………… 75
　　請修運河疏 …………………………………………………… 77
　　因河命官疏 …………………………………………………… 80
　　恭報水漲疏 …………………………………………………… 81
　　經理未竣工程疏 ……………………………………………… 85
　　築壩挑河疏 …………………………………………………… 89
　　挑河避險疏 …………………………………………………… 90
卷四　治河題稿 …………………………………………………… 93
　　請借錢糧疏 …………………………………………………… 95
　　題明放水日期疏 ……………………………………………… 96
　　酌改河員以重責任疏 ………………………………………… 96
　　報明挑完卓河日期疏 ………………………………………… 98
　　再報湖漲情形疏 ……………………………………………… 98
　　恭報楊家莊合龍疏 …………………………………………… 99

謹陳歲修 …………………………………………………… 100
　　恭報大工水勢疏 ……………………………………………… 102
　　恭請欽差閱工疏 ……………………………………………… 105
　　詳陳臆說疏 …………………………………………………… 106
　　恭報進京疏 …………………………………………………… 111
　　請帑修蕭渡工疏 ……………………………………………… 112
　　恭報回工疏 …………………………………………………… 113
　　加修善後工程疏 ……………………………………………… 114
　　請添河員疏 …………………………………………………… 116
　　恭報兩河險工官員疏 ………………………………………… 122
　　謹請加修疏 …………………………………………………… 125

卷五　治河題稿 ………………………………………………… 129
　　恭報蕭渡合龍疏 ……………………………………………… 131
　　全河歸故疏 …………………………………………………… 132
　　請加堤岸疏 …………………………………………………… 136
　　置造汛船土車疏 ……………………………………………… 137
　　減糧增兵疏 …………………………………………………… 138
　　購辦柳束疏康熙二十三年 …………………………………… 140
　　課程堡夫疏 …………………………………………………… 142
　　衛河水勢疏 …………………………………………………… 143
　　大挑月河疏 …………………………………………………… 145
　　恭謝天恩疏 …………………………………………………… 146
　　善後事宜疏請錢糧 …………………………………………… 148
　　欽奉上諭疏勘工河南起程日期 ……………………………… 150
　　兩河水勢疏 …………………………………………………… 151
　　欽奉上諭疏蘭儀等處添官 …………………………………… 152

卷六　治河題稿 ………………………………………………… 155
　　欽奉上諭疏條陳下河 ………………………………………… 157
　　再報兩河水勢疏 ……………………………………………… 163

請免課程疏開、歸堡夫 ………………………………… 166
　　請循定例疏錢糧免其具題 …………………………… 168
　　霪霖漲漫疏 ……………………………………………… 169
　　恭謝天恩疏鹿脯等件 …………………………………… 172
　　恭報赴京疏 ……………………………………………… 173
　　欽奉上諭疏海口 ………………………………………… 173
　　分添縣治疏 ……………………………………………… 179
　　挑築未盡疏挑中河 ……………………………………… 180
　　欽奉上諭疏差看兩河 …………………………………… 181
　　恭謝天恩疏陳潢職銜 …………………………………… 182

卷七　治河題稿 …………………………………………… 185
　　中河已竣疏 ……………………………………………… 187
　　霪霖漫漲疏高堰二十二萬工程 ………………………… 188
　　衛河水勢疏歸漕得運 …………………………………… 189
　　天心之仁愛已極疏災異陳言 …………………………… 191
　　遵諭敬陳第一疏修省宜堅 ……………………………… 192
　　遵諭敬陳第二疏乾斷宜勇 ……………………………… 193
　　遵諭敬陳第三疏苛駁宜禁 ……………………………… 194
　　遵諭敬陳第四疏專差宜減 ……………………………… 196
　　遵諭敬陳第五疏酌價免賠 ……………………………… 197
　　遵諭敬陳第六疏緩征養民 ……………………………… 198
　　生財裕餉第一疏開水田 ………………………………… 200
　　生財裕餉第二疏開洋 …………………………………… 206
　　生財裕餉第三疏毀銅器 ………………………………… 209
　　條奏應生應節疏 ………………………………………… 211

卷八　治河題稿 …………………………………………… 213
　　恭謝天恩疏復任 ………………………………………… 215
　　運米未盡疏 ……………………………………………… 216
　　酌調河員疏贛榆等縣 …………………………………… 217

恭報開運疏	218
恭報回空疏	219
重堤預給夫食疏	221
弁員並有河工之責疏	222
義友竭忠疏	224
兩河再造疏	226
河工守成疏	228
疾病日甚疏	230
遺　奏	230

撫皖題稿附 ············ 232
減差節省驛站錢糧疏	232
節省錢糧疏	237
題明宋鑛案	242

序

　　從來言水利者，惟在疏洩得宜，節宣利導，俾水無失其性。而我朝定鼎以來，歲漕東南四百餘萬石以寔天庾，轉輸之力，全資水利。治河即以治漕，是非熟審乎黄、運、湖、河之勢，權衡在手、高下在心者，未易膺斯寄也。

　　文襄靳公以經濟名臣，由皖撫擢授河督。聖祖仁皇帝知人善任，畀以全河重寄，聖謨廣運，指授方略。而公亦寔能以河務自任，仰遵廟算，悉心籌畫。其間沿革異制、古今異宜、蓄洩異勢、緩急異形，以及經費之所出、群材之委任，莫不定全局於胸中，運機宜於指掌。數年之間，兩河循軌，奏績安瀾，運道無梗，而民生利賴焉。其功不可謂不偉矣！

　　方公之甫任事也，正值河患孔棘，黄水倒灌，高堰潰決。黄、淮合並東下，淮揚大困，州縣所在告災。公一蒞任，即審度形勢，經營擘畫，次第興舉。先大挑山清、高寶運河①，而水由地中行矣。又開白洋②、清河③以東引水河，而黄河始入海矣。又開清口④爛泥淺諸引河，而淮水始出敵黄矣。又於

---

　　①　山清運河，即大運河淮安府山陽縣至清河縣段。高寶運河，即大運河揚州府高郵州至寶應縣段。

　　②　白洋，即白洋河，"（桃源縣）治西六十里，上通汴河，下達黄河，人烟聚集成鎮，東屬桃源，西屬宿遷"（乾隆《淮安府志》卷四《山川》）。

　　③　清河，即泗水之尾閭，又名小清河，"源出泰安府，經徐、邳至（清河）縣西北三汊口……一由治東南入淮，爲小清河，即今河道。但舊以泗流清與淮，故名清河"（乾隆《淮安府志》卷四《山川》）。

　　④　清口，位於淮安府清河縣南，即黄河與小清河交匯處，"弘治初，黄河入小清河，其水遂濁，至今猶稱清口"（乾隆《江南通志》卷一四《山川》）。

清口以下疏通雲梯關①出海故道，而下流之水得所歸宿。又創築周橋②、翟壩③堤工，置減水六壩以時宣洩，而淮水暢流會黃，揚屬亦免阽危矣。至於開濬中河④以避黃河之險艱，改挑皂河⑤以免駱馬湖⑥之淤墊，是皆設施之尤大者。惟其深思遠慮，因時制宜，用能上契宸衷，下全漕運，宜天眷優隆，有實心任事之褒也。

　　公處河工積弊之後，毅然振作，不避勞怨。其陳經理事宜，一日而上八疏，剴切周詳，言言碩畫。其他築堤建閘，堵決疏滯，以至防險保固，斟酌損益之宜，凡見諸章奏者，悉綢繆於未雨之先，而補救於既敝之後，所謂熟審乎黃、運、湖、河之勢，權衡在手、高下在心者，非公誰與歸也！公著有《治河書》《奏疏》共若干卷，論事調暢，敷陳有體，卓然成一家言。今少司空奉天子命協理河務，追念前猷，咨嗟手澤，裒輯前後疏稿，悉以鋟板，世濟其美，樹勳兩朝，誠盛事也！予故於剞劂之成，樂爲一言以序之。

　　賜進士出身光祿大夫，兵部尚書兼都察院右副都御史，總督淮揚等處地方，提督漕運、海防、軍務，兼理糧餉，關中張大有⑦謹撰

---

① 雲梯關，"（山陽）縣東北二百里，淮北海口，其地有一套至十三套"（乾隆《江南通志》卷二六《關津》）。

② 周橋，即周家橋閘，"泗人因淮水淹泗城、祖陵之患，奏請於寶應西北界周家橋開十餘丈，以洩泗水"（萬曆《寶應縣志》卷四《水利志》）。

③ 翟壩，即翟家壩，"翟家壩，屬山陽，在周橋迤南，接盱眙境界，壩長二十五里，北連周橋閘，比高堰石工低二尺許，稱天然減水壩"（嘉慶《高郵州志》卷二《河渠志》）。

④ 中河，"治北十里，一名下中河，一名鹽河。康熙二十六年河督靳輔挑濬，宣洩黃流兼利鹽運。上接運口，下歷清河之楊家莊、王家營入縣境，長一百三十里。自平旺河下注潮河，東北入海，兩岸建堤至平旺河止"（光緒《淮安府志》卷七《河防》）。

⑤ 皂河，即皁河，"在宿遷縣北四十里，源出縣之港頭社，流入於泗，以土黑故名"（乾隆《江南通志》卷一四《山川》）。

⑥ 駱馬湖，"在宿遷縣西北四十里，由陳瑤溝入運河"（乾隆《江南通志》卷一四《山川》）。

⑦ 張大有（1675—1730），字書登，又字火天，陝西合陽人，康熙三十三年（1694）進士，歷任大理寺卿、漕運總督、工部尚書等職，"時運道淺澀，公押運抵通，實授漕運總督。雍正元年癸卯，授兵部尚書職銜，上《漕政八條》"（乾隆《郃陽縣志》卷三《人物第五》）。

卷一　治河題稿

【靳文襄公奏疏目錄①】

　　恭報到任疏、河道敝壞已極疏、經理河工第一疏挑清浦至海口、經理河工第二疏挑疏清口、經理河工第三疏高堰坦坡、經理河工第四疏包土堵決、經理河工第五疏挑運河、經理河工第六疏設處錢糧、經理河工第七疏裁併河官，選調賢員、經理河工第八疏添設兵丁

男治豫②編次
孫樹德校正
曾孫光烈、文仝校字

---

　①　卷前目錄與正文不盡相合，謹從底本錄入，以便參看。後同。
　②　靳治豫，鑲黃旗人，歷任工部侍郎等職，雍正五年（1727）任河道總督（雍正《河南通志》卷三五《職官六》）。

靳文襄公奏疏卷一　治河題稿

總督河道、提督軍務、太子太保、
兵部尚書兼都察院右副都御史臣靳輔

恭報到任疏

題爲恭報微臣到任日期事。

案於康熙十六年三月初十日，准吏部咨令臣將安徽巡撫敕印，照例交與江南總督臣阿席熙①署理。文到之日，并令臣速赴新任，與欽差大臣會同察審河務等因。臣於三月二十八日已將與督臣交代過緣由題明在案。臣隨於本日行至浦口地方，准前任河臣王光裕②咨將伊坐名敕書一道、總督河道提督軍務關防一顆、王命旗牌十面副，並書吏、員役、文册等項，差標下中軍副將陳傑、兗州府運河同知葉方恒③齎送到臣。臣跪接收領，隨星速兼程，於四月初五日前抵宿遷縣地方。臣於初六日即在宿遷到任，恭設香案，望闕叩頭謝恩，開印任事訖。惟是臣庸愚駑鈍，謬膺簡命，當此河工萬艱之時，凛惕悚惶，不安寢食，祇有畢竭頂踵，以盡臣職於萬一而已。至於一切興利釐弊，疏瀹隄防事

---

① 阿席熙，瓜爾佳氏，滿洲鑲紅旗人，歷任山西巡撫、江南江西總督、江南總督，"（康熙）陞陝西巡撫阿席熙爲江南江西總督"（《清聖祖實錄》卷四二，康熙十二年六月甲寅條）。按：全書相關人員、地名之注釋皆依所徵引文獻，其中地名與今地名不盡相合。
② 王光裕，奉天人，康熙十五年（1676）任河道總督，"陞左副都御史王光裕爲河道總督"（《清聖祖實錄》卷三五，康熙十五年二月己丑條）。
③ 葉方恒，"江南昆山人，進士，康熙十七年任（兗州府知府）"（乾隆《兗州府志》卷一二《職官志》）。

宜，容臣細加確核，次第入告。其察審河務一案，見在與欽差吏部侍郎折爾肯①等審取口供，即於本月初七日由宿遷起身前往淮、揚等處，俟勘實之日，另行會題外，所有微臣到任受事日期相應題報。又查拜進本章例，應候滿三件，然後彙同繕發。今臣到任日期不敢遲報，是以不及候三件之例，即行恭進，理合一併聲明。

伏乞皇上睿鑒施行。

河道敝壞已極疏

題爲河道敝壞已極，修治刻不容遲，臣謹先陳淤塞之原，並將因勢利導之策分疏具題，仰祈皇上睿鑒，速賜允行，以通運道，以足額賦，以拯昏墊之民生，以保見在之田土事。

竊微臣本駑駘陋質，荷蒙皇上殊恩，授爲安徽巡撫，奉職六載，寸善無聞。乃皇上不以臣爲庸劣，反加優擢，陞爲河道總督。臣拜命以來，夙夜兢兢，既感且懼。感者，感皇上知遇隆恩，臣雖肝腦塗地無以圖報於萬一；懼者，懼臣才庸體弱，惟恐不足當茲重任，有負皇上簡拔之盛心也。是以臣朝夕孜孜，惟虞隕越。

計自四月初六日，於宿遷縣到任之後，雖會同欽差侍郎臣折爾肯等察審河務，會勘雲臺山②等事，一面即遍歷河干，廣諮博詢，求賢才之碩畫，訪諳練之老成。毋論紳士、兵民以及工匠、夫役人等，凡有一言可取、一事可行者，臣莫不虛心採擇，以期得當。歷今兩月有餘，竭盡臣之耳目心思，備稽當日所以敝壞之緣由，力求今日所應補救之次第。大抵治河之道，必當審其全局，將河道、運道爲一體，徹首尾而合治之，而後可無弊也。

蓋運道之阻塞，率由於河道之變遷，而河道之變遷，總緣向來之議治河者多盡力於漕艘經行之地；若於其他決口，則以爲無關運道而緩視之。殊不知黃

---

① 折爾肯，即鄂濟·折爾肯，滿洲正白旗人，"遣吏部侍郎折爾肯、副都御使金俊，前往會同新任總河察審"（《清聖祖實錄》卷六五，康熙十六年二月丙辰條）。

② 雲臺山，位於今江蘇省連雲港市東北，"雲臺山，在州東北四十里"（乾隆《江南通志》卷一四《山川》）。

河之治否，攸繫數省之安危。即或無關運道，亦斷無聽其衝決而不爲修治之理。矧決口既多則水勢分而河流緩，流緩則沙停，沙停則底墊，以致河道日壞而運道因之日梗。是以原委相關之處，斷不容於歧視也。

今若不察全局之情形、事勢，而因循故事漫爲施工，則堵東必西決，堵南必北決，徒費時日，徒糜錢糧，而終歸無益。豈惟無益？將河患日深而莫可救藥矣！何也？黃河之水從來裹沙而行，水合則流急而沙隨水去，水分則流緩而水漫沙停。沙隨水去，則河身日深，而百川皆有所歸；沙停水漫，則河底日高，而旁溢無所底止。故黃河之沙全賴各處清水並力助刷，始能奔趨歸海而無滯也。查今日河患之所以日深者，皆因順治十六年至康熙六七年間所衝之歸仁堤①、古溝②、翟家壩、王家營③、二舖口④、邢家口⑤等各處決口，不即堵塞之所致也。

蓋歸仁一堤，原以障睢水⑥，並永堌⑦、邸家⑧、白鹿⑨諸湖之水不使侵淮，且令由小河口⑩、白洋河二處入河助黃刷沙者也。自順治十六年歸仁堤衝

---

① 歸仁堤，"在宿遷縣黃河南五十里，始於明嘉靖間，所以捍睢水、湖水及黃水，使不得南會於淮，而又遏睢水、湖水，使之並入黃河，助其衝刷也"（乾隆《江南通志》卷五二《藝文志》）。

② 古溝，即古溝閘，"周家橋閘與高良澗、古溝等閘，明嘉靖間泗陵太監稱淮水暴漲，陵木致淹，設立閘座以備宣洩"（嘉慶《高郵州志》卷二《河渠志》）。

③ 王家營，即王家營鎮，"在清河縣西北黃河北岸，爲陸路入京孔道。本朝康熙六年居民以河決分爲東、西營"（嘉慶《大清一統志》卷九四《淮安府二》）。

④ 二舖口，位於清河縣，"康熙六七年間，各處水大，黃、淮並漲，黃漲而王家營、邢家口等處衝潰矣"（乾隆《江南通志》卷五一《黃河》）。

⑤ 邢家口，位於清河縣，"康熙六七年間，各處水大，黃、淮並漲，黃漲而王家營、邢家口等處衝潰矣"（乾隆《江南通志》卷五一《黃河》）。

⑥ 睢水，"在（宿）州北二十里，源出河南夏邑白河東流，中經州之符離，通宿遷，至清河會泗入淮"（嘉靖《宿州志》卷一《地里志》）。

⑦ 永堌，即永堌湖，位於蕭縣，"自蕭縣界起入盤岔河至兩河口七十三里……自兩河口由山西坡瓦子口入永堌湖"（嘉慶《蕭縣志》卷三《河防》）。

⑧ 邸家，即邸家湖，位於宿遷縣，"小河口迤南有白鹿湖、邸家湖二湖"（乾隆《江南通志》卷五〇《黃河》）。

⑨ 白鹿，即白鹿湖，"治西南五十里，由小河入泗"（萬曆《淮安府志》卷三《建置志》）。

⑩ 小河口，即小河口鎮，"在孝義鄉雲治西"（萬曆《宿遷縣志》卷二《津梁》）。

潰之後，睢、湖諸水悉由決口侵淮，不復入黃刷沙，以致黃水反從小河口、白洋河二處逆灌，停沙積漸，淤成陸地。

至康熙六七年間，各處大水，黃、淮並漲。黃漲而王家營、二舖口、邢家口等處衝潰矣。淮漲而古溝、翟家壩等處衝潰矣。王家營、二舖口、邢家口等處衝潰之後，黃河之水由決口四漫者多，而由雲梯關外入海者少。古溝、翟家壩等處衝潰之後，淮河之水由高寶諸湖直射運河，衝決清水潭①，下淹高、江②等七州縣之田者多，而赴清口會黃入海者少。河、淮兩水俱從他處分洩，不復並力刷沙，以致流緩沙停，海口積墊日漸淤高。從此由遠至近，由外至內，河沙無日不停，河底無日不墊。海口淤而雲梯關亦淤，雲梯關淤而清江浦③、清口並淤矣。迨至康熙十五年間，各處又復大水，黃、淮又復並漲。清口以下之河身既高，不能奔趨歸海，而睢、湖諸水又合淮水並力東激，以故除古溝、翟家壩等原衝九處之外，又將高良潤④板工衝決口大小二十六處，高家堰⑤石工衝決口大小七處。諸水盡由各決口直注運河，加衝清水潭、三淺⑥等處各決口，下淹七州縣之田而涓滴不出清口。黃水又乘高四潰，衝決于家崗⑦

---

① 清水潭，位於高郵州，"在州治被二十里運河旁，地勢低窪，當河、淮下流之衝，屢築屢決"（嘉慶《高郵州志》卷一《山川》）。

② 江，即江都縣。

③ 清江浦，"在府西北三十里，舊爲沙河，土名烏沙河，古運道，自郡城東北入淮。舊志云：'宋轉運使喬維岳開此，直達清口。'明永樂初，陳瑄重濬置牐，更名清江浦。千軸叢集，居民夾岸，爲水陸之孔道"（乾隆《江南通志》卷一三《山川》）。

④ 高良潤，"在（淮安）府西南九十里，其水本入於淮，明萬曆中置牐洩淮水東注寶應諸湖"（乾隆《江南通志》卷一三《山川》）。

⑤ 高家堰，位於山陽縣，"在山陽西北四十里，創自漢陳登，所以障淮也。至我朝黃河由壽歷潁，循淮而會河於清河口，繼由孫家渡、趙皮寨□渦而會於清河口，以故高家堰愈益重"（《明經世文編》卷二八一《李石麓文集》）。

⑥ 三淺，位於寶應縣，"三淺，曰瓦甸淺，離城三十里，南接新鎮，北至朱馬灣"（道光《重修寶應縣志》卷六《水利》）。

⑦ 于家崗，位於泗陽縣，"治西北四十里，與九里崗相連"（民國《泗陽縣志》卷七《地理》）。

等處，又復灌入爛泥淺①，將武家墩②板工衝開五十丈，入故明所開之廢河，歷楊家廟③會合淮水直奔清水潭。其武家墩上流刷成大河，寬一二百丈不等。又分一股入洪澤湖，由高家堰石工決口會淮，並歸清水潭，而於各舊決口之處，則又浸淫四漫。較之以前，勢愈分洩，以致下流更淤而河身高墊更不可言矣。

查自清江浦至海口約長三百里。向日黃河水面在清江浦石工之下，今則石工與地平矣。向日河身深二、三、四丈不等，今則深者不過八九尺，淺者僅有二三尺矣。黃河淤，運河亦淤，今淮安城堞卑於河底矣。運河淤，清口與爛泥淺盡淤，今洪澤湖底漸成平陸矣。況尤有堪慮者，目今見在之河身既已墊高若此，而黃流裏沙之水則自西北萬里而來，晝夜不息。一至徐、邳、宿、桃等處，即便緩弱散漫，臣目見河沙無日不加積，河身無日不加高。若此時不及早大爲修治，則不特洪澤湖漸成陸地，將見南而運河、東而清江浦以下淤沙日甚，必至三面壅遏，而黃流無去路矣。夫以萬里遠來浩浩滔天之水竟至無路可去，則勢必衝突內潰，而河南、山東二省恐俱有淪胥及溺之憂。彼時雖費千萬金錢亦難尅期補救。

臣是以謂今日敝壞已極，修治刻不可緩也。但既經修治，則必使無旋修旋圮之虞，更必使有可行可久之道，始爲有當。臣逐細籌酌其間修舉情形，有必當師古者，有必當酌今者，有須分別先後者，有須一時並舉者，總以因勢利導，隨時制宜爲主。臣謹竭臣之愚，備採眾論而詳加斟酌，將應行事宜分爲八疏，條列具題，貼黃難盡，伏乞皇上睿鑒全覽，敕部速議允行。庶已淹之田可耕，見在之地可保，運道可通，額課可復，其於國計民瘼誠均有攸賴矣。

經理河工第一疏挑清浦至海口

題爲敬陳經理河工事宜第一疏事。

---

① 爛泥淺，鄰近高家堰，"洪澤湖下流高家堰西北一帶，即爛泥淺等處"（《清聖祖實錄》卷七一，康熙十七年正月乙酉條）。

② 武家墩，"萬曆六年，上遣督河都御史潘季馴行相視，乃申平江伯故畫，築堤起武家墩，經大小澗，至阜寧湖，以捍淮東侵"（萬曆《揚州府志》卷五《河渠志上》）。

③ 楊家廟，"在（淮安）府治右，元揚州路同知楊敬一卒於官，葬城西，因立廟祀之"（乾隆《江都縣志》卷八《祠祀》）。

臣惟河道壞至今日已稱至極，修治之不可緩，盡人而知之矣。然事勢有順逆，施工有次序，必須分別先後之宜，而後可斟酌興舉也。臣竊見今日治河之最宜先者，無過於挑清江浦以下，歷雲梯關至海口一帶河身之土，以築兩岸之堤也。查清江浦以下河身原闊一二里至四五里者，今則止寬一二十丈；原深二三丈至五六丈者，今則止深數尺。當日之大溜寬河，今皆淤成陸地，已經十年矣。

兹欲令黃、淮之水盡從故道入海，必須稍開去路，導之使行。蓋築堤堵決，用水刷沙，雖爲治河不易之策，然河身淤土有新久之不同。三年以內之新淤，外雖板土而其中淤泥未乾，衝刷最易。五年以前之久淤，其間淤泥已乾，與板沙結成一塊，衝刷甚難，故必須設法疏濬也。今日清江浦至海口一帶河身之淤既經十載，如不從萬全立議而貿貿以治新淤之法治之，恐決口盡堵；黃、淮齊下之際，因河身淺窄，一時衝刷不開，又生他變，則臣一身受溺職之罪固不足惜，其如已費錢糧，將來之國賦有虧，民生之昏墊何哉！

況用水刷沙即曰不必挑濬，而束水歸漕則又必須築堤。既築堤矣，與其取土於他處，何如取土於河身？寓濬於築，而爲一舉兩得之計也。今臣擬於河身兩旁近水之處、離水三丈下鍬掘土，各挑引水河一道，面闊八丈，底闊二丈，深一丈二尺，以待黃、淮之下注。蓋黃、淮下注之時，中央既有一二十丈舊有之河，左右又各有八丈新鑿之河，其所存兩旁之地雖屬堅土，而薄僅三丈，一經三面之夾攻、順流之衝洗，不待多時，即可盡行刷去，將舊有並新鑿之河俱合而爲一矣。又兩旁既各挑深一丈二尺，則中央河心自可刷至一丈之外。河至深二丈，寬四十丈，便不窄淺。從此日洗日刷，日深日寬，自可免意外之變而漸復當時之舊矣。

其所濬丈尺，計每地一丈掘土六十方，即以之挑築兩岸之堤。堤底闊七丈，面闊三丈，高一丈二尺，每丈亦用土六十方。再查工部尚書臣冀如錫①等條奏內開"堤底以八丈爲度，面以五丈爲準，高以一丈五尺爲憑"等語，計每堤一丈應用土九十七方半，誠爲防河至堅之策。今臣所議高闊之數俱減，每堤一丈止料用土六十方者，蓋以物力艱難，姑暫從減省擬議。俾其足以抵當河

---

① 冀如錫，字公治，河北永年人，順治二年（1645）進士，歷任襄陽知府、浙江按察使、工部尚書等職，"上諭：'今年淮陽等處堤岸潰決，淹没田地，關係運道、民生，甚爲重大。其令工部尚書冀如錫、户部侍郎伊桑阿前往省視。'"（《清聖祖實録》卷六三，康熙十五年十月壬戌條）

水而止，仍俟物力稍寬之時，再行量撥人夫，協同議設守堤之兵加高加厚，務仍如部臣等條議丈尺之數可也。

至部臣等原疏內開"南岸自白洋河至雲梯關止，北岸自清河縣至雲梯關止，務須一律修築"等語，俱應照議興築。查白洋河至雲梯關約長三百三十里，清河縣至雲梯關約長二百里。以每里一百八十丈科之，共約長九萬五千四百丈，每丈用土六十方，共計用土五百七十二萬四千方。其九萬五千四百丈之內，有原未有堤者，有原有堤而今全無土者，有原有堤而今更狹窄缺少須增填者，有堤根存土高一二尺至六七尺不等、寬三四尺至一丈五六尺不等者。合有無多寡而計之，牽約存舊土高三尺，寬八尺。每堤一丈計，牽約存舊土二方四分，通共約存舊土二十二萬八千九百六十方，實須增土五百四十九萬五千四十方。至於取土之處，雖以離水三丈為度，然河身有在中央者，有折流在河南岸及北岸者，遠近不齊，必須隨地科算。總之，離堤三十丈之內不許取土。其三十丈以外取土者，每土一方用夫三工。一百二十丈以外取土者，每土一方用夫四工。二百四十丈以外取土者，每土一方用夫五工。合遠近而牽算之，大約每土一方用夫四工。兩岸之堤共用土五百四十九萬五千四十方，應用夫二千一百九十八萬一百六十工。每工照例給銀四分，通共需銀八十七萬九千二百六兩四錢。

又自雲梯關外以至海口尚有百里之遙，除近海二十里潮大土濕之處無容置議外，其餘八十里之河身，情形俱與雲梯關內無異。若不量挑濬以導之，量築堤以束之，則黃、淮合流出關之際，河身既窄而淺，兩旁又堅而厚，大水驟至，不能承受歸漕，勢必四處漫溢。雖關外漫溢與運道、民生無涉，然一經漫溢則正河之流必緩，流緩則沙必停，沙停則底必墊，關外之底既墊，則關內之底必淤，不過數年，當復見今日之患矣。

臣聞治水者必始自下流治起，下流疏通則上流自不飽漲，故臣又切切以雲梯關外為重，而力請築堤束水用保萬全，不敢洩洩從事，以貽後此之大害也。惟是近海之堤止期足以攔水，可以不必過於高厚。堤底止須寬五丈，面亦須寬三丈，高止須六尺，亦一體照取河心之土築之兩岸。共堤一百六十里，計長二萬八千八百丈，每丈用土二十四方，計用土六十九萬一千二百方，用夫二百七十六萬四千八百工。每工照例給銀四分，通共需銀一十一萬五百九十二兩二錢，共需銀九十八萬九千七百九十八兩四錢。其需用人夫，共計二千四百七十餘萬工。應限二百日完工計，每日需夫十二萬三千七百餘名。

念淮、揚附近民人尚須供臣後疏挑濬、幫堤、堵決等各工之用，斷斷不能更有如許多夫前來應募。臣查康熙九年，前河臣羅多①興修黄河各處之工，除調用各處泉淺等夫外，曾經令山東、江南鄰郡地方協募赴工在案。今此工之大數倍於前，不得不循例而行。臣擬令江南之鳳陽府屬募夫一萬五千名，江寧府屬募夫一萬名，蘇、常二府屬各募夫八千名，正、太二府屬各募夫四千名，徐州並屬募夫五千名，滁、和二州並屬各募夫二千名；山東兖州府屬募夫一萬四千名，濟南府屬募夫九千名，東昌、青州二府屬各募夫五千名；河南開封府屬募夫一萬三千名，歸德府屬募夫八千名。尚少夫一萬一千七百餘名，應於淮屬之邳、海、睢、宿、贛、沭六州縣地方召募。

其募夫之法，應令各該府州就所屬州縣之大小，近便酌量派募，務募二十歲以外、四十歲以內精壯強健之夫赴工。常川供役不許以老弱塞責及往來更換，以致曠誤工程。即於該府屬首領州縣佐貳雜職等官内遴選能幹之員，專管驗募。限部文行到該省半月之内募齊人夫，各帶土車、鍬、擔等器飛星押赴工所，董率料理，依限挑築。

至於地廣夫多，其間恐有偷安苟且情弊，必須畫段丈驗之法以釐之。其法容臣預督各監理官，量取土之遠近，按工畫段。每用夫五千工爲一段，編定字號，插牌標識。其中有原係平地者，有已經缺窪須填者，有存舊堤之土多寡不等者，並堤段長短丈尺之數，逐一書明標識之上，仍立簿一本一體登記，交各監理官收存。各監理官即按各州縣協募人夫多寡之數，照工撥給堤段，令其如式挑築。臣仍親臨工所，用部臣冀如錫等條議鐵杵杵隙盛水不漏之法，不時查驗，以別其夯杵之堅否。

臣更請立懲勸之典，以鼓舞而警策之。凡各州縣協募人夫，有老弱病廢及姦猾逃逸一名至五名免議外；六名至二十名者，各該州縣官罰俸半年，所委專管官罰俸一年；二十一名至五十名者，州縣官罰俸一年，專管官降一級調用；五十一名至一百名者，州縣官降一級留任，專管官降二級調用；一百名以上者，州縣官降一級調用，專管官革職。其所築堤段如有一處夯杵不堅，盛水即漏，並底面丈尺雖合而面上兩旁低窪有一二丈者，將專管官降一級調用；兩處夯杵不堅，盛水即漏，並底面丈尺雖合而面上兩旁低窪有三四丈者，將專管官降二級調用；三處以上夯杵不堅，盛水即漏，並底面丈尺雖合而面上兩旁低窪至五丈以上者，將專管官革職。如所募之夫盡皆壯健並無一人逃逸，所築之堤

---

① 羅多，歷任工部侍郎、河道總督、山西陝西總督等職，"乙丑，以工部左侍郎羅多爲河道總督"（《清聖祖實錄》卷三一，康熙十年十月乙丑條）。

隨驗俱堅，堤面兩旁豐滿，處處合式者，該州縣官不論俸滿即陞。專管官如係正途，照依應陞之缺加二級即陞；如非正途，俱准照正途注冊一體，加二級即陞。更請責成道、府、州並監理各官，如各該道、府、州所屬有一官議處者，將該道、府、州罰俸半年；兩官議處者，將該道、府、州罰俸一年；三四官議處者，將該道、府、州降一級調用；五六官以上議處者，將該道、府、州降二級調用。所屬委官督工勤幹，築堤堅固如式，依期早竣者，將該道、府、州亦不論俸滿即陞。其各監理官，除募夫一項與伊無涉不議外，凡伊所管各州縣委官之內，有因夯杵不堅，築堤不豐滿，一員議處者，將監理官罰俸一年；二三員議處者，將監理官降一級調用；四五員議處者，將監理官降二級調用；六員以上議處者，將監理官革職。如議處、議敘相同者，准與抵算；如監理官揭參者，准免連坐；若並無議處，止有議敘者，將監理官照伊原任應陞之缺加二級從優即陞。如此，則各官俱知勉勵，可無闒茸貽誤之虞矣。

伏候睿裁。

經理河工第二疏挑疏清口

題爲敬陳經理河工事宜第二疏事。

竊照臣請挑清江浦至海口一帶河身之土，以築兩岸之堤，乃先治下流以導黃、淮歸海之計也。然下流雖治，而上有淤墊之處不行及早疏通，則高家堰等一帶決口盡堵，淮水直下之時，難免阻滯散漫之慮。

查洪澤湖下流自高家堰以西至清口約長二十里，原係汪洋巨浸，爲全淮會黃之所。自淮流東決，黃水倒灌之後，將此一帶湖身漸漸淤成平陸，向之汪洋巨浸者，今止存寬十餘丈，深五六尺至一二尺不等之小河一道矣。查工部尚書冀如錫等條議內開"清口一帶沙淤之處速行挑濬"等語，然淤沙萬頃，挑濬甚難。臣再四思維，惟有仿照挑濬清江浦以下河身之意，於小河兩旁離水二十丈之地，各挑引水河一道，俾其分頭衝洗，庶可漸漸刷開。至於挑清江浦引水河，臣止擬離河身三丈而此處議離河身二十丈者，蓋清江浦以下係十年久淤之堅土，而此乃三年以內之新淤。臣曾帶領夫役掘土試驗，浮面一層板土深有二尺，下則係淤泥尺許，淤泥之下又屬板土，板土之下又屬淤泥，掘深六尺有奇，而尚不能到當日之湖底。且面層板土雖極堅硬，而第二層板土因在淤泥之下反潤而鬆，故雖離河身二十丈之遠而易於衝刷，不久便可合而爲一也。惟是此處淤沙既易衝刷，而臣亦議開引水河者，蓋臣目擊面層板土之堅硬，恐一時衝刷不開，又於他處生變，亦未可定。因思此番工程錢糧、人力無不浩繁，若有一處計慮未周，恐有差之毫釐，失之千里之悔，是以不敢不略議導引之策以圖萬全耳。其所挑引水河應面寬六丈，底寬三丈，深五尺，每淤地一丈掘土二十方，遠傾於引水河六十丈之外，兩岸共計七千二百丈，共掘土一十四萬四千方，每方用夫三工，共用夫四十三萬二千工。照例每工給銀四分，共需銀一萬七千二百八十兩。此工一治，庶淮河下注之時，可以衝闢淤泥，徑奔清口，會黃刷沙而無阻滯散漫之虞矣。

伏候睿裁。

經理河工第三疏高堰坦坡

題爲敬陳經理河工事宜第三疏事。

臣惟淮河之下流既已疏治，則水可直行而會黃刷沙矣。但臨湖一帶，除見在原衝各決口外，其餘堤岸無不殘缺單薄，危險堪虞。若竟堵決口而不先修殘堤，俾極堅固，則水將尋隙地奔潰，勢必堵者方堵而決者又決，豈非徒費錢糧，徒勞民力耶？此幫修堤岸又斷不容緩者也。

查工部尚書臣冀如錫等條奏疏內原有"石工定要加高三尺，殘薄之堤一律修葺，高良澗一帶土堤必照修築高堰之法一律寬闊"等語，所議極爲周匝。惟是部臣等之議，專爲堅固起見，而臣身膺治河之職，當錢糧絀乏之際，不得不反覆籌維，力求節省也。大抵堤以攔水，祇期修築得法，使水不能衝倒而止，似不必拘拘於石工、埽工、板工。蓋石工之費數倍於板，若將高良澗五千二百餘丈板工盡改爲石，費實浩繁。即或石仍石而板仍板，現據山盱同知多弘安①

---

① 多弘安，河北阜城人，"選貢，字君修，歷官靈山、承德知縣，延安府、淮安府同知，陞臨安知府未任，特簡淮揚道按察司副使，陞江南、安徽等處提刑按察使司按察使，丁卯科江南鄉試內正監試，江西承宣布政使司布政使"（雍正《阜城縣志》卷一七《選舉》）。

估计加高帮阔工料册内开，自七里墩①至周桥闸共长一万一千五百余丈，应用石、板、埽工并修一带残缺段口，共需银三十九万五千五百余两。臣就该同知所估石、埽、板工之册而核算之，并无浮滥，则其费亦非小也。况板工一项皆系以椿拦板，以板束土，用之平日尚有不能耐久之虑，若遇大水乘风一击而土松，再冲而土卸矣。劳民伤财，将何底止！臣再四思维，因见淮、湖、运河等处板工易于损坏，即石工之倾圮者亦不可胜数。惟见堤下系坦坦平坡者，则虽遇大水而不致冲塌。盖水性至柔，而乘风则刚。其板、石诸工率皆陡峻，故怒涛撞激易於崩冲。若遇坦坡，则水之来也，不过平漫而上；其退也，亦不过顺缩而下。堤制水而不能抗水，故虽大水乘风，止于随高逐低而无怒激之势。水既无怒激之势，故自无冲崩之虞。此乃以柔制刚之道，诚理势所必然者。

今欲求费省工坚，惟有帮修坦坡之法可为久远卫堤之策也。其法于堤外近湖之处，挑土帮筑坦坡。每堤高一尺，应筑坦坡五尺。若高一丈之堤，则坦坡应宽五丈。即有旧存椿木，亦听其埋于土内以为堤骨，一律夯杵，务期坚实。密布草根、草子于其上，俟其茂长则土益坚。堤土既坚而又有草护，再行设兵看守之法，禁止民人之樵採，驱逐牛畜之蹂躏，则坦坡自可永久无虞。坦坡无虞则本堤更属万全矣。至于高家堰一带石工，亦宜照此帮筑坦坡，将石工并埋土内，更为至坚至稳之著也。

查自运河西岸历七里墩、武家墩、高家堰、高良涧至周桥闸北止，共长一万二千八百余丈。内有三千八百余丈可以竟筑坦坡，其余约九千丈堤根见被水占。必须先于离堤一丈之处密下排椿，多用板缆以蒲包包土填出水面，然后用芦柴绷一尺高小埽镶边，内加散土用力夯杵，筑成坦坡一丈。俟全淮下注，则堤外之水自即退去，水退之後再行挑土，帮修到底，并将排椿尽埋土内。

至此一带堤身向来原窄，面不过二丈有奇，底不过三丈有奇。自上年冲塌淋卸之後，处处单残，石工堤面犹有宽二丈者，板工堤面宽者不过丈余，窄者仅有二三尺。今本应悉照部臣等所议加高、加宽丈尺之数，但取土远极，挑运万难。其加宽之处，姑先以二丈五尺为准。俟水退土出，亦再令守堤之兵逐渐帮筑。今查高家堰、高良涧一带板、石诸工原高约有七尺，应如议再加三尺，

---

① 七里墩，位于清河县东二十里，"工部议覆河道总督王光裕疏言清口应筑坝以遏浊流……又七里墩水势平缓，应行建闸……应如所请，从之"（《清圣祖实录》卷四三，康熙十二年十月辛酉条）。

共高一丈。堤底外寬五丈，內寬一丈，連本堤二丈五尺，共寬八丈五尺。堤面寬二丈五尺。每堤一丈，用土五十五方。

今可以竟築坦坡之三千八百餘丈，見存堤底約牽寬三丈五尺，堤面約牽寬一丈五尺，高仍有七尺許。每堤一丈約存舊土十七方五分，應增土三十七方五分，通共約用土十四萬二千五百方。近者取於半里之外，遠者取於一里之外，用夫四工挑土一方，共用夫五十七萬工。照例每工給銀四分，共需銀二萬二千八百兩。其餘九千丈俱應先築坦坡，一丈計每堤一丈，暫省土十六方，實用土三十九方。然堤身頹卸單殘已稱至極，每丈堤底約牽寬三丈，面約牽寬六尺，高止約牽五尺。每堤一丈約存土九方，應增土三十方，共堤九千丈，應增土二十七萬方。近者取於七八里之外，遠者取於二十里之外，往返艱難不便。計夫挑築，必須照清水潭計籤買土之例，每方五十籤，共計土一千三百五十萬籤。每籤給銀六釐，共需銀八萬一千兩。又樁木、板纜、蒲包、麻繩、邊埽、匠工等項每丈約需銀十兩，共需銀九萬兩。三共實需銀十九萬三千八百兩。然所需之數，較之見估用板、用石、用埽之工，可節省銀二十萬一千七百餘兩，且可免板工衝擊頹卸之患也。

伏候睿裁。

經理河工第四疏 包土堵決

題為敬陳經理河工事宜第四疏事。

臣惟黃、淮之上、下流既議治理疏通，而高家堰堤岸之殘缺低薄者又擬加幫高厚，則築古溝、翟壩一帶之堤，並堵塞黃、淮各處之決口，使河復故道，可次第而施工矣。查自周橋閘，歷古溝、唐埂等處，以至翟家壩南，共計三十二里。據山盱河務同知多弘安估計冊開，築此三十二里之堤，並埂並堵此內原衝成之九河，及高良澗、高家堰、武家墩等大小決口三十四處，共需銀七十萬五千八百餘兩。臣相度水勢，按冊而計，皆屬必需之項，似無浮冒。蓋冊內堵決皆係循例用埽，而埽盡薪也，遠運於數百里之外，大繩捲束而投之水中。其物料、人工之費，每填堤一丈，水淺者費銀三四十金至七八十金不等，水深者費銀一二百金至六七百金不等，是以需用錢糧如此之多也。且臣驗各處埽工，凡柳枝多者尚可多延數年，其蘆草多而柳枝少者不過一二年悉皆朽壞頹塌，殊非經久之道。於是再四思維，尅水者土也。當求束土禦水之法斟酌變通，以爲節省永固之計，原不必循例而概用埽工也。臣虛心酌畫，除有鑲邊裹頭必須用埽者；有急欲閉合龍門之時包土稍緩，應速捲大埽立時填塞斷流者；有修建滾水石閘等項，應先築攔水小壩，而此壩於閘工告成之日原應毀廢棄，俾水通流。今若下樁包土，恐日後難於毀壞，亦宜仍用埽者，俱照舊用埽外。其餘一切工程俱宜密下排樁，多加板纜，用蒲包裹土，麻繩綑紮而填之，較之用埽計，可省費一半，而堅固耐久比埽又迥乎不同。今擬將前項工程改下埽爲包土，仍築坦坡制水，不過費銀三十萬兩，較之原估之數可節省銀四十萬餘兩也。至黃河内桃源、清河、安東三縣之新舊各處決口，水漲則刷成大河，水涸則兩旁淤墊，是以各該縣估計之冊隨時變更，不能畫一。目今黃水方大，難以確估，然臣親相情形，大抵俟秋冬水落之際，或應用埽或兼用包土，不過再費銀八萬兩，可以盡行堵塞，使兩河之水悉由故道入海矣。通計此疏内築堤堵決共需銀三十八萬兩。

伏候睿裁。

經理河工第五疏挑運河

題爲敬陳經理河工事宜第五疏事。

竊惟築防塞決、疏引黃、淮，使復故道合流入海事宜，如果一一興行，則閉通濟閘①壩，深挑運河，盡堵清水潭等各決口，以通漕艘，誠爲今日至要之務，所當次第修舉者也。

查運河自清口至清水潭共約長二百三十里，通計四萬一千四百丈。因黃水内灌將河底淤墊甚高，居民日患沉溺，運艘每苦阻梗，今必須將河身大爲挑濬，決口盡行堵塞，庶幾運道可得通行，民生可免昏墊也。臣請睿鑒敕下江南、浙江、江西、湖廣各撫臣嚴督所屬，將本年應運漕糧及早徵收受載，火速催趕，務於康熙十七年三月内勒令盡數過淮。俟糧船過完，容臣將通濟閘壩即

---

① 通濟閘，位於清河縣馬頭鎮東南七里，"明嘉靖年建，引淮水達漕運，後以河水南侵，閘底淤墊。康熙二十三年新鑿漕河於迤南三里，更建閘座爲新運口，名曰'惠濟'"（《續纂淮關統志》卷四《鄉鎮》）。

日封閉，一切商民船隻並該年回空漕艘，俱令暫由周橋閘遶出高郵州而行。淮關部司，亦令暫往周橋閘收稅。臣一面督集人夫將運河大爲挑濬，面寬十一丈、底寬三丈、深一丈二尺。每河一丈挑土八十四方，通計四萬一千四百丈，共挑土三百四十七萬七千六百方。挑起之土俱令傾於東西兩堤之外，更加夯杵，將西堤築成坦坡，東堤加倍堅厚以圖永久。毋許將濬土亂堆堤上，以致雨淋仍落河中。每土一方，用夫三工計，共用夫一千四十三萬二千八百工。限三百日完工，每日用夫三萬四千七百七十六名。查挑濬運河，向有每工給銀四分之例，亦有撥派坊里人夫量給銀米之例。但淮、揚二府節被水災，里民困苦已極，兼之此番工程浩大，需夫衆多，萬難派撥。況坊里人夫率皆老弱不堪之輩，而又每每逃逸，大抵坊里夫十名，不敵募夫三四名之用，則即使派撥，亦屬有名無實。若一體召募，則無告饑民又得藉以活命。相應照例每工給銀四分，共需銀四十一萬七千三百一十二兩。其督工等項議敘處分事例，並請如臣第一疏内題請之事例一體而行。

至於堵塞高、江二州縣之清水潭、大潭灣①等決口六處，雖據南河分司②估計冊開"應用柳束、人夫俱於各州縣協濟，而所估錢糧、尚需物料等費銀六十餘萬兩"等語。然此數處工程祇須俟翟家壩至武家墩一帶決口盡行堵塞，黃、淮合流從故道入海之後，下樁、包土相機填塞，並一帶西堤之外照築坦坡。凡有水占堤根之處，量用短樁、笆席等項攔土築堤，不過總費十五萬金便可足用。

蓋清水潭一工，自目今視之誠爲最難。若俟各工告竣之後，留此工於結末，則流止、水消取土亦易，故可省費如許也。計此疏内，挑河、堵決共需銀五十六萬七千三百一十二兩。

伏候睿裁。

---

① 大潭灣，位於江都縣，"（康熙）十五年夏久雨，漕堤崩潰，高郵清水潭、陸漫溝，江都大潭灣共決三百餘丈"（《清史稿》卷一二七《河渠二》）。

② 南河分司，即高郵工部，"舊在徐州蕭縣，正德元年始移駐高郵，謂之南河分司"（乾隆《江南通志》卷一〇三《職官志》）。又"南河分司，部差，三年一代，駐劄高郵州。南河之域北至清口，南至瓜州，東至海門，東北至安東。所屬淮安、揚州、高郵、寶應、江都、儀真及山陽、清河、泗州、盱眙、通泰、泰興、興化、如皋、海門"（《兩河清彙》卷二《運河》）。

經理河工第六疏籌畫錢糧

題爲敬陳經理河工事宜第六疏事。

竊惟一切治河事宜，臣已於前五疏內一一陳請矣。伏查案准工部咨爲欽奉上諭事內開工部等衙門會覆尙書冀如錫等題前事等因，查黃、運兩河關係運道、民生，今既經尙書冀如錫等將應修各處驗明具題，相應照議即行大爲修築。但今正需錢糧之際，若照此驗勘修築，需用錢糧甚多，不便概行修築，應令新任總河將應修緊要處所酌量修築堅固，不致有誤漕運等因，奉有依議之旨，欽遵行臣知照在案。

臣到任之後，凡經歷河干，驗閱形勢，即將部臣條議工程細加揆度。如果照議修築，誠爲至堅，但所需錢糧不下五六百萬。當此軍興需餉之際，措撥良難，是以廷臣有不便概行修築之議。蓋部臣奉命勘河，目擊河道壞極情形，不得不從堅固立議，以爲一勞永逸之計。而廷臣灼知司農仰屋之艱，又不得不以酌量修築議覆也。惟臣身任總河，親見民生之昏墊，運道之阻梗，田土日淹，而賦稅日絀。且又深知河帑之無餘，請撥之無項，安敢不委曲籌策，以仰副宵旰之憂虞耶？

顧臣審勢揆情，減築堤、濬河之丈尺，並條議坦坡制水、下樁包土等法以代石、埽、板工。然實尙需銀二百一十四萬八千餘兩，並臣第八疏內應打造濬淺船二百九十六隻，約需銀一萬兩，通共需銀二百一十五萬八千餘兩，乃必不可少之數也。念河流爲害，自康熙六年至今，十載之間歲歲興工，費過錢糧三百餘萬，且更有歷年蠲免之正賦、節次賑恤之帑金不可勝計，而河患之深日甚一日。臣身膺重任，不敢玩洩，是以確酌全局，曲思穩當之策，臚列上請也。惟是所需如許多金，既事在必不可少，而又實無可撥之項。臣因再四圖維，不敢稍避勞怨，委曲詳酌，謬擬設處錢糧之計，謹一一爲我皇上陳之。

其一則議令淮、揚被淹田畝，補納修河之費也。竊計淮、揚二郡被淹田畝何止十餘萬頃，祗因節被水占而耕鑿難施。若黃、淮與運河俱治，則田土盡出，可以施畚鍤而望收成矣。其中量納修河之費，豈特理之所宜諒，亦情之所願也。然田畝有高低之不同，其價值因有貴賤之各別。臣細加體訪，知此等田畝至水退可耕之時，其在黃、淮之東南者，每畝值銀一兩至二、三、四兩不等；其在黃、淮之西北者，每畝值銀一二錢至六七錢不等。臣請俟大工告成，田土可種之日，容臣會同江蘇撫臣，將凡被淹東南，上則田一畝令納修河費銀三錢，中則田一畝令納修河費銀二錢，下則田一畝令納修河費銀一錢。被淹西北，上則田一畝令納修河費銀六分，中則田一畝令納修河費銀四分，下則田一畝令納修河費銀二分。其銀准分爲兩年完納。若係無主之田，但有人納修河之費者，即便給與執業。至於本田正賦，照例三年之後陞科，其每畝俱照二百四十弓之制科算，毋許以多爲少，欺隱不均。如此約而計之，二郡被淹田畝補納修河之費，約可得銀一百六七十萬。但議者或謂災民田畝不能優恤，而反重賦之，似屬病民。殊不知撫民之道有經有權，發帑救民而復寬其力者，經也；先憂民之憂設法拯救，後樂民之樂多取不虐者，權也。且臣採訪輿論，皆稱田被水淹之後，及河治水退，則田皆沃土，必有二三年加倍收成之美。言人人同，似爲確論。顧此昏墊之民，設兩河一日不治，則民田一日不耕，將凍餒流離伊于胡底？是必河治而後民始得所也，明矣。夫以斯民得所之時，坐享沃土倍收之利，於是分粒米狼戾之餘，以補河工萬艱之費。此經權互用，有不得不然者。臣所爲不敢避怨而斷然以爲可行者也。

一則運河經過之貨物，宜令加納剝淺之資也。查運河內往來一切船隻向因河身淤墊，阻滯盤剝，艱苦萬端。若黃、淮俱歸故道，清口以內一律濬深，則此後各船俱可暢行無阻，省費甚多。因令量輸所省之費，以佐治河之用，亦屬理之所宜，情之所願也。臣請俟運河濬深，船艘通行之日，容臣印發日記、號簿二本，交給淮、揚兩關①分司。凡過往船隻裝載豆麥、米糧等項者，每石著納剝淺銀二分；引鹽、油燭等項者，每百觔著納剝淺銀四分；其餘一切雜貨、細貨，每百觔俱著納剝淺銀六分。兩關止納一次，不令重納。兩關之中，此關已經收過該船剝淺銀兩者，即給印照爲憑，該船齎此印照前赴彼關，立時驗放。如此收至一年，即行停止，約可得銀一二十萬兩。夫加稅似乎病商，然臣細察商人遇河道淺阻則剝淺車脚之費，視加納之數不啻數倍。今治河以利之，責其出餘利以助河工，亦情理之最當者。矧貿遷有無，商惟視本計利，於賣地權貴賤耳。今助工於運河而取贏於賣地，則子母仍無虧也。

一則開廣武生納監之事例也。臣訪得武生之中，亦有願納監生入文場鄉

---

① 淮關，即淮關板牐，"康熙三年裁併關倉差員、淮倉户部分司、清江工部分司、徐倉户部分司、中河關及淮安鈔關，俱歸併揚道管理。康熙八年題復關差，將清江户、工二部俱裁，歸併淮安鈔關管理"（乾隆《江南通志》卷一〇五《文職七》）。揚州關，"康熙三年以後當歸道員及府佐管理，八年復設"（乾隆《江南通志》卷一〇五《文職七》）。

試，而格於文、武兩途，不敢擅自請納者。今若准令武生亦照文生之例，許其加納准入文場應試，則願納者必多。查文生加納銀一百二十兩，俊秀納銀二百兩，俱准爲監生。今武生比之文生爲不及，較之俊秀爲有基。臣請許令武生加納銀一百六十兩，准與文生一體爲監生，入文場應試。通行各直省督撫，凡有武生納監者，俱照例交納藩庫解赴。臣衙門濟用大約一二十萬金，似亦可得。

以上三款，若蒙俞允，則治河之費已備。即有不敷，統容臣於河庫內通融動用。惟是此等銀兩俱在河工告成之後，方可責成輸納，不能應目前緊急之需。臣愚以爲宜令直隸、江南、浙江、山東、山西、河南、湖北各直省州縣俱豫徵康熙二十年分一切起存正雜錢糧十分之一，約可得銀二百萬兩。其中即有未敷，統容臣於河庫內通融動支。至各直省豫徵銀兩，請敕各省督撫諸臣嚴督該省藩司，即日先將見存藩庫銀兩內照應豫徵二十年分十分之一之數，限部文行到該省十日之內火速墊解赴臣衙門濟用。如有遲誤，容臣將該司查參，聽部議處。該司仍一面照數豫徵還庫補項，俟河工告成之後，容臣會同江蘇撫臣，督令淮、揚二郡府州縣官，照議按畝徵收修河之費，並督淮、揚兩關收取各船剝淺之費，抵還豫徵各直省康熙二十年分錢糧十分之一之數，並移會各直省於該年應徵項下少徵十分之一扣還民間。如此一轉移間，不費公帑而大工可刻期興舉矣。

伏候睿裁。

經理河工第七疏　裁併河官，選調賢員

題爲敬陳經理河工事宜第七疏事。

臣惟修治河工，必先以措設錢糧爲要。今措設錢糧之處已經臣條議上請，倘蒙皇上俞允，則大工自應刻期興舉矣。惟是大工興舉之日，協理必須多員，而大工告竣之後，保護尤資羣力。與夫事可兼攝者，則冗員應裁；權宜歸一者，則職守應並。是皆當因勢度宜，先爲酌派，定其責成，使之可遵可守，無紛雜掣肘、玩忽坐誤之弊，庶可望其樂於黽勉，不爲推諉而共相維持，以保永久也。

竊思臣身任總河，凡直隸、東、豫、江、浙各省有河地方並河務河官，

皆臣統理統轄，不待言矣。其自臣而下，兼理兼轄者，則爲分司各道；專管者，則爲廳印諸員；分管者，則爲各州縣之佐貳、雜職等員。雖官之大小各有所司，然其職掌之紛淆、事權之雜出，以致掣肘貽誤者，皆當確議釐定也。

查河道項下興修守護等事，既有專管、分管各官駐宿河干，朝夕料理。其司、道等官，原以兼總大綱，承上接下，膺督率屬員指揮調度之任，只須一官而兼轄數府，不必一府而兼設數官者也。今淮、揚兩府既設淮揚、淮徐兩道①，又設南河、中河兩分司②，其間實多冗贅。兹臣於司道之中權衡攸當，竊見分司三年一換，自以一官爲傳舍，而他人亦以客官目之，未免呼應不靈。且分司無地方錢穀刑名之任，其於民情之休戚、風俗之姦良，不能一一熟察。道臣係久任之官，則凡所舉行必圖久遠，而又兼管錢穀刑名之事，於地方情形自能周知，一切調撥、協濟事宜庶易得當，而官民之奉行尤稱惟謹。臣愚以爲宜將南河、中河兩分司裁去，其該管各務量其地形、事勢分歸淮揚、淮徐兩道兼理。淮郡之山陽、清河、安東、鹽城、海州、沭陽、贛榆，並揚州府屬河道，俱責成淮揚道兼理，令該道仍駐淮安。淮郡之桃源、宿遷、邳州、睢寧，並鳳陽府之靈璧縣，以及徐州所屬河道，俱責成淮徐道

---

① 淮揚道，即分巡淮揚海道，"舊設揚州道，駐泰州；淮海道，駐淮安；淮徐道，駐徐州。康熙二年裁揚州道，併驛鹽道管理；裁淮徐道，併淮海道管理。康熙九年，改淮海道爲淮揚道。雍正九年，以添設太通道，割通州以屬之，復改淮揚道爲分巡淮揚海道"（乾隆《江南通志》卷一〇五《文職七》）。淮徐道，即分巡淮徐道，"原駐徐州，自康熙二年奉裁，歸併淮海道管理，九年復設。康熙十五年兼轄夏鎮工部分司，十六年並管中河分司鈔稅、河工事務，移駐宿遷。三十九年兼理河庫錢糧，移駐清江浦。雍正七年，復設河庫道，始兼理河工事務。起所轄有徐屬邳、睢、宿、桃四廳及宿桃中河一廳"（乾隆《江南通志》卷一〇六《文職八》）。

② 南河分司，"駐箚高郵州，順治初差漢司官一員，三年更代，康熙九年添差滿司官一員，筆帖式二員。十年，裁筆帖式。十七年，裁分司，分歸淮揚、淮徐二道管理"（康熙《大清會典》卷一三九《河渠三》）。中河分司，"舊駐呂梁洪，後移駐宿遷縣，順治初，差漢司官一員，三年更代。四年，添差滿司官一員。八年，裁。十二年，復差滿官，一年更代。十四年，裁，三年更代。康熙元年，復差，一年更代。四年，裁。九年，復添滿司官一員，筆帖式二員。十年，裁筆帖式。十七年，裁分司，分歸淮揚、淮徐二道管理"（康熙《大清會典》卷一三九《河渠三》）。

兼理，令該道移駐邳州。至北河、通惠兩分司①亦應並裁，將北河分司事務照省歸併，分交濟寧、天津二道②管理；通惠分司事務交給通永道③管理。又東兗道④遠駐沂州而兼轄滕、嶧兩縣河務，亦屬未當，應歸併濟寧道兼理，庶爲妥協也。

又淮安一府共有同知十員，而管河者居其八，皆係節次添設者也。殊不知河工事務全在用人之當，而不在設官之多，矧治河之法，疏濬、防塞各有攸宜。同知爲專管官，與分管防守之佐雜微員不同，乃畫河爲兩岸而分管之，是竟置河身於不問矣。且其間有彼此意見不同而推諉觀望者，有屬員奉行不一而奔命不遑者，事權之雜出誠爲未便也。臣愚以爲同知八員之內，今宜裁去三員：將山清同知原管運河事務歸併山盱同知多弘安管理，駐劄淮安府。山清同知原管外河，並安海同知河務，俱交宿桃南岸同知董安國⑤管理，改爲山清安海同知，駐劄安東縣，俱令淮揚道兼轄。宿、桃兩縣河務並歸仁一堤，俱歸併

---

① 北河分司，"駐劄張秋，順治初，差漢司官一員，三年更代。康熙九年，添差滿司官一員，筆帖式二員。十年，裁筆帖式。十七年，裁分司，歸併濟寧、天津二道管理"（康熙《大清會典》卷一三九《河渠三》）。通惠分司，即通惠河分司，"駐劄通州，順治初，差漢司官一員，三年更代。十二年，添差滿洲理事官一員，筆帖式一員，一年更代。十四年，裁滿官，三年更代。康熙元年，復設，一年更代。六年，裁。九年，復差滿司官一員，筆帖式二員，三年更代。十年，裁筆帖式。十八年，照內外河差例，一年更代。二十年，仍改三年更代。二十三年，改令各部院衙門掣籤差遣"（康熙《大清會典》卷一三九《河渠三》）。

② 濟寧道，即濟寧管河道，"駐劄濟寧州，康熙六年裁，九年復設"（康熙《大清會典》卷一三九《河渠三》）。天津道，"管南運河及子牙河"（嘉慶《大清會典》卷四七《工部·都水清吏司》）。

③ 通永道，即通永兵備道，"通州兵備道，順治初設，駐通州。七年以密雲道來併，改爲通密兵備道。十四年以薊州兵備道來併，改爲通薊兵備道。康熙八年以永平兵備道來併，改爲通永道"（雍正《畿輔通志》卷六〇《職官》）。

④ 東兗道，"即沂州道，順治初設，康熙五十三年裁併濟寧道"（雍正《山東通志》卷二五《職官》）。

⑤ 董安國，鑲紅旗人，歷任都察院左副都御使、刑部侍郎、貴州布政使、湖南巡撫、漕運總督、河道總督等職，"（康熙）十七年任宿桃歸仁通知"（同治《宿遷縣志》卷四《職官表上》）。

歸仁堤同知佟國聘①管理，改爲宿桃歸仁同知，駐劄白洋河。邳、睢、靈璧三州縣河務，仍令邳宿同知蘇峨②管理，改爲邳睢靈璧同知，仍駐邳州。徐屬同知事務仍令祖文明③管理，仍駐徐州，俱令淮徐道兼轄。其所裁山清同知魏師段④、安海同知李朝事⑤、宿桃山清北岸同知黃道弘⑥，俱應赴部改補。

又宿、桃兩縣既有主簿四員，理應每縣各設二員，不應彼此牽混。臣請將宿遷縣主簿王振先⑦改爲宿遷北岸主簿，宿桃南岸主簿改爲宿遷南岸主簿，桃源縣主簿王金改爲桃源南岸主簿，宿桃北岸主簿夏文象改爲桃源北岸主簿，庶職掌俱各畫一而無紛雜混淆之虞。此臣所爲事可兼攝者，冗員應裁；權宜歸一者，職守應並者是也。

若夫河道一事攸關民生休戚、地方安危，良非渺小，凡膺民社之寄者，皆當曲圖補救，力爲保護，不宜徒諉河官坐視敝壞。如撥夫、運料等事在正印官，有人民、地方之責者設法自易，其管河同知、通判、佐雜等官與民絶不相親，於錢穀刑名、街坊里下諸務毫無關涉，安能設施？且府、州、縣之正印官往往視河務爲餘事，等河官爲贅疣，每有漠不相關之狀，而無同舟共濟之情。

---

① 佟國聘，"字君莘，奉天人，以廕生補吏部筆帖式。康熙十年，授江南碭山知縣，縣當黃河冲，研求治河方略。擢歸仁堤同知，調宿桃同知。擢貴州平遠知府，河督靳輔疏留任，十餘年倚如左右手。塞楊家莊、蕭家渡決口，建朱家堂、温家廟二石壩，濬白洋引河九道，築黃河南、北兩岸堤，濬中河，靡役不從。久之，擢山東濟寧道副使。道地爲漕運樞紐，恤夫役，減苛税，除冗費，能舉其職。復調監督高堰工程。三十八年，卒於官"（《清史稿》卷二八五《佟國聘傳》）。

② 蘇峨，宛平人，進士，康熙十二年（1673）任邳宿同知，"陞平樂府知府，未赴，仍留河工十餘年，河督靳襄疏薦第一，未及優用而卒"（咸豐《邳州志》一二《官師四》）。

③ 祖文明，正黃旗人，廕生，康熙十三年（1674）任（同治《徐州府志》卷六《職官表下》）。

④ 魏師段，黃岡人，貢生，康熙十三年（1674）任山清河務同知（光緒《淮安府志》卷一二《職官表》）。

⑤ 李朝事，遼東人，康熙十二年（1673）任山安河務同知（光緒《淮安府志》卷一二《職官表》）。

⑥ 黃道弘，遼東人，康熙二十年（1681）任山清外河同知（光緒《淮安府志》卷一二《職官表》）。

⑦ 王振先，浙江鄞縣人，康熙十六年（1677）任宿遷縣黃河北岸主簿（同治《宿遷縣志》卷四《職官表下》）。

雖遇大聲疾呼，往往置若罔聞，以致掣肘誤工，不一而足。臣請嗣今以後，凡遇河防衝決之事，不論欽工、民工俱仿照盜案之例，將該管之道、府、廳、州、縣、佐雜等官一併照例題參議處，仍勒限半年修復完固，亦照盜案定承修、督修、催修之例而責成之。如有諱決者，照諱盜例處分。至於薦舉、大計等典，凡有河地方之司府、州、縣正印並道廳佐雜等官，俱將河工之治否一併考成，以分殿最。必任內無河道衝潰之事，並遇決旋修，不致殃民損課者，方准保舉卓異。如此庶各各知警，共相綢繆於未雨之先，而河道之衝決自少。即有衝決，亦速為修治，不致蔓延滋害如今日之甚。此臣所為大工告竣之後，保護尤資竭力者是也。

以上事宜皆指平時而言，如蒙俞允，則可為將來防守章程。至見議之大工，如果刻期興舉，則必須多選能員責成料理。查工部尚書冀如錫等條奏內原有一員分工三十丈之議，雖從慎重堅固起見，然應修堤岸共約二十萬丈，恐不能有如許堪委之員。今臣第一疏內挑河身之土以築兩岸之堤，每日用夫十二萬有奇。除分管之佐雜等官，見有各州縣管押夫役官員可以責成分管外，臣請特調才能廳印監理官十二員，分頭董督而監理之。查現有臣請改設之山清安海同知、宿桃歸仁同知共二員，應再選調十員。又臣第二疏內濬清口以上一帶淤沙，第三疏內增築武家墩至周橋閘一帶幫堤，第四疏內築翟家壩一帶之堤，並堵塞高家堰等各處決口等工程，除約需佐雜官四十餘員，容臣隨時酌量於各屬調用，並將所調各職名彙咨達部。其應用才能廳印監理官五員，今見在止有山盱同知一員，應再選調廳印官四員分頭董督而監理之。二共實需選調廳印官十四員。查此皆關係田畝、賦稅、運道、民生重務，必須遴選勤敏強幹，才智俱優，實心任事之員方克勝任。臣再四思維，非臣素知及歷試親見確有才能允堪任用者，臣不敢濫任貽誤。伏乞皇上俯念河道關係重大，允臣所請，將見任江南太平府同知劉沛引①、揚州府同知王興元②、池州府同知管通判事喻成龍③、

---

① 劉沛引，字松舟，順天大興人，康熙三年（1664）由中書舍人任太平府同知（康熙《太平府志》卷一五《職官二》）。

② 王興元，遼東人，康熙十四年（1675）任揚州知府（嘉慶《揚州府志》卷首）。

③ 喻成龍，"字武功，金州人，由本（池州）府通判陞潞安府同知，留擢本府知府，後位至安徽巡撫、湖廣總督"（乾隆《池州府志》卷二七《池州府秩官年表》）。

寧國府通判常君恩①、廬州府通判黃際會②、滁州知州趙清正③、和州知州夏瑋④、合肥縣知縣雷動聲⑤、清河縣知縣劉光業⑥、宿遷縣知縣李燦⑦、山東單縣知縣韓第⑧、恩縣知縣何朝聘⑨、並原任五河縣丁憂知縣陳顯忠⑩、原任揚州府降調通判俞森⑪等十四員，准臣馳檄調取，勒限來工，各給委劄，分界事權，授以機宜，共襄大務。其調取各官原任原缺，應請敕部即爲銓補。至臣第五疏內挑濬運河、堵塞清水潭等處決口各工程，原擬在後興舉，應俟興舉之日，再將應調協理官員另疏題請。此臣所謂大工方舉之日，協理必須多員者是也。

又各官之內，除俞森事實臣見在另疏具題外，其餘十三員有臣於安徽巡撫任內曾經委用歷試才能者，有臣素知其能而今又親見其勤敏練達者。若夫丁憂之員，雖有不准題留之例，然此係因其有才堪用，是以調取監理督工，並無地方人民錢穀刑名之責，與見任官有別，相應一併題明。至於調取監理之廳印，

---

① 常君恩，號涵干，定海人，康熙十一年（1672）任寧國府通判（嘉慶《寧國府志》卷四《職官表》）。

② 黃際會，泉州人（嘉慶《廬州府志》卷九《職官表一》）。

③ 趙清正，當爲"趙清楨"，遼東人，廕生，康熙十四年（1675）任滁州知州（光緒《滁州志》卷四《職官志一》）。

④ 夏瑋，"字禹貢，奉天寧遠人，康熙九年知和州"（光緒《直隸和州志》卷一二《職官志》）。

⑤ 雷動聲，"奉天人，筆帖式"（嘉慶《合肥縣志》卷一六《職官表》）。

⑥ 劉光業，"遼東人，正黃旗，廕生"，康熙十四年（1675）任清河知縣（光緒《清河縣志》卷一四《秩官二》）。

⑦ 李燦，"遼東人，康熙十三年任縣事，沉敏，有經濟才，請蠲賑濟流亡，刑政清簡，民懷之"（同治《宿遷縣志》卷一六《宦績傳》）。

⑧ 韓第，陝西鄜州籍，鑲藍旗人，順治十六年（1659）至康熙十六年（1677）任單縣知縣，"康熙十二年修學、十三年修二賢祠，又修護城堤。在任歷十有八年，可爲最久，陞北城兵馬司指揮"（康熙《單縣志》卷六《官師志》）。

⑨ 何朝聘，奉天人，廕生，康熙十五年（1676）任恩縣知縣，"修學廣教，擴大規模"（雍正《恩縣續志》卷三《人物》）。

⑩ 陳顯忠，"順天大興人，由招民，康熙十五年任（恩縣知縣）"（嘉慶《恩縣志》卷五《經制志》）。

⑪ 俞森，浙江錢塘人，康熙十二年（1673）任揚州府管河通判（雍正《揚州府志》卷一九《秩官上》）。

分管之佐雜等官，所修工程必須交明該管廳印、佐雜等官確驗。如果合式堅固，該管廳印、佐雜等官即便出具收管印結。該道、府覆驗相同，即便加結申送。臣衙門親勘無異，彙疏具題，將調取之大小各官，無論原是正途與否，俱作正途。照依原任應陞之缺，加二級從優即陞。其該管河廳佐雜等官分領自修之工，如遵期完竣，如式堅固，出結申送道、府、州、縣驗明相同，加結轉送。臣衙門親勘無異，亦即彙疏具題，照依調取各官一體議敘。若夫給發一切銀兩，如協募、見募等夫俱一例紋銀四分一工、椿埽水手五分一工、木笆等匠三分一工，俱循照往例給與。仍著落各監理官公同各分管官，五日一發，當官給散。其餘一應料物等銀，俱著從公速給，毋許遲延。如有劣員更換銀色、短少分兩、扣尅回頭等弊，並或有姦徒陰謀取利、冒領錢糧、捏造訛言、倡邪惑衆、阻撓大工、暗壞工程，俱容臣立刻嚴拿，究明情罪，遵照敕書內事宜，按軍法題請正法警衆。如此則各知警懼，止有奮勉之人而無壞事之輩，庶大工可以告成矣。

伏候睿裁。

經理河工第八疏 添設兵丁

題爲敬陳經理河工事宜第八疏事。

臣惟修治兩河既定分工，任人之法則必當求其成功矣。但河工告成而不立法以期久遠，恐數年之後姦弊滋生，難保其不旋壞也。臣到任以來細加體訪，知保全河道之策全在能盡人力而不可諉之天數。至於堤岸衝決之由，則官民、夫役均有罪焉。官之罪有二：一在備員闒茸，不知河道爲何物。其於運道、民生，不啻秦越人之視肥瘠，雖有以未雨綢繆之策告之者，而茫然不能用也；一在利於多事，希圖乘機侵蝕，故薄者不填而缺者不補，以致潰決廢壞不可收拾也。

民之罪有三：或與近堤之人有讐而盜決以淹之；或因己田乾旱而盜洩以溉之；至於周橋、翟壩姦民知商販畏淮關之稅重而樂於趨其地也，於是盜決以俟之。堤決而商至，商至而伊得，遂其乘機取利之謀矣。若夫夫役之罪，則總在利於動而不利於靜，樂於有事而苦於無事，是以百計陰壞之耳。

他如高良澗等處板工，上年大水衝擊，除決口二十六處之外，其餘一帶殘堤貼樁之土悉皆卸塌。樁木無土擁護，易於竊取，致被湖内小船及水淹災民乘夜盜鋸者，不一而足。臣目擊鋸痕，深爲痛惡。雖出示嚴禁，密訪查拿，然犯者已逃，從何究詰？又聞向來有等壞事姦惡夫役，當大埽方下、龍門未合之時，暗藏刀斧，乘夜割斷揪頭繩，以致所下之埽隨即衝淌，諸如此類，欲保全河道者不過一二人，而謀壞之者遍地皆是，是以殘壞至此。

臣再四籌維，欲圖將來久遠之計，莫妙於多設專心保全河道之人。則設兵以守而立勸懲之法，使之知利之當趨而害之當避，誠爲不易之策也。臣聞故明末年，各省漕糧皆係世職官領運，漫無考成，以致無官不侵蝕，無年不拖欠，無日不追比，糧歸姦橐而在上者無可如何，流弊至極。迨本朝定鼎之後，責成各衛見任守、千等官領運，按運考成，欠者置之以法，完者准與優陞，不數年而錮弊一洗，歲歲全完。此有勸有懲，使知有利有害而自爲趨避之明驗也。

臣愚以爲今既大費財力高築堅堤，必須按里設兵，使之住於堤上，逐日看守，並將疏濬、修葺事宜一切責成之。

外河自雲梯關而下，至於海口，爲兩河朝宗要道。每堤一里必須設兵六名，每兵一名管堤三十丈。堤根栽柳務活，堤旁畜草務茂，堤内則乘暇添土，逐漸幫寬。每二里半建一墩，令十五兵居於墩側。每墩給濬船一隻，各繫鐵掃帚二個於船尾，繫繩以五丈爲度。每月之初一、十一、二十一日，兩岸墩兵一齊各乘濬船，或布帆、或鼓棹、或纜錨，下鐵掃帚於水底，溯流刷沙，往來上下，必令五丈之繫繩不能到底，而懸鐵掃帚於水中方止。兩岸共堤一百六十里，設兵九百六十名，給船六十四隻。

再設兵二百四十名，給船十二隻，專令濬堤外至海口一帶之淤沙。自雲梯關至海口，應共設兵一千二百名，應設守備一員、千總二員、把總四員，給濬船七十六隻，各分汛地而責成之。自雲梯關而上，南岸至清口，北岸至清河縣，各長二百里。每里設兵三名，每名管堤六十丈，五里建一墩，令兵十五名住於墩側。每墩亦各給濬船一隻，鐵掃帚繫繩以四丈爲度。應共設兵一千二百名、守備一員、千總二員、把總四員，濬船八十隻，亦照前法責成之。

自清河縣至宿遷縣，兩岸各長二百里。每里亦設兵三名，每兵亦管堤六十丈。五里建一墩，令兵十五名住於墩側。每墩各給濬船一隻，鐵掃帚繫繩，以三丈五尺爲度。通共設兵一千二百名，守備一員，千總二員，把總四員，濬船八十隻，亦照前法責成之。

自宿遷縣至徐州西，兩岸約各長三百里。每里設兵二名，每兵管堤九十丈。五里建一墩，令兵十名住於墩側。每二墩給濬船一隻，鐵掃帚繫繩，以三丈爲度。通共設兵一千二百名，守備一員，千總二員，把總四員，濬船六十隻，亦照前法責成之。

內河自清口西南至翟家壩南，共長一萬八千餘丈，應共設兵四百名。每兵管堤四十五丈。五里建一墩，令兵二十名住於墩側。堤根栽密柳，坦坡畜茂草。坦坡之外二十丈，俱密種茭荷、蒲葦、菱芡之屬，爲永遠護堤之策。應設守備一員，千總一員，把總三員。

運河由清口至邵伯鎮①南，約長三百三十里。每里設兵二名，每兵管兩岸堤各九十丈。五里建一墩於西堤，令兵十名住於墩側。其栽柳、畜草等項，俱照翟壩一帶之法責成之。應共設兵六百六十名，守備一員，千總二員，把總四員。

以上六營，通共設兵五千八百六十名，俱設步兵而無庸設馬。內以一分爲百總管隊，准支步戰兵糧餉。其餘九分俱支步守兵糧餉。其應設兵五千八百六十名，容臣移會江南督臣，於江蘇所屬額兵內抽調步戰兵五百八十六名，步守兵一千四百十四名。尚缺步守兵三千八百六十名，容臣遴選、召募。每兵每月支銀一兩，米三斗，每歲共需銀四萬六千三百二十兩，共需米一萬三千八百九十六石，連守備、千把總等官之俸薪、馬乾等項，每歲約需銀四萬九千餘兩。應將淮、揚、徐三府州屬，並靈璧一縣額設之堰募堤淺等夫查明全裁，即以夫工充此兵餉。其不敷者，容臣於河庫錢糧內通融撥給。歲需米石，亦於河庫內動銀買給，一併容臣於年終報銷。

至應給濬船二百九十六隻，必須打造。每隻約用銀三十四兩，共約需銀一萬兩，已經臣於另疏題明矣。其各弁兵建曠朋扣等項，照例扣貯，以爲各處歲修及修艙、濬船之用。其各官兵不必設造盔甲，其鎗、刀、械、幟之類俱令自備。如各弁兵所管地方堤坡堅實，日漸幫寬，並無浪窩、殘缺之處，柳密草茂，外河之水果深五丈、四丈及三丈五尺不等，內湖坦坡之外茭、葦、荷、蒲盛長。如是三年無異，將該管守兵拔爲戰兵，戰兵拔爲把總，把總拔爲千總，千總拔爲守備。有缺即題陞，無缺則報部，照伊應陞之缺，遇缺即陞。如各弁兵所管地方，堤坡不堅或並不幫寬，反有浪窩、殘缺之處，並柳稀多枯，草被芟割，外河之水不及五丈、四丈、三丈五尺、三丈等深，內湖茭、葦、蒲、荷

---

① 邵伯鎮，即召伯埭、召伯堰，位於江都縣，"晉太傅謝安鎮廣陵，於城東北二十里里築壘名新城，城北二十里築堰，後人追思安德比於召伯，因以立名。……金灣閘在邵伯鎮南五里，西接湖口，東南十六里至芒稻河，又十八里下江，乃漕河洩水第一捷徑"（乾隆《江都縣志》卷四《山川》）。

廢弛不種，兵責四十板，枷號一月，穿耳遍遊示衆，仍革去糧餉，另行遴補。千把總革職，守備降二級調用。

若各弁兵該管地方，因循闒茸以致衝決堤岸者，官革職拿問，兵從重處死。以上俱責成總河臣親往確驗，並不時委官差人嚴查密察，務使各弁兵人人警畏，不敢稍弛。如此則賢否別而勸懲昭，利害攸分，當莫不勉勵鼓舞，共相守護。保全河道之人多，而陰謀廢壞之徒無可逞其姦計。若果久而勿替，雖百世可保無虞，不特三年而已也。

至於一例之河道，而臣議設兵船有多寡之殊者。蓋下流既通，則上流可無意外之滯，是以外河獨重於雲梯關以下也。又慮水底之事，目不能及。設有意外驟淤之處，其本汛濬船不能即疏，則又當立調各汛船兵協力疏濬。各疏本汛以守其常，通融協助以防其變，而黃河無慮矣。黃河無意外淤淺之事，則淮河自是安流。淮河安流，則運河益可無恙。其翟壩一帶之兵倍於運河者，翟壩一帶當淮河之衝，為上流最要之地也。

又查歸仁一堤，已經侍郎臣折爾肯等同臣察審具題，見在候旨。俟命下之後，應作何接築，竣工之處，容臣另議題請。至其間或更有應損益增減及一切未盡事宜，有毋庸瀆聽者，容臣竟自舉行；有必當上聞者，容臣隨事入告可也。

抑臣更有陳者，凡一切工程需用錢糧多寡之數，雖皆臣確核估計，然凡有可以設法節省之處，臣自當格外力求節省。至一切堤岸、河身之遠近丈尺，有按冊而稽者，有無案可稽、約里而計者，雖無大錯，然其中細數或有與疏內未必恰合者，統容臣於臨時確丈為準。若夫臣條奏八疏內之一切事宜，有臣親自勘驗，復採輿論，酌妥定議者；有臣雖訪實情形而無暇往勘，特遣的當親信之人確驗、繪圖，向臣一一陳説，斟酌定議者；有得之人言，而臣廣諮博訪，果屬可行，因而定議者，總以事關國計民生，如臣之庸愚，斷不敢偏執己見，惟有廣集衆智，竭臣之駑力愚心，以仰答皇上己飢己溺之懷，並簡拔微臣之殊恩於萬一而已。

至於黃、淮為患延蔓多年，倘獲邀皇上齊天之福得以奏績，則運道、民生俱為萬幸。設臣才術淺昧，料理失宜，以致徒糜時日，虛費錢糧，無益於民生、運道，並旋修隨圮、限內衝決，則請將臣從重處分，以為後來溺職者之戒。統俟工程告竣之後，恭請皇上特遣大臣確驗定奪者也。

伏候睿裁。

卷二　治河題稿

【靳文襄公奏疏目錄】

敬陳經理第一疏以中河之土築堤、敬陳經理第二疏爛泥淺挑引河二道、敬陳經理第三疏幫高堰堤以束淮濟運、敬陳經理第四疏並修清水潭以束淮敵黃、敬陳經理第五疏挑河以濟重運、敬陳經理第六疏改調河員以供大修、敬陳經理第七疏立勸懲以儆汙吏、江南大修疏、指陳河道疏、經理三疏未盡事宜疏、經理七疏未盡事宜疏、再陳一疏未盡事宜疏、酌改運口疏

男治豫編次
孫樹德校正
曾孫光烈、文仝校字

靳文襄公奏疏卷二　治河題稿

總督河道、提督軍務、太子太保、
兵部尚書兼都察院右副都御史臣靳輔

敬陳經理第一疏以中河之土築堤

題爲敬陳經理河工事宜第一疏事。

切臣看得今日治河之最宜先者，無過於挑清江浦以下河身之土，以築兩岸之堤。臣前疏已備陳之矣。惟是募夫一節，如在工程稍緩，量用人夫數萬名者，不難就近招募。然臣前疏因恐水漲無歸又生他變，欲於一二年間將兩河工程概圖完竣，是以挑濬黃河之夫，議每日用至十二萬有奇之多；尚有其餘各疏內挑濬、幫堤、堵決各工所需人夫，每日亦不下七八萬，總計每日用夫二十萬。

念淮、揚附近斷不能有如許多夫應募，故不得不將挑濬黃河之夫，議令江南隣屬並河南、山東協募也。今廷議謂"遠派各省，恐不肖官役借端擾民，請敕臣酌量設法就近募夫，不致誤工"等語。臣思道遠工長，不肖官役借端擾民之事，誠難保其必無。然就近召募則斷不能取齊。若仿照舊例，多加工食以鼓舞招徠之，則動須增費數十萬兩，從何設處？且使即加給工食，而淮、揚被水已久，困苦災黎，除死亡、賣身之外，其逃散四方者，一時不能聚集。應募者少，必至誤工。臣反覆籌酌，更得侉車代挑之法。凡下鍬掘土並夯杵成堤俱用人力，其往來運土則以侉車，約可省夫一半，並原限二百日完工者改爲四百日完工。則前擬每日用夫十二萬有奇者，今止須用夫三萬餘名，並車三萬餘輛足矣。又其餘各工，每日亦需夫七八萬。其間但有可用侉車以省人力之處，容臣隨時斟酌而行。則需夫不至太多，可以仰遵廷議，就近設法召募濟工矣。

至所需伕車，查江南非出產之處。但若議東、豫二省僱募，恐仍有不肖官役借端擾民之事，容臣竟動錢糧，行濟東、兖、開、歸等府價買，解淮濟用。統計南岸自白洋河，歷雲梯關至海口；北岸自清河縣，歷雲梯關至海口，挑河、築堤工程，其所用人夫、工食、車輛、繩絆以及一切諸費，容臣設法節省。總於原題第一疏內，所估需銀九十八萬九千七百九十八兩四錢數內期於足用。惟是車輛等項，一切俱不派民而盡屬官買，則其間料理之煩更多數倍。臣再四思維，必須將臣第七疏內所議守堤官兵豫爲設立，責令照管夫車，督率夯杵。在伊等即係將來守此堤工之人，自能盡力，以圖堅固，更爲一舉兩得之道。

若夫兩岸遥堤①，臣原題面寬三丈，底寬七丈，高一丈二尺。每堤一丈用土六十方。然臣又各處閱歷，細察情形，遥堤固屬必需而縷堤②尤不可少。蓋黃河流急則沙行，流緩則沙墊。而河身窄則流急，寬則流緩。今莫妙於築縷堤以束水，而以遥堤並加築格堤③，用防衝決，使守堤人等盡力防護縷堤。設或大水異漲，即有漫衝，亦至遥堤、格堤而止，自不至於奪河成缺。該守堤人等隨即星將縷堤仍舊築起，爲工亦易。臣請將原估築遥堤之土六十方分築遥、縷二堤，並量增格堤。其縷堤頂寬二丈，底寬六丈，高六尺。每縷堤一丈用土二十四方。遥堤頂亦寬二丈，底亦寬六丈，高八尺。每遥堤一丈用土三十二方。二共用土五十六方。較之原估每丈餘土四方。或隔五七里，或隔十餘里，即以所餘之土，再築格堤一道。格堤頂寬二丈，底寬六丈，高五尺。以上各堤均令守堤人等，一併加意防護，並將各堤逐年加幫，務極高厚可也。

再查南岸白洋河以上至徐州一帶，堤工長二百八十里。北岸清河縣以至徐州一帶，堤工長四百里。其間殘缺危險在在皆然，斷須急爲並治。至於治之之法，臣籌維再四，若徒加幫遥堤，則既不能束水而又無重門之障，良非至穩之著。莫妙於亦於近河去處加築縷堤，並量築格堤，以爲外藩，其殘缺遥堤亦即

---

① 遥堤，"切惟築堤禦河之制，近河者曰'縷堤'，遠河者曰'遥堤'。當河流之小發也，縷堤束之可以無虞；及河流之大發也，縷堤不足以遏其勢，必賴遥堤以優容而節制之。蓋縷堤去河不遠，能束常流而不能當狂瀾之湧溢；遥堤去河數里，河水盛漲得以寬衍容蓄，不致激迫而衝潰"（《河防芻議》卷四《條議》）。

② 縷堤，見"遥堤"注。

③ 格堤，"格即橫也。蓋縷堤既不可恃，萬一決縷而入，橫流遇格而止，可免泛濫。水退，本格之水仍復歸漕淤溜，地高最爲便益"（《河防一覽》卷三）。

一體加幫高厚，方稱萬全也。惟是工程浩大，既不能多用民力，亦不敢全動官銀。除臣先經嚴行各該州縣，速撥民夫加幫舊堤俟詳至，務令一律加幫外，其所議加築之縴、格二堤，必須動支錢糧募夫興舉者也。至此項堤工，凡在駱馬湖以下者，俱照白洋河以下之式縴堤築，頂寬二丈，底寬六丈，高六尺。每堤一丈用土二十四方。兩岸共計二百里，約長三萬六千丈，用土八十六萬四千方。又應築格堤約七千二百丈，頂寬二丈，底寬六丈，高五尺。每丈用土二十方，共用土十四萬四千方。駱馬湖以上，縴堤、格堤俱築，頂寬二丈，底寬六丈，高五尺。每丈用土二十方。南、北兩岸除駱馬湖水占之處不必築堤外，其餘約長四百六十里，計應築縴堤八萬二千八百丈，格堤一萬六千五百六十丈，二共九萬九千三百六十丈，計用土一百九十八萬七千二百方。以上兩岸，縴、格二堤通共用土二百九十九萬五千一百方，每方止以用夫三名，計銀一錢二分科算，共需銀三十五萬九千四百二十四兩。如此則人力既盡，自可少意外之虞矣。至於管工等官所管工程堅固合式與否，其議敘、議處之法，容臣於第七疏內一併確議題請。

伏候睿裁。

敬陳經理第二疏爛泥淺挑引河二道

題爲敬陳經理河工事宜第二疏事。

該臣看得洪澤湖下流高家堰西北至清口一帶，即爛泥淺等處也。臣原請於河身兩旁各挑引水河一道，共需銀一萬七千二百八十兩。廷臣先議應如臣議速行挑濬等語，後議大修，既議暫停，此第二疏内引水河工程無庸議等語。

蒙皇上軫念運道、民生，敕臣再行確議。查本年八月内，洪澤湖下流爛泥淺一帶已經淤斷。黃、淮相隔約有二十里之遥，雖議堵決束水而不挑引水河，則淤泥攔阻在前，淮流不能下注。是以臣隨於急工並舉等事案内，一面題請錢糧，一面檄行淮揚道召募人夫，專委原估淮安府山陽縣革職知縣柳天正①爲監理官，著令督同分管官六員，並臣又委臣標効用官四員，協力催督。先築土壩

---

① 柳天正，又作"柳天楨"，遼東人，康熙十四至十六年任山陽知縣（乾隆《山陽縣志》卷二《秩官表》）。

一道攔阻黃流，將淤斷河身挑挖疏通，於八月二十一日興工，至十一月初二日業已告竣。目今淮水直抵土壩，祇因河底墊高，高家堰、三官廟①等大決口雖已閉合龍門，仍有次小決口數處尚未堵完。淮水下注無多，是以未經開壩。俟次第堵塞，淮水加強，自即開壩通流。惟是原疏因正河淺阻，估挑引河二道。今正河全淤，業已挑通，應作挑引河一道，科算尚有一道未挑，必須及早挑濬深通，庶來年伏秋水漲之時，淮水有路遄行，不致更生他變也。

伏候睿裁。

敬陳經理第三疏 幫高堰堤以束淮濟運

題爲敬陳經理河工事宜第三疏事。

該臣看得高家堰等一帶臨湖堤岸，無論石、埽、板工莫不殘缺單薄，幫修之舉萬不容緩。前據淮揚道佟康年②、山盱同知多弘安等估計，共需銀三十九萬五千五百五十九兩零。臣相度情形，條議概築坦坡之法，可節省銀二十萬一千七百餘兩，實估銀十九萬三千八百兩。廷臣先議應如臣議修築堅固等語，後議大修，既議暫停，此第三疏內"修築坦坡工程無庸議"等語。

蒙皇上軫念運道、民生，敕臣再行確議。臣查運河底墊，必須大挑以濟來年春運。臣見於第五疏內議請矣。但運河既議挑深，若不束淮水入河濟運，而仍容黃流內灌，則不久復淤。豈非徒費錢糧、徒勞民力耶？臣是以將高家堰等臨湖一帶堤工決口見在，上緊堵塞，束淮濟運也。但自高堰、三官廟大決口閉合龍門之後，湖水陡長二尺有奇，連日西風鼓浪，便見洶湧之形，此猶在冬涼水落之際也。待至來歲伏秋，自是更加澎湃。似此一帶殘壞之堤，若不及早自下而上次第火速幫修，務極堅固，勢必又於單薄之處，更生衝潰之變。一經再衝，則淮水仍復旁洩，黃水仍復內灌，運河仍復墊高，漕船既阻滯不通，而見在挑河、堵決一切大費之工盡歸烏有矣。臣言念及此，心膽皆慄，除一面仰請

---

① 三官廟，即水府三官廟，位於丹徒縣，"在南閘下運河岸南首"（乾隆《鎮江府志》卷一七《秩壇》）。

② 佟康年，正藍旗人，佐領，康熙十六年（1677）任淮揚道（乾隆《江南通志》卷一〇六《職官志》）。

皇上俯念運道、錢糧關係至重，允臣仍照原估動銀十九萬三千八百兩之數一律幫築外，但此幫堤之工甚長，而來年伏秋水漲之期不遠，若待部覆之後方行興舉，則時日有限，而工程浩繁，必至貽誤；臣已一面檄行淮揚道，並飭督山盱同知多弘安協理河務，原任揚州府通判俞森、原任革職山陽縣知縣柳天正等嚴督分管各官，臣更委臣標効用候缺守備陳傑等帶領其餘効用各官協力分工，星飛催儹矣。相應一併題明。

伏候睿裁。

敬陳經理第四疏並修清水潭以束淮敵黃

題爲敬陳經理河工事宜第四疏事。

該臣看得運河以西臨湖一帶堤工，自武家墩歷高家堰、高良潤至周橋閘共計大小決口三十四處，俱應堵塞。又自周橋閘至翟家壩，應築土堤一道，其中成河九道之處亦應堵塞。以上工程先據淮揚道佟康年、山盱同知多弘安等估計，共需銀七十萬五千八百餘兩。臣相度情形，議不復砌石工，惟下埽與包土兼用，並築坦坡制水，可節省銀四十餘萬兩，實估需銀三十萬兩。又堵塞桃源、清河、安東三縣黃河新、舊各決口，估銀八萬兩，共需銀三十八萬兩等因。廷臣先議應如臣議堵築堅固等語，後議大修，既議暫停，此第四疏內"築周橋閘等處之堤及堵各處決口工程無庸議"等語。

蒙皇上軫念運道、民生，敕臣再行確議。查臣自到任之後，偕欽差侍郎臣折爾肯等查勘工程，目擊武家墩決口水勢洶湧，埽臺缺陷。詢據原任淮揚道降調副使黃桂①、山盱同知多弘安稟稱："自上年九月至本年二月，經原任革職同知李德燿②、署事同知李朝事二官，在於本工越築埽壩，共用過工料銀五千七百三十兩有奇。築過淺處及稍深處工程一百餘丈，尚存中泓深處三丈有奇，未經閉合。忽於本年三月初五日，桃汛泛漲，復行潰衝。今決口見寬十丈有

---

① 黃桂，奉天人，康熙十四年（1675）任淮揚道副使（光緒《淮安府志》卷一二《職官表四》）。

② 李德燿，奉天人，廕生，康熙十一年（1672）任山盱同知（乾隆《江南通志》卷一一○《職官志》）。

餘，深四丈有餘，難以堵塞，必須遠越另做，又估銀一萬七千二百八十二兩有奇"等因。臣往來相度，見決口之下兩岸俱屬堅堤，若築攔河大壩，約可省費過半。隨行淮揚道佟康年力督該廳，於五月初二日興工，至七月二十三日閉合龍門，九月初九日完工在案。又本年九月初三日，臣因黃、運兩河處處淤淺，竟有河水僅深數寸者，回空阻滯難前。臣焦思籌酌，隨具急工並舉需費浩繁等事一疏，一面請借錢糧，一面飛檄中河、南河兩分司，淮揚、淮徐兩道，並淮安府知府及各廳印河官。至見任官不足於用，又復遴委諳練能員，並臣標効用弁員分頭協理，臣居中調度，往來查勘，不時嚴加催督。及自于家岡①決口斷流之日，黃水陡長二尺，而白洋河閉合龍門，黃水又增尺餘。臣復親詣下流，見黃水盡從王家營、張家口決口西奔，而清江浦以下雲梯關一帶幾有斷流之勢。臣復飛檄道、廳印河等官，將王家營、張家口、邢家口、二舖口並一切無名小口盡行堵塞，見在加幫寬厚。其回空漕船已進甘羅城②草壩者，約有十分之七八。此十一月望前之情形也。

　　近因天氣久晴，兼之隆冬寒凍，黃水概消四尺。黃河古城③一帶、運河板閘④一帶，仍復膠淺。其未進草壩之回空，俱在宿桃地方。臣一面檄行司、道、府、廳印河各官分頭設法撈濬，逐船送過淺處；一面飛催山盱同知多弘安等星將高家堰、高良澗一帶上緊幫堤堵決，以束淮流。至高家堰、三官廟大決口，雖工程浩大，水勢湍騰，然兩頭償築，計長一百八十一丈五尺，已於十一月初一日閉合龍門。又高家堰、六安溝決口築壩六十八丈五尺，管家西決口築壩十二丈八尺，俱於十二月初一日閉合龍門，見在各各加幫寬厚。惟是臨湖一帶決口三十四處，尚有三十處未經堵塞。兼之黃河下流底高，淮水下注未能直下刷沙。臣再四察度，見將高家堰未堵次決口數處，飭督各官無分晝夜，飛星堵塞，大約歲內可以斷流。高家堰決口盡行斷流之後，淮流便可加強。再於來春將高良澗各決口次第上緊堵塞，則淮水大強，可以助黃刷沙，並濟來年重運

---

①　于家岡，即于家崗。

②　甘羅城，"在清河縣治舊淮陰縣治北，相傳秦甘羅築"（乾隆《江南通志》卷三二《輿地志》）。

③　古城，位於桃源縣，"運河北，桃、宿交接，距城六十里"（光緒《淮安府志》卷四《城池》）。

④　板閘，即板閘關，"（山陽）縣西六十里，運河之北，關差駐劄"（乾隆《江南通志》卷二六《輿地志》）。

矣。

至築翟家壩之堤，並堵成河九道之工程，如不乘時並舉，則清水潭萬難修治。不特高、寶等七州縣田畝永無播種之期，而重運經過決口，危險異常，殊非長法；且將來楊家莊①決口堵塞，黃河復歸故道之後，淮水翟壩旁分，不能敵黃。黃水勢必又從清口內灌，淤墊運河，誤運非小，必須次第修築。是臣原題需銀三十八萬兩堵決、築堤等工，業已陸續興舉，斷難議緩，以致有半途而廢、前功盡棄之虞者也。臣未敢擅便。

伏候睿裁。

敬陳經理第五疏挑河以濟重運

題為敬陳經理河工事宜第五疏事。

該臣看得大挑運河並幫堤岸，以及堵塞清水潭、大潭灣東、西堤決口六處等工，臣前疏內條議除可節省堵決銀四十餘萬兩之外，其實需銀五十六萬七千三百十二兩。廷臣先議應如臣議務須挑通、堵築堅固等語，後議大修，既議暫停，此第五疏內"挑濬運河並堵清水潭等決口工程無庸議"等語。

蒙皇上軫念運道、民生，敕臣再行確議。查運河自黃流內灌之後，日墊日高。本年八月內，不但河水停而不流，而河邊坼為十字，底漸乾涸。臣隨於急工並舉等事案內，一面題明，一面嚴督道、府、廳印河官並遴委各官星募人夫，閉壩挑濬。彼因回空，急須修艙，不能久待深挑，止量挑一、二、三、四尺有奇不等。於九月初七日開工，十月初一日完工，即於次日開壩放船。目下河水深者有四五尺，而淺者止二尺及二尺四五寸不等。回空雖可勉行，而重運必須加挑。今臣擬於來年立春後十日地凍將解之時，即行閉壩大挑，先挑面寬八丈，底寬六丈，深六尺。每河一丈先挑土四十二方，即以之幫築堤工。除本年九月內，業已每河一丈挑過土十餘方及五、六、七、八方不等外，其餘應挑土方，或俱募人夫，或仿照臣第一疏內以車載代挑之法，統容臣臨期斟酌，量卸土之遠近而行。總限一百日完工。其來年春運過淮之期，必須略為寬限。查

---

① 楊家莊，位於宿遷縣，康熙十六年（1677）黃河於此處決口（同治《宿遷縣志》卷三《紀事沿革表》）。

康熙十六年起運十五年分糧船，係五月初九日過淮全完，七月初十日過臨全完。今康熙十七年起運十六年分糧船，擬於四月初旬內挑河完工，開壩放船起，約在五月終可以盡數過淮全完。一經過淮，臣自不令停留，嚴加驅趕，務於七月中旬內盡催過臨。總期不誤十七年回空，以濟十八年春運可也。伏乞皇上敕部將十七年春運過淮之期，准臣寬限。

至於臣前題疏內，每河一丈估挑土八十四方，一則深通運河，二則幫固堤岸，原屬必須之工。今連本年九月所挑，合之來春所挑，共止擬每丈先挑四十二方者，蓋工程太大，斷斷不能速竣。而漕船難以久待，又不敢將重運輕議，由湖冒險越行，是以不得不先挑一半。其餘一半挑河、幫堤，並堵塞清水潭各決口等工程，伏祈皇上俯允，照臣原題之數，容臣隨時相機而行。總之務期節省，並斷不施工於無用之地，以致糜費錢糧，以盡微臣職掌也。

伏候睿裁。

敬陳經理第六疏改調河員以供大修

題爲敬陳經理河工事宜第六疏事。

竊臣看得臣前題此第六疏內一切事宜，有經廷臣議允者，有廷臣議稱無庸議者。蒙皇上命臣再行確議，臣謹隨時之宜復加詳酌，逐一議請。查南河、中河、北河、通惠四分司向來各止漢官一員，至前任河臣羅多任內，各題增滿官一員，已經八年矣。臣到任之後，據南河分司蔡音達禮等、中河分司沈圖等面稱，伊等管理河工，凡一切催夫、辦料各事宜，必得各有司同心協理，方能有濟。乃地方官員視分司爲贅疣，往往呼應不靈，不若道官所行之奉命惟謹。而蔡音達禮更稱"伊等例應三年一換，方其初到任之時，諸凡未諳，及一二年後才覺熟練，而又屆瓜期，不若道員之久任"等語。臣思其言皆切實事，屬確情。是以請將中河、南河、北河、通惠四分司裁去，其所管事務就近歸併各該道兼理也。今部覆中河、南河、北河三分司，俱應如臣議裁。惟通惠分司所管事務有報臣衙門者，有竟報工部者，且所屬河道俱係旗下地方，不便交通永道管理，相應仍留等因。是此四分司應裁應留之處，廷臣已有定議，臣無庸更爲置喙矣。

至於裁同知三員，將宿、桃二縣主簿四員分管兩岸，並嗣後堤岸衝決，該管知府與道員一體處分，欽工、民工俱照定例議處大計、薦舉等典。除布政司、按察司外，其餘道、府、廳、州、縣以下各官，必河道無衝決之事，並旋衝旋堵，不致奪河成缺，淹没田禾，殃民損課者，方准卓異薦舉。決口工程限半年内堵塞，遲違俱有參罰。工大難完者，預行題明等各情由，俱應照廷臣原議。俟命下之日，即令所裁分司六員、同知三員，赴部改補，並宿、桃主簿更定職掌，餘俱載入例冊遵行。

惟是淮徐道駐劄之處，臣前疏議令移駐邳州，蓋以邳州爲適中之地也。及臣親至邳州，見該州地雖適中而不無偏僻。宿遷縣爲漕運咽喉之地，向有中河分司駐劄。今中河分司一切事務既裁，歸淮徐道管理，應令該道移駐宿遷縣，方爲妥協。又山盱同知所管歸併山清同知，運河亦有清河縣地方，應將山盱同知官銜改爲山清盱同知者也。至臣前疏請調廳印官十四員分理大工，曾經廷臣議允。今臣將第一疏内原議限二百日完工者，改爲限四百日完工；原議用夫十二萬有奇者，改爲用夫三萬餘名。其用車運土之處，又於第七疏内議請預設官兵分頭料理。是第一疏内原請用監理官十二員者，約可省用六員。又第二、第三、第四各疏内一切工程見在次第催儧，比至部覆之時，約可完十分之二。其原請用監理官五員者，約可省用一員。二共可省監理官七員，尚少監理官七員。

又南岸白洋河以上，北岸清河縣以上，議增縴、格堤，並第五疏内先挑運河淤土一半，以幫兩岸堤工，約需監理官八員。内除見在之徐屬同知祖文明、邳宿同知蘇峨、揚州府管河通判聶文魁①等三員可以分工監理外，尚少監理官五員，通共實需監理官十二員。内有原任揚州府降調通判俞森已經奉旨還其原職，見在高家堰等處協理河務。並又有原任淮安府山陽縣革職知縣柳天正，年壯力强，素稱才幹，因十五年分山陽高家堰並里河堤工衝潰罣誤革職。曾經漕運督臣帥顔保②等以天正清廉愛民，題請將天正革職留任。雖部覆未經允行，而士民之愛戴天正者迄今不忘。本年八月内，臣因爛泥淺一帶淤斷，必需能員督夫挑濬。據淮揚道佟康年力保天正可用，而漕臣又屢屢面稱其能，臣隨委天正爲監理官，令之督率分管各官，逐段深挑。而天正躬親泥淖之中，不

---

① 聶文魁，正白旗人，歷任揚州府管河通判、山安河務同知等職（光緒《淮安府志》卷一二《職官表四》）。

② 帥顔保，"滿洲正黄旗人，姓赫舍里，大學士希福之子……（康熙）八年六月擢吏部右侍郎，七月授漕運總督"（《八旗通志》卷一五一《大臣傳七》）。

辭勞苦，不避風雨，無分曉夜，與夫役同甘辛，不七旬而將二十里淤土盡行挑開。其間有泥深丈餘，人力難施之處，天正隨機造器，設法疏通，不特功難泯没，而其實心任事之概與勤敏幹練之才，洵爲難得之品。士民之稱其善政而訟其冤枉者，牘且盈几。臣愛其勤能，已復委令協助山盱同知多弘安分工堵塞高家堰、高良澗等處決口去訖。俟其再著勞績之時，臣當另疏保舉，以酬其功。

除此二員之外，尚少廳印官十員。又查有原任淮安府睢寧縣因錢糧降級，續完開復，見在赴部銓補之知縣石之玫①者。臣因勘閱徐州堤岸，道過睢寧，聞之玫先年爲睢令之時，督築堤工，無分晝夜，駐宿河干，凡一切政務俱在工所辦理，毫無貽誤；且堤工一日不完，則之玫一日不肯稍自暇逸等情。臣復詢之淮徐道降調副使戴聖聰②，而該道之稱許之玫者與臣所聞無異。並臣前疏所請之山東單縣知縣，今陞北城兵馬司指揮韓第，原任五河縣丁憂知縣陳顯忠，皆係實心勤幹之員，均可不負監理之任者。伏乞皇上允臣所請，敕下部臣將石之玫、韓第二官令之就近來淮監理，並行陳顯忠原籍催令作速赴工。

又除此三員之外，仍少廳印官七員，容臣將原疏請調之太平府同知劉沛引、揚州府同知王興元、池州府同知管通判事喻成龍、寧國府通判常君恩、廬州府通判黃際會、清河縣知縣劉光業、宿遷縣知縣李燦等七員，就近調取赴工，並責成監理可也。至此官七員，臣原請出缺另補。今查劉光業、李燦二官雖任衝疲之邑，而年青才敏，似可就近兼理河工。容臣督令二官駐工辦事，不必更令出缺。又劉沛引等五官皆係廳員，與正印官不同，儘可調取赴工，工完回任，亦無庸出缺。此即臣前疏所稱，或更有應損益增減事宜，有必當上聞者，容臣隨時入告者是也。

至於一切工程，凡用監理廳印官一員者，必須用分管佐襄官員以佐之。今臣共用監理官十八員，計需分管官一百八員。查江南微員近因打造烏沙等船，閑者甚少。除臣現於革職廢員之中，擇其勤幹者一體委用外，然不敷尚多。臣請容臣於東、豫二省佐襄官員之中，查其職掌稍閑而才幹可用者，隨

---

① 石之玫，正白旗人，康熙三年（1664）任睢寧知縣（《撫吳疏草》卷五一《梁浩然逾限印結疏》）。

② 戴聖聰，奉天人，貢生，康熙九年（1670）任淮徐道副使（乾隆《江南通志》卷一〇六《職官志》）。

便調取，共襄大工，方爲有濟也。至於管工之監理、分管各官，伊名下派修之工，合式堅固與否，必須優定敘錄之典，嚴立處分之法，以鼓勸而儆策之，方可責其黽勉趨事。今廷臣議稱"如果工程合式堅固，俟奏銷之時，工部核明交與吏部，酌量從優議敘"等語。臣本不應再瀆，但念黃、運兩河無歲不修，無年不壞，流弊至今，極難補救。乃以微臣庸劣之才，孱弱之資，而膺茲艱鉅之任政，不啻以蠡負山，此臣自知之最明者也。祇以君恩深重，不敢不勉，竭駑駘以期仰副知遇於萬一，是用廣諮博詢，考古酌今，謬陳修治之計。然而工程浩遠，料理艱繁，不得不將臣所知所見允堪任用之員列名題請。惟是此等官員之中，除柳天正原係廢員外，餘者或係見任，或係候補。因其賢能而調取來工，使之或離其見在之城郭而處於泥淖之中，或離其見在之室家而日與夫役爲伍，或離其乘輿張蓋之榮而奔走於荆榛草莽之下。尤且日費無資，舟馬自備，直待胼胝辛勤。幸而工程告竣，方得或回任，或赴補，或歸家。若稍不合式，更有嚴參重處之虞。其舍易就難、舍利就害至於如此，苟不預定優陞之典，使之知有可至之途，踴躍爭趨，一官倡率於前而千夫効命於後，又安望其事之克濟，以共成此莫大之工也！伏乞皇上俯念運道、民生關係至重，此番極大工程與尋常築堤、堵決者不同，將監理、分管各官准照微臣前疏題請之例，凡監理、分管等官所築堤工，處處合式堅固，該管廳印河官出具甘結，道府驗實加結，申送臣衙門親勘無異者，俱准照伊原任應陞之缺，加二級從優即陞。如有原非正途者，俱作正途，一體陞遷。至於分管官所築堤工，有一處夯杵不堅，盛水即漏，並有一二丈不豐滿合式者，降一級調用；兩處夯杵不堅，盛水即漏，並有三四丈不豐滿合式者，降二級調用；三處夯杵不堅，盛水即漏，並有五丈以上不豐滿合式者，革職。監理官所轄分管官，有因築堤不堅固合式，一員議處者罰俸一年，二員議處者降一級調用，三員議處者降二級調用，四員以上議處者將監理官革職。如議處、議敘相同者，准與抵算；如監理官揭參者，准免連坐。如此則功罪昭明，賢者益奮，而不肖者知勉，工程可望堅固，而無闒茸貽誤之虞矣。他如劣員凡有更換銀色、短少分兩、扣尅回頭等弊，並姦徒言惑衆、暗壞工程等項，俱應遵照廷議。凡有發覺，容臣拿問究審，具題重懲可也。

抑臣更有陳者，挑濬築修之工雖經遴官委任，然募夫辦料，必須附近地方官同心協力，始克有濟。乃邇來之附近有司視河官爲贅疣，河務爲餘事，一任催呼，漠然罔應。查定例，地方官員催夫不發，諉非本汛，並買料不速解送，以致遲誤河工者，定有處分之例。功令煌煌，毫不知畏，總緣處分尚輕耳。臣請嗣後興舉大工，其附近地方官不協同設法募夫，不將急需之柳、草等項一切物料火速協買，上緊解運，以致遲誤河工者，容臣不時題參，將州、縣、官降三級調用，道、府、官降一級調用。如此庶各各知警，可免貽誤。

又河南、山東俱有特設管河道，嗣後凡勘閱情勢、估計工程、報銷錢糧，應歸管河道專責。其一切督催挑河、築堤夫役並買辦物料事理，必須該地方之道員協同催儧，聯銜會詳，一體責成，方爲有益也。

相應一併題請，伏候睿裁。

敬陳經理第七疏立勸懲以儆汙吏

題爲敬陳經理河工事宜第七疏事。

竊臣看得疏通運道，全在束水歸漕，而欲束水歸漕，則舍遍築堅堤，更無善策。但不肖官員、奸民、蠹役率皆喜動惡靜，樂於有事而苦於無事，往往有陰求敗廢者。是以堅堤既築之後，必須設防守之法，否則不久必壞，猶之未修築堤也。既設防守之法，尤當立勸懲之典，否則不久必弛，猶之不防守也。

臣再四思維，反覆籌酌，是用謬陳盡裁夫役，特設官兵，令之各駐堤上，將防守修葺事宜一併責成之。並請嚴立議處，優定議敘之例，以鼓舞而儆戒之也。廷臣先議應照臣議等語；後議大修；既議暫停，無庸議等語。蒙皇上軫念運道、民生，命臣再行確議。臣惟高堰等諸臨湖一帶堤工，臣見在幫寬塞決，束淮濟運，而黃河兩岸各堤尤須次第速築，是原議防守之兵，誠屬必須者矣。惟是堤成而後，設立官兵，交給防守，更不若先設官兵，而即令協同看築堤工之爲尤妙也。

蓋臣自到任以來，迄今八月。凡淮、揚各處堤岸莫不盡行親勘，有虛松頹塌者，貛狸鑽穴者，大約皆因夯杵不堅，無人看守所致。及觀民間新幫之堤，甚有以大塊濕土疊累而成者，其空松之狀何待水衝，凡驟雨一淋即便塌卸，似此工程又安能禦怒濤之撞擊也！揆厥所由，總緣築堤之人痛癢不關，止圖苟且完工，並不求其堅固。雖督築之官定有黃河一年，內河三年，如限內衝決，從重處分之例。然大抵止顧目前，不思遠慮。且即有實心任事之官，而一二人之耳目有限，安能遍察數十里之工程與盈千累萬人夫之勤惰？是以欲堤岸之堅固，原屬最難。

今興舉大工，雖設監理之廳印官率同分管之佐貳官不時勘查催督，然工程浩遠，耳目難周，誠有鞭長不及之慮。若先將應設之官兵預爲設立，每兵一名交河堤四十五丈，並人夫一二十名、車一二十輛與之，令其日則催夫運土，勤督夯杵；夜則看守料物，照管車輛。且告以"此堤既成之後，即係爾永遠防守之工，保過三年，定即從優拔補；若因夯杵不堅而有意外衝決之變，則獲罪不小，性命攸關，非比泛常"等語。在此等官兵既知利害兩途，判若霄壤，且不費己財而盡皆他人出力，自必盡心以求堅固。況更加分管官之往來催儹，監理官之統督稽查，自可無苟且塞責之工，洵爲至當不易之計也。

臣請皇上俯念河道關係重大，容臣將應設官兵即爲預設，責成協同築堤。其遴補官弁、召募兵丁之處，並容臣量才確酌，務令人地相宜，另行咨題報部。至臣前疏議每兵一名所管之堤有三十丈、四十五丈、六十丈、九十丈之不等，原從汛地有易險之不同起見。今臣復加斟酌，頂衝危險之處，每兵止管三十丈亦屬繁難；而尋常平易之堤，每兵管至九十丈亦皆閒空。今莫若每兵一名，一律管堤四十五丈。及待伏秋水漲之時，則調取閒空汛地之兵協守，繁難危險之地更爲妥當。又每兵一名，其所管之遙、縷堤四十五丈，皆係頂寬二丈，底寬六丈，必須逐年加幫高厚，以圖久遠，以保萬全。其按年責成，加幫堤工之尺寸，容臣俟堤成之日另行酌議題請爲例。但以一人而幫堤四十五丈，力少工長，難期寬厚。臣擬每兵一名，聽其自募幫丁四名，一併同住堤上，共相守助。至幫丁既同官兵協守堤工，必須代爲預謀生計。臣往來相度，目擊黃河兩岸近堤之處，頗多無人耕種之荒土。即其間亦有成熟民田而瘠薄不堪，納糧無幾。臣請嗣後，凡離堤一百八十丈以內，俱爲河地。將此地分給幫丁耕種，責成協保堤工。至此等地土凡原係荒地，即令幫丁開墾，或間有見在納糧之田，即令業主爲幫丁，或聽業主撥伊家屬爲幫丁，協同保堤挑土，加幫高厚。此幫丁之制一成，則人力益眾，而防守益密。再加鐵埽尋隨時探濬，設有驟淤，更調各汛船兵協力疏濬之法，久而勿替，便可永保無虞。不特三年，一年而已也。

至臣原題共設兵五千八百六十名內，請於江蘇所屬抽調二千名，尚少三千八百六十名，俱行另募。今廷議准於江蘇所屬額兵內，抽調戰守兵二千名，再於臣標兵內亦移步兵一千名守堤，其尚少二千八百六十名，准臣選募等因。查臣標官兵，係隸山東省經制而不在江南。且北至張秋起，南至珠梅閘止，一帶三百七十餘里，皆係臣標官兵汛守其間。彈壓地方、催儹漕船、護送差使，責成甚多，尚苦不足，斷難遠調。況設兵守堤，責成修葺之法，臣愈思愈當。其山東、河南二省，臣亦欲次第一律舉行，但江南未經定制，是以遲遲俟江南定制之後，容臣再將東、豫裁夫設兵之處另爲題請。是臣標官兵應俟將來另題，俾防東省堤工。此江南守堤之兵，仍請皇上俯允，照臣原題添募三千八百六十名。所需糧餉，除裁一切各夫工食之外，統容臣於河庫内動支給發。蓋設兵幫丁之制一定，則每年歲修錢糧亦可量圖節省，以節省工料之資補兵餉不敷之用，並不更動公帑。而河堤保固，運道以通，民生以奠，誠一舉數得之利，故臣敢於力請也。

又歸仁一堤仍在確酌，俟隨後另題外，至於所修工程内微小事宜，准臣竟自舉行，工完銷算之時開明具題。若事大者，仍行題明。並守堤弁兵議處、議敘之處，以及盜決、故決擬罪之例，俱經廷臣議允，應照廷臣原議，臣無庸更議。倘有未盡事宜，應損益增減者，仍容臣臨期分別，或竟行，或入告可也。

總之，臣以一介寒微，駑駘陋質，蒙皇上屢加拔擢，畀以重寄。臣雖肝腦塗地，亦不足以仰答殊恩於萬一。是以雖自知才力之不能勝任，而仍不敢因循苟且，必欲勉強籌維，以期得當。至其間干係重大，設有疏失，獲罪不小。旁人每爲臣危，爲臣慮，而臣不敢自計也。臣惟竭區區報主之心，以盡分内之職掌而已。若夫各疏内一切工程，如捐納人多、錢糧湊手，則自奉命旨之後，大約三年可以告竣。如限期之内黃、淮不復故道，糧艘不能通行，民生仍在昏墊，容臣自行糾劾。恭請皇上嚴賜處分，以彰功令。倘邀皇上齊天之福，幸而告成，其堤工之堅固與否，仍請皇上特遣大臣確驗定奪者也。

伏候睿裁。

江南大修疏

題爲江南大修河道業已題奉俞綸，豫省歲修工程，微臣勢難兼顧，伏乞皇上睿鑒，責成河南撫臣就近勘核，隨機興舉，以固河防，以保運道事。

竊臣惟河道歲修工程乃未雨綢繆之策，若應修而不修，則堤岸難保無虞；不應修而亦修，則糜費甚屬可惜。是以臣於一切工程莫不親詣河干，與該管各官詳審確勘，定議興舉。其有已經勘定而仍當損益增減者，亦復隨時酌宜，不憚更改。此臣區區之心，欲於保固河防之中，更求節省錢糧之法也。

今據河南管河道王日藻①詳估，三處歲修工程共需銀二萬六千餘兩。當此河帑告匱之時，動支如許銀兩，而臣未細勘情形，確量丈尺。設其中有濫興工作，浮估錢糧之弊，臣何由而知？即欲親行查勘，而往返之程不下三千餘里，江南大工方在興舉，臣斷不能遠離貽誤，反覆籌維，惟有仰請皇上將豫省河務，責成河南撫臣就近料理。凡一切估計歲修工程，但著該撫臣親勘核定，一面興工，一面移會臣衙門知照。其有應題、應咨事件，亦聽該撫臣主稿，會臣題咨。其間臣若有見聞所及，必與撫臣盡心參酌，斷不因已經責成撫臣，而臣遂置豫省河工於膜外。

至豫省堤岸，自責成撫臣之後，設有疏防衝決之事，臣不敢竟諉之撫臣，願與撫臣一同聽候照例議處，以重河防，以信功令。俟江南大工告竣之日，應否仍舊，容臣等再為酌議題請定奪。蓋河南撫臣衙門駐劄河干，而敕書內原有兼理河道字樣，與別省撫臣不同。且撫臣就近勘核，事必得當，而屬員奉行亦速，欺冒之弊亦無所施。臣遠處江南，鞭長莫及，呼應不靈，不能周知情形，確查弊竇。是豫省河務責成該撫臣親行兼理，較之臣衙門隔遠遙度者，其得失相去，正不啻天淵之別也。緣係條陳河防重務事理，貼黃難盡。

伏乞睿鑒全覽，敕部議覆施行。

指陳河道疏

題為指陳河道危切，仰祈睿裁事。

竊臣看得歸仁一堤，原以障睢、湖諸水，使之由白洋河入黃刷沙，並為高堰等一帶長堤之外藩者也。在明時，因有泗州祖陵，惟慮水侵，故所以修防歸仁堤者甚力。及本朝定鼎之後，司河諸臣惟盡力於漕艘經行之地。歸仁堤即有殘損，以為無關運道，率緩視之，而不為修葺，以致堤工衝決，睢、湖諸水盡行東注洪澤湖，而不復出白洋河口。黃流反擣其後，將白洋河口淤成平陸，益

---

① 王日藻，江南華亭人，進士，"布政司參政管河道，康熙十五年任"（雍正《河南通志》卷三五《職官六》）。

以烟墩①、茆良口②、七里溝③、新莊口④等處屢屢告決，河底日墊日高。高堰勢不能支，淮、揚水患無寧日，而運道時憂阻塞矣。

前任河臣羅多、王光裕雖經估計具題將歸仁堤大爲修治，挑通引河，設立三壩，以爲啓閉宣洩之計，無奈黄水高於内地，是以壩雖設而迄今未開。其原估銀一十七萬六千七百五十六兩零，業經前任革職歸仁同知劉光燿領用過銀十二萬兩，又經見任宿桃歸仁丁憂同知佟國聘領用過銀八千兩，僅存原估未支銀四萬八千七百五十六兩零。其劉光燿做過工程雖潦草塞責，未能如式堅固，然亦因上流諸水無路宣洩，撞衝擊汕，以致新修之工莫不歪斜傾倒。此皆欽差尚書臣伊桑阿等、侍郎臣折爾肯等所目擊者。

臣自到任之後，親勘四次，灼見河高堤矮，是以批令該廳道於冬至之後，用平水法⑤確量酌奪。今據量，石工堤頂較之河岸見矮四尺九寸五分，即將堤工照估加高至一丈，仍比河岸低二尺一寸五分。至於議修滾水壩⑥四座之説，臣思大修歸仁堤原期束水歸河，助黄刷沙。若改設滾壩，則上流諸水勢必仍注洪澤湖，不能復入黄河，與原題大修之義相背。若謂堤矮河高，將歸仁堤頂再議加高，則必須於原估堤頂之上再加五尺，使堤工高過河岸二三尺，庶足捍禦。然堤頂又加五尺，必當更爲幫寬數丈以壯堤根。且劉光燿所修傾倒不堪之工，尤須從新另修。計其甎石、土方、人夫等項，約應增費二十餘萬兩。當此

---

① 烟墩，位於桃源縣，"（康熙）六年決桃源之烟墩"（光緒《淮安府志》卷五《河防》）。

② 茆良口，位於安東縣，"康熙四年決安東茆良口"（光緒《淮安府志》卷五《河防》）。

③ 七里溝，位於桃源縣，康熙十二年（1673）黄河於此決口，"遣郎中蘇爾泰往閲河工，諭曰：'清水潭、七里溝決口關係漕運，今春若不完工，夏間或遇霖雨，將若之何？其傳諭總河王光裕知悉。'"（《清聖祖實錄》卷四一，康熙十二年正月庚子條）

④ 新莊口，位於桃源縣，"楊家莊未決口之前，止有桃源縣北岸之地被新莊口、七里溝、黄家嘴等各決口之水淤高"（乾隆《江南通志》卷五二《河渠志》）。

⑤ 平水法，"又仿宋平水法，於運河東岸爲減水牐洞立限，則水勢七尺即蓄水以濟漕，水長減入諸湖，會於射陽入海"（《河渠紀聞》卷八）。

⑥ 滾水壩，即滾水石壩，"爲伏秋水發盈漕，恐勢大漫堤，設此分殺水勢，稍消即歸正漕。故建壩必擇要害卑窪去處，豎實地基，先下地釘樁，鋸平，下龍骨木，仍用石楂權鐵楂縫方舖底石壘砌。鴈翅宜長宜坡，跌水宜長，迎水宜短，俱用立石攔門。樁數層，其地釘樁須劄鷹架，用懸硪釘下，石縫須用糯汁和灰砌縫，使水不入"（《明經世文編》卷三七八《宸斷大工錄》）。

錢糧匱絀之際，斷難輕議。且大費錢糧而果能束水歸河，臣何難確議上請？殊不知黃河未治，水行地上而不由地中，即大費二十餘萬金錢，將歸仁堤加高、幫寬，亦止可蓄睢、湖之水於堤內，不能挽入黃河，以爲刷沙之助。況河底墊高，洪波四漫之際，設或伏秋水漲，南岸遙堤又有潰決之事，則黃流內灌，勢若建瓴，與睢、湖諸水並力下注，其排山倒海之勢，雖歸仁堤堅固如鐵，亦難免於復衝，是仍屬無益，徒將難措之金錢付之一擲也。

臣反覆籌維，再三勘度，必俟黃河復歸故道，既濬深通，使水由地中安流，而不泛濫河岸，然後歸仁堤可以竣工。今臣見將經理河工事宜各疏內工程分頭興舉，並委監理官俞森、陳顯忠、王興元等多造鐵掃帚，僱覓大船，用溯流揭沙之法疏濬黃河。俟確有成效，隨堵塞楊家莊決口，挽河使歸故道。然後將歸仁未完堤工確估，另題再爲興舉。庶不糜費錢糧，而且可期經久也。

臣謹具疏題明，伏乞睿鑒，敕部議覆施行。

經理三疏未盡事宜疏

題爲題明經理河工第三疏內未盡事宜事。

竊照臣先因高家堰、高良澗等處一帶臨湖堤岸，殘缺單薄，危險異常。臣往來相度，必須將殘堤逐一加幫高厚，然後次第堵塞，庶免已塞復衝之患等因，於敬陳經理河工事宜第三疏內題估在案。查此等堤岸原高六七尺不等，臣估一概加高三尺，共高一丈，並外築坦坡，內築陡坡。今高家堰石工五千餘丈，已經一律加高。其高良澗板工五千餘丈，亦經改爲小埽椿工，見在督夫挑土尚未修竣。惟是五家墩①決口一處，高家堰石工決口七處，雖經堵完，而高良澗板工決口二十六處，止堵完十六處，尚有大小口十處未經堵塞。並翟家壩成河九道之處，全未動工。計淮水之下清口者，不過十分之五耳，而已成一派汪洋、清波萬頃之勢。目今運河內湍流直瀉，急溜非常，幸賴今春將挑河之土幫築寬堤，僅免意外之虞。然掃灣之處塌卸甚多，見檄該管道、廳印河官分頭搶救。至黃河自清江浦以下出漕四漫，亦委監理各官或用鐵掃帚揭沙之法乘流疏濬，或督催夫役搶築堤工。至於高家堰一帶石工五千五百餘丈，原高七尺

---

① 五家墩，即武家墩。

者，今水與堤平，將臣原疏所稱可築坦坡之三千八百餘丈俱被水占堤根。其所恃以捍此滔天之水者，惟新加之三尺土堤耳。淮水僅來一半而其勢之洶湧已至於此，若今歲秋冬，來年春月，再將高良澗未完決口十處並翟家壩成河九道之處盡行堵築，則來歲伏秋，湖水益漲，大爲可虞。

臣反覆籌維，但坦坡既不能速築，必須將高家堰石工加高三尺，與新加土堤相平，然後另加土堤三尺，共高一丈三尺。至於堤裏原止估築陡坡一丈者，所恃外有坦坡耳。今坦坡既不能施工，而堤身單薄，必需加築餕堤一道，面寬一丈，底寬二丈，高一丈；又高良澗一帶亦應幫餕堤，面寬一丈，底寬二丈，高八尺，方爲萬全之計。其需用土方，止須將原估坦坡之土移爲餕堤加高之用，所少無多。惟加高石工三尺，除各決口內衝卸舊石甎塊盡行撈取濟用外，計其添買甎石、灰、米、匠役之費，約需銀五萬餘兩，亦於臣原題敬陳經理河工事宜各疏內，通融節省應用，不復更請錢糧。

除見在檄督該管各官飛星辦料興舉外，臣謹具疏題明，伏乞皇上睿鑒施行。

經理七疏未盡事宜疏

題爲題明經理河工第七疏內未盡事宜事。

臣惟從來河決之患率由於堤岸不堅，而堤岸之不堅，皆緣欲保全河道之人少，而求廢壞河道之人多，是以屢塞屢衝，愈救愈壞，而無所底止也。今江南河道蒙皇上軫念運道、民生，動用正項錢糧，命臣大爲修治。臣欽承重任，刻刻以隕越爲虞，反覆籌維，力求善策。是以先於敬陳經理河工事宜第八疏內，條議設兵守堤，並請優定敘錄之典，嚴立處分之條，以鼓舞儆戒，俾之共保河堤等因，業經議政王等會覆，奉有俞旨，欽遵在案。惟是臣原疏題設守備六員，千總十一員，把總二十三員，兵丁五千八百六十名，原議守黃河自海口以至徐州，運河自清口以至江都，並高家堰等一帶臨湖堤岸也。至於徐州州城以上河堤，臣原因其離河較遠，不估大修，是以未議設兵。及臣於本年夏月遍行親勘徐州南岸，歷蕭縣、碭山至河南虞城縣境，北岸歷豐縣、碭山至山東單縣境，各長二百餘里。除連山之處原未築堤外，計其有堤之處，每岸不下一百餘里。其間坍塌、殘缺在在皆然，以致本年七月河水泛漲，漫缺多口。臣因思既有堤工，亦應防守。況臣條議建設減水石壩，而又見在橄行道、廳、州、縣各官勸諭居民共相出力，陸續修築堤岸，以期各保田廬。雖此係民力幫修，原不動用錢糧，不能剋期全竣。而逐漸所修之堤若不防守，是徒勞民力，無益民生矣。是以徐州以上之堤，斷當一例設兵防守，方稱萬全。但此一帶地方並無歲修工程，與徐州以下不同。自此以下，一兵管堤九十丈，令之填補狼窩、獾穴，植柳蓄草，儘可無誤，約需增兵五百餘名。

又臣原疏議設六營，俱就黃河形勢定議，不照州縣地方分汛。今復加籌酌，一切河防重務，必須各專管河廳與各河營守備同心協力。各率所屬官弁，共相修防守護，始克有濟而無誤。若照臣前議定立營制，不無稍有牽扯，莫若就河廳所管地方為河營之汛地。內惟山清安海同知所管河堤，兩岸各綿長三百餘里，地方太廣，設兵二千餘名，斷非一守備所能管轄，應分為二營。通計江南淮、揚、徐三府州並靈璧、盱眙二縣，見設河廳六員者，今應設防河守備七員，千總十六員，把總二十九員。內管理徐屬河務同知所管地方，應設防守徐屬河堤守備一員，千總三員，把總五員，分防徐、蕭、豐、碭四州縣堤工；管理邳、睢、靈璧河務同知所管地方，應設防守邳、睢、靈璧河堤守備一員，千總二員，把總三員，分防邳、睢、靈三州縣堤工；管理宿、桃、歸仁河務同知所管地方，應設防守宿、桃河堤守備一員，千總三員，把總六員，分防宿、桃二縣堤工；管理山清盱河務同知所管地方，應設防守山清盱運河湖堰守備一員，千總二員，把總四員，分防山、清二縣運河，並山、盱二縣臨湖堤工；管理揚屬河務通判所管地方，應設防守揚屬河堤守備一員，千總二員，把總三員，分防高、寶、江三州縣堤工；管理山清安海同知所管地方，應分為二營，共設守備二員，千總四員，把總八員。內分一營，設防守山清外河守備一員，千總二員，把總四員，分防清河一縣，並山陽北岸自清河縣界起，至安東縣界止；南岸自清河縣界起，至雲梯關止一帶黃河堤工。再分一營，設防守山安河堤守備一員，千總二員，把總四員，分防安東一縣，並山陽北岸自安東縣界起，至海口止；山陽南岸自雲梯關起，至海口止一帶黃河堤工。

如此則責成既專，防守俱便，文武協力，保全河道之人多，而陰謀暗害者無所施其姦計，可以永固河防於勿替矣。至於增設官弁十四員，增募兵丁五百餘名，約每歲應增俸餉之需不過七千餘兩，總在河庫內動給，增費無多而所以保全河防運道、國計民生者甚大。且所添之兵，嗣後一體責辦柳、草，以備歲修之用。則數年之後，更可節省買料錢糧，誠一舉而數善備焉者也。

若夫各官兵保固三年從優議敘，設有衝決從重議處之例，應於各該營工程告竣之日爲始。如某營汛地工程先完，臣當先咨達部，以憑部臣扣算年限可也。查臣原題經理河工事宜疏內，倘有未盡事宜應損益增減者，容臣臨期分別，或竟行，或入告等因，經議政王等議覆，奉有俞旨，欽遵在案。今添設官兵，自非微細事宜，臣謹特疏具題。至此七營守備，應各給條記一顆，庶上下一切交移，可免詐偽舛誤之慮。

相應一併題請，伏乞皇上睿鑒，敕部議覆施行。

再陳一疏未盡事宜疏

題爲再陳經理河工第一疏內未盡事宜事。

竊照臣於康熙十六年七月初六日，將江南敝壞河道分列八疏，題請大爲修治。其間第一疏內所估計者，黃河南岸自白洋河起，歷桃源、清河、山陽三縣，出雲梯關至海口，共長四百一十里；北岸自清河縣起，歷山陽、安東二縣，出雲梯關至海口，共長二百八十里，兩岸各築長堤一道，通共估銀九十八萬九千七百九十餘兩。此就尚書臣伊桑阿等條奏內所估工程，臣惟將尚書臣等所估土方酌減十分之三四，並於尚書臣等原估之外，增估雲梯關外一帶工程，其餘原未估及也。

迨具題之後，臣循河而上，親行相度，目擊南岸自白洋河以上，歷宿遷、睢寧、靈璧以至徐州，計程二百八十里。北岸自清河縣以上，歷桃源、宿遷、邳州以至徐州，計程四百里。其間堤工處處殘缺，在在堪虞。且堤離河近，設有潰衝，必至奪河成患，阻運殃民。臣憂心如灼，寢處不寧，方擬具疏入告間，適值廷臣以需餉之時，費用無出，將臣前題各疏俱議暫停。

荷蒙皇上軫念運道、民生，敕臣再行確議。臣隨將南岸白洋河，北岸清河縣以上，各至徐州之情形事勢，逐一聲明，並議各加築縷堤一道，並築格堤，以爲重門之障，增估銀三十五萬九千四百二十餘兩，二共實需銀一百三十四萬九千二百餘兩，統於第一疏內一併題請。隨蒙廷議覆允，於康熙十七年二月十一日奉有依議之旨，欽遵在案。

臣自奉旨之後，見在嚴督各官，將徐州以下估定工程酌量緩急，分頭償修，設兵委官加意防守。當此伏秋大水，幸皆保固無虞。惟是徐州而上，南岸歷該州之十八里屯、楚王墓①、賈家樓②等處，經蕭縣並河南之永城縣，復由江南之碭山至河南之虞城縣界止；北岸歷該州之大谷山③、楊家莊、許家莊④等處，經豐縣、碭山，至山東省之單縣界止，兩岸各長二百餘里，其間地高並有山之處俱無堤工，凡屬地窪之區悉有堤岸，有有堤一道者，亦有有堤兩道者。其見有之堤，雖不似徐州而下之頂衝危險，然殘缺亦多。祇以離河甚遠，即有漫衝亦不至於奪河妨運。臣是以不敢估用錢糧，以煩司農之仰屋。惟督令該地方官量撥民夫，逐漸修築。如康熙十六年八月三十等日，蕭縣之石將軍廟、吉門、兩河口等處，共漫堤工一百二十餘丈，經臣將防守各官題參部覆，將廳印河官革職，戴罪修築。續據該管各官督率民夫，竭力堵築，俱於十七年四月初二日告完。屢據各官詳請具題開復，臣因決口雖已堵完而殘堤未經幫固，恐一爲開復則又洩視不前，是以不准所請，批令將殘堤幫完之日，始爲具題開復等因在案。

豈期今歲七月，江南方告旱荒，而上流之水奔騰沸湧而來，虞、永、曹、單、豐、碭、蕭、徐之間，數日之內陡長數尺，水高於堤，平漫而過。據淮徐道吳煇等申報，蕭縣長堤漫缺九處，共長三百八十七丈一尺；碭山尚未查確；河南虞城縣亦漫三口，俱經臣駁取經修防守職名。俟覆至照例題參外，臣因思皇上不惜費數百萬金錢，命臣大修河道，蓋不僅專爲濟運，而實欲兼之保民也。

今徐州以下雖在大修，而上流漫衝以致宿、徐等州，蕭、碭、虹、靈、睢、宿等縣處處被災。雖漫溢之處離河甚遠，並不奪河阻運，然大水驟至之際，禾苗盡空，秋成失望。若不並爲圖治，則歲歲伏秋，勢必年年淹沒。此數

---

① 楚王墓，位於豐縣東北（同治《徐州府志》卷一八《古跡考中》）。

② 賈家樓，位於睢寧縣，"康熙十二年十一月，雅（即崔維雅）奉調會勘淮屬北岸工程，事竣，由徐州賈家樓南岸一帶周閱上下，河勢倒射，東南舊堤已坍，新堤雖已築竣，將來河患叵測，勢益南徙，不可捍禦"（《河防芻議》卷三《徐州南岸賈家樓治河說》）。

③ 大谷山，位於銅山縣黃河北岸，"大谷山至蘇家山，康熙十七年築，堤長四百七十丈"（同治《徐州府志》卷一三《河防考中》）。

④ 許家莊，位於睢寧縣，"虹縣……北六十里至許家莊徐州府睢寧縣界"（乾隆《江南通志》卷十《輿地志》）。

州縣民生又安望其有起色耶？除河南黃河，容臣與河南撫臣董國興①確酌修防，毋令漫溢外，至於江南徐州以上，並蕭、碭一帶，必須設法治之，庶可稍救此數州縣歲歲被災之苦。但軍興需餉之際，安敢再請錢糧？

臣往來相度，反覆籌維，審勢揆情，更有一得之慮，不敢不亟爲我皇上告也。臣維黃河之水，雖合千枝萬派而來，然怒漲之時亦皆逐寸加增。兩岸之堤，高者不過一丈，低者僅有五六尺。若河身之水止增三四尺，猶可也。其如河底勢高，每每驟長，一經長與堤平，即便漫堤而過，水過之處，堤工隨被洗去，頃刻立成缺口。於是堤外逐漸所積五六尺高之水，盡從決口奔騰而下，所過之地禾稼漂流，室廬傾倒。

臣愚以爲既知水之逐漸加增，則當作一逐漸洩之之法，則惟有建築減水壩之爲得也。查桃源縣地方，向有減水壩四座。臣親爲勘量，每座止寬一丈七尺，合四座計之，其洩水之地不及七丈，以無窮之水而俱欲賴此七丈地面洩之，自屬無益。今臣擬築之減水壩，東西寬十二丈，南北長十八丈六尺，中立磯心六，兩旁俱用石牆，土內密釘排椿，灌以漿灰，上舖石板，聯以鐵錠。每壩一座共成七洞，每洞各寬一丈八尺，計其洩水之地共有十二丈六尺。先於碭山縣南岸建壩一座，以減豫、東二省驟來之水。碭山壩內疏洩不及者，隨於蕭縣南岸又建一壩以減之。更於徐州北岸大谷山去處，並州城對岸子房山②去處，連建二壩以減之。至州城之下，尚有疏洩未盡者，則於花山去處亦建一壩以減之。如此則隨漲隨減，隨減隨流，河內之水既無湧積漫堤之虞，堤內之流亦無泛濫奔騰之害，不特蕭、碭、豐、徐之田畝漸漸可耕，而徐州以下邳、睢、靈璧新、舊河堤俱可不至橫決。以上碭、蕭、徐三州縣地方所建五壩內，南岸二壩所減之水導歸睢河，從姬村③、永堌等湖而下，使沙停湖內，聽清水

---

① 董國興，"漢軍鑲白旗人，康熙九年五月任湖廣巡撫，十一年正月休致。十六年七月任河南巡撫。二十一年二月調福建巡撫，二十二年二月休"（《八旗通志》卷三四〇《八旗大臣題名二》）。

② 子房山，又名雞鳴山，徐州城東三里（同治《徐州府志》卷一一《山川考》）。

③ 姬村湖，位於蕭縣，"匯於東北諸山之下者爲姬村湖，諸湖連絡而浮沃瀠洄，頗稱巨藪"（嘉靖《徐州志》卷四《地理志上》）。

由白洋河復入黃河。北岸州城迤上二壩所排之水，排入微山、吕孟等湖①而下，亦使沙停湖内，聽清水由韓莊閘②歸運河，出駱馬湖復入黃河。花山③一壩所減之水，引令從新決大口内而下，亦使沙停口内，聽清水由貓兒窩④歸運河，亦出駱馬湖復入黃河。至宿、桃一帶，則仍受全河之水，自是怒漲非常，於是亟於宿遷北岸攔馬湖⑤、朱家堂⑥、温州廟⑦連建三壩，以減黄河與駱馬湖會合之水。又於桃源北岸之古城、黃家嘴⑧二處亦建二壩，以減黄河與白洋河會合之水。更於清河北岸西王家營⑨、張家莊⑩二處，安東北岸邢家莊⑪一處連建三壩，以減黄河與淮河會合之水。以上宿、桃、清、安四縣所建八壩俱在北岸，其所減之水内，宿遷三壩與古城一壩，俱引入楊家莊大決口内，黃家嘴壩引令歸黃家嘴舊衝口内，西王家營、張家莊二壩俱令歸張家莊大決口内，

---

① 微山湖，"在（滕）縣西南七十里，凡境内大小諸湖，如都山、吕孟等以湖名者不一，皆統於微山湖。昭陽，其別名也"（乾隆《兖州府志》卷五《山川志》）。吕孟湖，在沛縣西南四十里，"又有張莊、微山、赤山諸湖與昭陽湖，並爲濰水濟運之處"（乾隆《江南通志》卷一四《輿地志》）。

② 韓莊閘，位於山東嶧縣西南運河上，"自江蘇徐州沛縣界之夏鎮閘而南七十里爲韓莊閘，有閘官"（嘉慶《大清一統志》卷一六六《兖州府二》）。

③ 花山壩，位於睢寧縣，"（康熙）十四年決徐州潘家塘、宿遷蔡家樓，又決睢寧花山壩，復灌清河治，民多逃亡"（《清史稿》五三六卷《河渠一》）。

④ 貓兒窩，位於邳州，設有直河巡檢，"貓兒窩一帶爲徐、兖諸水之所注納，水大盛則堤必傷，故建減水大壩三座以洩之"（乾隆《江南通志》卷六〇《河渠志》）。

⑤ 攔馬湖，位於宿遷縣，"若徑洩入海之壩，則自攔馬湖始。康熙二十二年伏秋異漲，皆賴此壩宣洩得保各處堤工"（乾隆《江南通志》卷五二《河渠志》）。

⑥ 朱家堂，位於宿遷縣，"宿遷……北岸（險工）三，曰朱家堂，曰楊家莊，曰古城"（乾隆《江南通志》卷五三《河渠志》）。

⑦ 温州廟，位於宿遷縣，"（康熙）十八年建宿遷之朱家堂、温州廟，桃源之古城，清河之王家營，安東之茆良口減水壩共六座"（《行水金鑒》卷九六《食貨略》）。

⑧ 黃家嘴，位於桃源縣，"工部議覆河道總督楊茂勳疏報河決桃源黃家嘴，壞堤二百餘丈，應令該督速行確勘修築。從之"（《清聖祖實錄》卷二六，康熙七年八月戊寅條）。

⑨ 西王家營，即王家營鎮。

⑩ 張家莊，位於清河縣，"（康熙十七年）盡塞黃河兩岸于家崗、張家莊、王家營、邢家、二舖、羅家、夏家、吕家、洪家、竇家等處決口"（《河渠紀聞》卷一四）。

⑪ 邢家莊，位於安東縣，"徐州知州管河判官二員……險工：賈家嘴、小店、邢家莊、賈家樓"（《兩河清彙》卷五《黃河》）。

邢家莊一壩引令歸邢家莊舊決口内，各各排入倉基等湖①，使之東北由沭陽沭河，海州之漣、潮二河入海。如此則每歲五、六、七、八月之間，凡遇河流暴漲而宣洩有途，加以人力修防之密，自不至於壅積傷堤，漫衝横決。其餘夏初、秋季水平之時，與冬、夏等月水涸之候，則皆仍復歸漕安流趨海，更免旁洩停沙，淤高河底之患。

以上通共建壩一十三座，並量挑引河引水入舊口歸各湖，以免漫淹田畝。此項工程約需費銀二十六萬餘兩。然此壩一建，則水不湧漲。其原估應築之遥、縷、格堤，可以相地勢之高卑與離河之遠近。凡地勢卑而頂衝危險，離河甚近者，仍築遥、縷堤二道。地高而離河遠者，止築一道，以省錢糧。計臣原題第一疏内需銀一百三十四萬九千二百餘兩者，臣約略計之，可以節省五十餘萬兩。内除應費建壩銀二十六萬餘兩，仍可照原估節省銀三十餘萬兩。且此壩與各工告成之後，不特無奪河、阻運之虞，而沿堤田畝水災亦可漸減，其於國計民生，實大有攸賴也。

臣再三籌度，委無疑意，除一面飛督各官辦料興舉，並相度地勢建築堤工外，相應特疏題明，伏乞皇上睿鑒全覽施行。

酌改運口疏

題爲題明酌改運口以免再墊運河事。

竊照淮揚運河由江達淮，綿長四百餘里。其出口之處是爲清口，離淮、黃交會之所，不過二百餘丈。黄流稍漲，即從清口灌進運河，以致運河之底逐漸墊高，歲須挑淺，勞民傷財，不可殫計。臣檢閱明時舊制，亦因黄流屢墊運河，原有重運過淮之後，隨即閉壩攔黄。除貢鮮船隻仍應開放之外，直待回空南下，始行啓壩等因，載在河志諸書可考。然臣思閉壩之説，不特不便於商民、關榷，而空、重往來之時，仍不能禁黄流之不進，是苟且之策而非不易之計也。

今臣奉命將運河大爲深挑，不敢不另圖良法，以期永遠。查目今高家堰決

---

① 倉基湖，位於宿遷縣，"在縣南七里，東流達（泗）河入淮"（《行水金鑒》卷一四九《運河水》）。

口七處，久已盡行堵完。高良澗決口二十六處亦將堵竣，止餘數十丈未合龍門，計是月之內皆可斷流。雖翟家壩成河九道之處尚在次第興修，而約略淮流之下注者，已有十分之七。黃河從楊家莊決口北瀉之後，桃源、清河每多淺澁。臣慮阻運道，一面委官僱覓夫船，用鐵掃尋往來揭沙；一面委官多募人夫，將楊家莊南岸挑挖引水河一道挽流濟運。今黃流之下注者，尚不及十分之一。然淮、黃交會之處，觀其水勢，每遇西南風作，則淮流稍勝於黃；而東北風起，則黃、淮勢便相敵。將來各工告竣之後，淮河之水不過增十分之三，而黃河之水尚當增十分之九，則其內灌運河有理勢所必然者。

臣往來相度，查清口迤南之河，乃臣上年九、十月所挑之爛泥淺第一道引河也。清河西南一里許，又有支河一道，乃臣今年春月所挑爛泥淺第二道引河也。自清口向東南行七里，是爲七里墩。旁有石閘一座，即名七里閘。閘內有淤高河形一道，係明季所挑新河，閘外則原屬洪澤湖之灘地也。今閘之內外悉皆淤成平陸矣。自清口進河，向東北行二里許，是爲新莊閘，即天妃閘，乃漕運咽喉。又東行一里許，是爲文華寺①，即明季所挑新河之盡頭也。

臣再三籌酌，必須將清口永遠閉斷，從文華寺淤高之新河迤南挑七里，直至七里閘，以七里閘爲運口；折而西南，又挑七八里至武家墩，再折而西北，又挑三里許，達爛泥淺第一道引河之上流，通舟濟運。復將爛泥淺第二道引河臨湖去處，乘今冬水涸之時，再挑小支河數道，多引湖水使歸第二道引河，下注清口，用以敵黃。凡北上之運艘，與一應商民船隻，不令由新莊閘並清口出入，而令文華寺出七里閘，逕武家墩入爛泥淺第一道引河之上流，下達清口，轉入黃河。

如此則運口與淮、黃交會之處，相隔十有餘里，且河身曲折，而又另有敵黃之支流，則黃水雖當伏秋暴漲之際，亦不能更灌運河。運河既不爲黃水所灌，則自無墊高之患。此後不必年年挑濬，即或年深月久，兩岸積土淋入河中，亦止須隔數年而量爲小挑，其節省之民力、錢糧，殆亦不可勝計矣。臣約估所費，查七里閘一座原爲減水而未常通舟，牆底俱高，必須拆修，方可通運。然石料俱在，惟用人工與灰、米等項，並武家墩受水之處，須築石磯數十丈束水。俾湖波雖值大漲之際，亦不得多進運口。又文華寺出口之處，亦於北岸築石磯數十丈以禦衝擊。連一切挑河諸費，不過需銀三萬餘兩。然此工一

---

① 文華寺，有文華寺閘，"在清河縣西南，舊永濟河口"（嘉慶《大清一統志》卷九四《淮安府二》）。

成，則臣原題第五疏內挑河土方亦可量爲減挑，節省錢糧十萬餘兩。以見在可省之資，而建此永常之利，誠計之最得者也。

臣審量已久，事屬萬全，除見在檄行該管各官備料、募夫興舉外，緣係更改運口事宜，相應特疏題明，貼黃難盡。伏乞皇上睿鑒全覽，敕部議覆施行。

靳文襄公奏疏卷二終

卷三　治河題稿

【靳文襄公奏疏目錄】

題明經理第一疏未盡事宜疏、特陳歲修疏、特請大修疏歸仁堤、恭報合龍疏清水潭、恭報完工疏改運口、恭報合龍疏翟家壩九河、再陳未盡事宜疏、請留漕濟工疏、再請留漕濟工疏、請修運河疏、因河命官疏、恭報水漲疏、經理未竣工程疏、築壩挑河疏、挑河避險疏

男治豫編次
孫樹德校正
曾孫光烈、文仝校字

靳文襄公奏疏卷三　治河題稿

總督河道、提督軍務、太子太保、
兵部尚書兼都察院右副都御史臣靳輔

題明經理第一疏未盡事宜疏

題爲題明經理河工第一疏內未盡事宜事。

竊照河道敝壞已極，蒙皇上軫念民生昏墊之苦，准動正項錢糧，命臣大爲修治。臣雖至庸至劣，敢不仰體鴻慈，竭盡駑駘，以期得當。計自奉旨之後，歷今四月有奇，見在嚴督該管之道、府、廳印河官，並調到之監理、分管各官，以及臣標効用弁員分頭興舉，並力僝工矣。惟是其間一切事宜，較之臣題原疏有應損益增減者，除微小事宜，臣俱仰遵廷議竟自舉行外，所有必須入告事宜，臣不敢不具疏題明。至此番題明之後，或仍有應損益增減者，臣又當隨時隨事據實入告者也。查黃河堤工高、寬丈尺，臣原題估疏內開，黃河南岸自白洋河以下，北岸自清河縣以下，各至雲梯關止，通築遙、縷、格堤。遙堤高八尺，縷堤高六尺，格堤高五尺。南岸自白洋河以上，北岸自清河縣以上，各至徐州止，俱築縷、格二堤。其在駱馬湖以下者，縷堤高六尺，格堤高五尺；在駱馬湖以上者，縷、格堤俱高五尺，俱係面寬二丈，底寬六丈等因。此不過舉其大略也，其間損益增減之處，原應臨期斟酌。

今臣屢歷河干，反覆詳勘，有頂衝之地，舊遙堤貼近河身，不能又築縷堤，應即以舊堤爲縷堤，而於舊堤之內另築遙堤，以爲重門之障，其費倍於縷堤者；有地勢甚窪，情形頗險，不便照原估高、寬尺寸，必須多費土方者；有地勢稍亢，情形不險，不必照原估高、寬尺寸，可以節省土方者。總之，危險之處，臣不敢苟且圖安，惟有加意用工，以防意外之慮。然費用繁多，又不得不於平坦無虞之處力求節減，以此補彼，通融償築，以期有濟河工耳。

又挑土人夫數目，臣原疏南岸白洋河以下，北岸清河縣以下，每土一方，分別遠近牽算，給銀一錢六分，即以挑河之土運築成堤等因，皆係查照往例土方、工食，酌量議估可也。殊不知往例多係壘土成堤，而未嘗實事夯杵，是以取土一方即可成堤一方。今臣立定規則，以上土五寸爲一層，將第一層夯杵築堅。然後再上第二層之土，一律加夯，逐層逐寸徹底夯杵，並用石碾打平，以期堤工堅實，用保久遠。每取土一方，僅可築堤六分及六分有奇不等。臣親行遍試，莫不皆然。今若照取起之土算給工食，則人夫可以餬口，應募既多。然用十分錢糧而所築之堤止六分有奇，不特與原題丈尺不合，而堤工單薄，難免漫衝之虞。若照築成之土算給工食，則十夫工程必須人夫十五六名始能築起。各夫難堪賠累，往往潛自散去。及再行召募，而任呼不應，貽誤匪輕。雖給與驢頭，俾代人力，而各夫以不諳餵養，且知廷臣有工完變價之議，誠恐不時倒斃，不無賠償之累，是以不肯領驢。臣即行東、豫各處停止購買，其有購到者，俱經發還矣。

臣復思得車運之法，隨造小車試驗。每夫十名，給車二輛，可以省夫一二名，而造車之費，每車止用銀四錢五分。臣即動支錢糧，分頭償造土車萬餘輛給散各夫。各夫既免餵養之煩，又無賠償之慮，是以紛紛領用。然以十夫而領兩車，仍不能築起十五六夫之工程。夫頭人等往往告苦，求增工食。臣每巡閱堤工，各夫環跪而呼，謂"從前築堤並無此番夯杵之法。從前領銀十二兩，於附近取土一百方，便可成堤一百方。今領銀十二兩，遵奉於附近二十丈以外取土一百方，如式築做，必得添夫二十名，專事夯杵、打碾及添夫夯碾，而所取百方原土，僅築成六十方堤工。且陰雨之日，難施畚鍤，煢煢小民安得賠墊一半？若不增給，斷難再築"等語。

臣屢爲親試，事屬實情，復製三寸圍圓鐵杵一根，將新、舊各堤杵隙盛水，逐一試驗。舊堤處處皆漏，新堤十處之中十有七八處不漏，仍有一二處滲水。臣察其根由，或係沙土，或係夯杵不到所致也。因念前此河堤之易於潰者，實緣土鬆所致。況見今如此逐層夯築，而以杵隙盛水之法試之，尚不能全然不漏，何敢不竭力督夯以期堅固？

臣反覆思維，往來察度，宿、桃、山、清、安五州縣人力弱而工程多，人力弱故挑土少，工程多故募夫難。此五縣築堤土方，必須免其遠運，止令於附近離堤二十丈之外取土。晴明便於力作之日，按土方給銀。陰雨難施畚鍤之時，每名量給食米、柴菜銀一分二釐，以資餬口。將原估銀一錢六分扣留一分，爲製造土車、夯杵、石硪、鍬鋤等項，並給各夫陰雨食米、柴菜之資。其餘一錢五分，爲築成堤土一方之工食。各夫既得土車之力，而陰雨又免枵腹，且復量爲增加，自不致於裹足不前。至徐、靈、睢、邳一帶，人力稍强而工程較少，應量減一分，照一錢四分一方科算。至於陰雨難施畚鍤之時，亦一律給以食米、柴菜之資可也。

惟是遠運土方，原爲深挑河身起見，今俱改爲附近取土，非臣置河身於不問也。臣往來相度，如清河北岸等處必須挑挖引河者，相機挑挖外，其餘俱用鐵掃尋揭沙，乘流濬深河底之法似乎有濟，且較挑河之費所省實多。前此重運經過宿、桃之時，已獲小效。今臣見委監理官王興元等僱募夫船，各給鐵掃尋五百枚，分工揭濬，倘得將見在數尺深之河底濬深至二三丈，則水自歸漕，而河可復故矣。其濬河船隻，與其常川僱覓，不若多造官船。同是動支錢糧，而原船仍在，可爲守堤兵丁平時濬河運料之需。且守堤兵丁，必須每十名給船一隻。臣原疏止造二百九十六隻，實屬不敷，必須添造三百餘隻，始可足用。是以多造官船，誠一舉兩得之事也。至添造濬船，約需銀一萬餘兩，而僱募揭濬黃河水手、縴夫，約需銀四萬餘兩，俱於臣原題敬陳經理河工事宜各疏内通融節省應用，不復更請錢糧。

以上各項，除臣見在舉行外，相應隨事題明。伏乞皇上睿鑒施行。

特陳歲修疏

題爲特陳歲修、大修工程各別仰祈睿鑒，敕部仍照原疏允估以清錢糧事。節准工部咨將臣題估康熙十七年分歲修孫家堂①、蔡家樓②、郭家嘴③等

---

① 孫家堂，位於睢寧縣，"縣治東北又有孫家堂"（同治《徐州府志》卷一八《古跡考》）。

② 蔡家樓，位於宿遷縣，"（康熙）十四年河決蔡家樓"（同治《宿遷縣志》卷三《紀事沿革表》）。

③ 郭家嘴，位於銅山縣，"城堤上自韓家山起，至魁山止，長十二里，内有郭家嘴險工一道，關係城池民命"（《兩河清彙》卷五《黄河》）。

工，並堵朱衣城①、九龍廟②決口，以及報銷康熙十六年分長樊大壩③歲修各工，逐案議駁內開，俱應在臣原題敬陳經理河工第一疏大修內開銷等因到臣。准此，該臣看得水雖流於地下，而其消長之故則皆本乎天時，是以每歲立春之後，雨澤漸降則河水漸增；及至伏秋大雨時，行而泛濫滔天，不可禁遏也。

臣常往來相度，知黃河流水之漕，南北相去不過數百丈。而黃河攔水之堤，南北相去竟有千餘丈至數千丈不等。蓋尋常之水雖皆安流於河漕之中，而伏秋之水往往彌漫於河漕之外，故不得不築堤以約攔之也。夫既有河漕以注尋常之水，而又有河堤以束暴漲之水，似乎無慮，殊不知黃河挾沙而行，變遷靡定。大風搏擊之後，溜在中泓者，每每改趨近岸。水溜近岸，則河岸日就坍卸。此岸一卸，則彼岸必淤。從此日卸日淤，將原係徑直之河，不十餘年或數十年而改為灣曲之河矣。其始之所卸，不過岸灘，自無足慮。及曠日持久，而漸及堤根。河溜衝至堤根，若不急為防護，則堤工坍斷，大溜旁洩，立成奪河之患，故不得不下埽以禦之。此所以有歲修之工。又所下埽料，經年率皆腐朽，加套鑲護，萬不容緩。此所以上年歲修者，今年每須重修；今年重修者，來年又須復修也。總之，歲修之工與大修迥不相同。大修乃堅築土堤於河灘之上，以攔伏秋暴漲之水；歲修則預下大埽於河溜之中，以禦四時頂衝之水者也。

今部臣議覆臣題康熙十七年黃河歲修，並堵朱衣城、九龍廟決工，俱稱應於原估大修銀兩內動用，更將十六年防守伏秋之長樊大壩一工，亦稱應於十七年大修案內開銷等因。查臣原題，南岸自白洋河至徐州，北岸自清河縣至徐州，共估銀三十五萬餘兩。乃係築土堤以攔伏秋漲漫之工，並未估有歲修埽料堵築工程。其所估堤工高、寬丈尺，土方、錢糧數目，備載原疏，在部可考。況此等康熙十七年分江南黃河歲修已題、未題工程，並堵築朱衣城、九龍廟兩決口工程，以及十六年歲修長樊大壩一工，總計所費河帑不及四萬兩。而臣題請大修銀二百五十萬兩之內，復於建築減水壩，並酌改運口兩疏內議節省銀四

---

① 朱衣城，位於宿遷縣，"又數里朱衣城、九龍廟內有決口"（《行水金鑒》卷一六三《兩河總說》）。

② 九龍廟，位於宿遷縣，"蓋宿遷西境九龍廟東，現有小河分黃水入中河濟運"（《清經世文編》卷九七《工政三》）。

③ 長樊壩，位於徐州府，"徐州長樊壩險工堤裏窪地甚多，涵洞不足淤灌"（《清經世文編》卷八九《工政二》）。

十萬兩。夫已經題請之錢糧，既可節省四十萬兩之多。臣何難一如部議，於四十萬兩內，動支四萬爲此等各工之用？但大修、歲修，實不相同，似無庸將大修案內原未估計之歲修等工，一概牽入大修之內也。除將部駁各案，仍照原咨，逐件另疏題覆外，伏乞睿鑒，敕部將臣十七年分已題、未題各歲修工程等堵朱衣城、九龍廟工以及報銷十六年長樊大壩歲修一工，仍准於河庫內照例銷算，庶工程錢糧各清各款，而無牽混舛錯之虞矣。

貼黃難盡，伏乞睿鑒全覽，敕部議覆施行。

特請大修疏 歸仁堤

題爲特請大修歸仁堤工事。

竊照歸仁一堤，原以束睢、湖諸水，使之由白洋河出口助黃刷沙，兼爲高家堰等處一帶堰堤之外藩者也。自河道廢壞以來，河底高於民田，堤頂卑於河岸，以致黃流內灌，將白洋河口淤平，睢、湖諸水不能復出會黃，竟自堤南注，併入洪澤湖，擊潰高家堰，衝開清水潭，漫淹泗、宿、桃、清、山、鹽、高、寶、江、興、泰等十一州縣之田畝，阻運道而害民生已非一日矣。雖前此興修，曾經動支過銀十二萬八千兩，祇因革職原任歸仁同知劉光耀潦草塞責，且睢、湖諸水無路宣洩，撞衝擊刷，以致新修之工，莫不歪斜傾倒，無益河防。

臣於康熙十六年秋冬，並十七年春月，率同該管道廳各官再三相度，議於原估堤頂之上，再爲加高五尺，並將堤身幫寬三丈，不堪石工從新另砌，約需磚石、灰、木、土方、人夫等項銀二十萬餘兩。又石工兩頭土堤，共二千四百八十餘丈，內有缺口八處，其加幫、堵塞之工尚未議及。迨後約略計之，又需費銀三萬餘兩。是此一工必得銀二十四萬餘兩，方可修竣。

然費錢糧二十四萬餘兩，而果能束水歸河，自應急舉，殊不知黃河未治，即使費銀二十四萬，恐仍難保其不復衝開。臣是以於康熙十七年四月二十日，具爲指陳河道危切等事一疏題明緩修，俟黃河疏濬深通，然後確估另題等因在案也。及臣分委各監理官僱覓夫船，揭沙疏濬，已將黃河濬深四五六尺不等。凡清江浦以下久淤之河，原深二三尺至五六尺不等者，目今俱深八九尺至一丈二三尺不等矣。今臣擬於本年桃汛之後復爲大濬，再加北岸創建減水大壩，使本等之水安流漕中，暴漲之水減出壩外，則將來河身漸深，而泛溢之勢漸減。又當乘機興築歸仁堤挽睢、湖諸水，使入黃河，以助刷沙之力，以固高堰外藩，斯稱萬全。惟是前此雖估銀二十四萬餘兩，今臣復加相度，反覆籌維，更得一勞永固，兼可節省錢糧之法，敢亟爲我皇上陳之。

查歸仁堤石工，自一堡至十一堡，原長五千七百餘丈，而石工之西至虹縣界原有殘缺土堤四百八十餘丈，石工之東原有殘缺土堤二千餘丈。臣前估需銀二十四萬有奇者，乃係重修石工，並一律加高修補各殘缺土堤，共長八千二百餘丈之工程也。今查自虹縣界至西石工頭止，計長四百八十五丈，仍需照原估加幫內築餂堤，面寬二丈，底寬三丈，高一丈，每丈用土二十五方。又堤內刷成深河，必須填出水面，每丈用土十五方，共計每丈用土四十方，通共用土一萬九千四百方。又石工自一堡而下，祇須築至七堡止，計長四千五百餘丈。其餘尚有石工一千二百餘丈，並土堤三千丈，可以不必概築。應另於七堡石工起，橫挑引河一道，即以挑河之土運至五十丈之外，創築大橫堤一道，直接白洋河上三教堂①格堤迤西止，約長一千八百丈。更將遙堤挖開，另建七洞滾水大石壩一座。黃漲則下板攔黃，不使內灌。湖漲則啟板洩水，俾其刷沙。見在石工四千五百丈，面約寬二丈，底約寬三丈五尺，高七尺。今不必拆修，竟以舊堤爲外藩，而於舊堤之內，另築大餂堤一道，底面俱寬七丈，高七尺。每丈計土四十九方。應築餂堤之處，係積年刷成深河，寬五六丈至二三十丈不等，深三四尺至八九尺不等。今應填出水面，以便興築。

餂堤計牽深淺不等，每丈用土二十八方。又餂堤之上，應再加築堤一道，底寬七丈，面寬一丈，高八尺，外坦內陡，每丈用土三十二方。通共計每堤一丈，用土一百零九方。石工四千五百丈，共應加新土四十九萬五百方。二共計土五十萬九千九百方。取土遠近不等，近者照黃河堤工之例，每方給銀一錢五分；稍遠者給銀一錢七八分；極遠之處必須隔河船運者，給銀二錢並二錢三四分不等。牽算每方給銀一錢八分，共需土方銀九萬一千七百八十二兩。又自七堡石工起，直接白洋河上三教堂格堤迤西止，橫挑引河一道，約長一千八百丈，挑面寬二十二丈，底寬十八丈，深五尺。每河一丈，挑土一百方，共挑土十八萬方。至五十丈之外，逐層夯硪，築成面寬二丈，底寬十丈，高一丈之大

---

① 三教堂，位於宿遷縣，"建宿遷縣黃河南岸三教堂迤下灣挑挑水壩"（乾隆《江南通志》卷五三《河渠志》）。

橫堤一道。每挑河一方，給銀一錢五分，通共給銀二萬七千兩。

又建滾水大石壩一座，並越堵七堡舊石工決口一處，西石工頭迤西舊土堤決口一處，共約需銀三萬兩，通共實需銀十四萬八千七百八十二兩。較之重修石工，不特可省銀九萬餘兩，而工完之後，誠可爲一勞永逸之謀者也。其需用錢糧，查臣原題經理河工各疏內，請大修銀二百五十一萬七千六百餘兩，已奉俞旨在案。續經臣於更改運口並建減水壩二座疏內，共議節省銀四十萬兩。今此大修歸仁堤之費，臣請於前題節省四十萬兩之內，動支一十四萬八千七百八十二兩濟用。

惟是此工既不重修石工而全用土築，以期堅久，則需夫自多。然宿、桃等沿河州縣處處並舉大工，不能更有閑夫爲修築歸仁堤工之用。不得不令附近歸仁堤之泗州、虹縣各協募人夫三千名，五河、臨淮二縣各協募人夫二千名，共協募夫一萬償築此工。至於募夫一事，邇來各處興工，夫頭人等往往彼此影射，透領錢糧。工程不完，每煩追究。臣與所屬道、府、廳印各官從長酌議，量工程土方之多寡，令百姓按田畝出夫上工。其應給土方工價俱照題定之數，與民間抵兌錢糧。凡十八年應徵一切錢糧，俱令停徵，俾百姓得以安心力作。凡有應支應解款項，令該州縣隨時詳明，將大工錢糧墊解墊給。官無徵比之煩，民免追呼之苦，衙役之需索難施，上下之考成不累，工程可以速起，而錢糧不致透支，一舉而數善備焉。山、清、安、海、宿、桃、邳、睢、靈、徐等州縣，臣見在舉行，凡官紳士民俱各稱便。今令泗、虹、五、臨四州縣共協募夫一萬名，其應給土方工食銀兩，亦照此抵兌錢糧之法而行，誠計之最難得者也。

臣謹一併題明，貼黃難盡，伏乞皇上睿鑒全覽，敕部議覆施行。

恭報合龍疏清水潭

題爲恭報清水潭東、西兩堤決口閉合龍門各日期，仰慰睿懷事。

竊照清水潭一工，從前屢塞屢衝，將淮屬之山陽、鹽城，揚屬之高郵、寶應、江都、泰州、興化等七州縣田畝盡沉水底，室廬漂蕩，男婦流亡。十餘年來，每歲既損額課數十萬，而發賑、請蠲之資更難悉數。且新、舊決口相連，南北寬三百餘丈，深三、四、五、六丈不等。東西一片汪洋，茫無涯際，風起則怒浪掀天，寒至則堅凌凍結。商民之不能久待，絶流而渡，履冰而行，以致沉舟殞命者不可勝計。

蒙皇上軫念運道、民生，特發正項錢糧，命臣大爲修治。臣欽承簡命，日夕憂惶，惟恐施治失宜，有負皇上委任至意。於是往來相度，反覆籌維，作棄深就淺之計。先委揚州府清軍同知王興元、管河通判聶文魁爲監理官。續因兩堤齊舉，且又加築新河，監理不足，又委原任高郵州丁憂知州馬雲階①、候補知縣牟銓元②、揚州府管糧通判卞永吉③，共計監理官五員。並揚屬河營守備李有功④等分管官、高郵州州判劉培初⑤、寶應縣縣丞鄭光啓⑥、主簿王澤民⑦等以及臣標効用等弁，共計六十餘員。各各奮勉趨爭，分頭償築。臣不時臨工親爲調度，並令淮揚道劉國靖⑧嚴加飭督催償。

自康熙十七年九月初八日興工起，中下埽個，内釘排樁，外填坦坡，築成西堤一道，於康熙十八年三月十六日巳刻閉合龍門，按漕尺臨河丈量，計長九百二十一丈五尺。又築成東堤一道，於康熙十八年三月二十日午時閉合龍門，臨河丈量，計長六百零五丈。更挑新河一道，計長八百四十丈。臣因清水潭壞舟無算，擬棄舊名，改名永安新河。目今東望七州縣田畝業已盡行涸出，舊日錢糧計日可復，運艘民船永可安瀾，而免波濤之險矣。

至此工先據南河分司蔡音達禮、淮揚道佟康年等估費五十七萬有奇，且柳枝、夫役照例議派民間，不估錢糧。今臣一切料物盡照漕規價買，而人夫皆見

---

① 馬雲階，"字凌霄，奉天人，廕生，（康熙十五年）丁憂去"（嘉慶《高郵州志》卷八《秩官志》）。

② 牟銓元，遼東人，歷任山清外河（河務）同知、河南巡理河道提刑按察使司僉事等職（光緒《清河縣志》卷一五《秩官三》）。

③ 卞永吉，蓋州人，康熙十二年（1673）任揚州府管糧通判（嘉慶《揚州府志》卷三八《秩官志四》）。

④ 李有功，"徐州人，行伍"（嘉慶《高郵州志》卷八《秩官志》）。

⑤ 劉培初，陝西人，吏員，康熙十二年（1673）任高郵州判官（嘉慶《高郵州志》卷八《秩官志》）。

⑥ 鄭光啓，漢軍鑲藍旗人，康熙十一年（1672）任寶應縣縣丞，康熙十四年（1674）陞任雲南元謀知縣（道光《重修寶應縣志》卷十《秩官表上》）。

⑦ 王澤民，奉天遼陽人，監生，康熙十七年（1678）任寶應縣主簿（道光《重修寶應縣志》卷十《秩官表上》）。

⑧ 劉國靖，"奉天人，筆帖式，康熙十八年任"（乾隆《江南通志》卷一〇六《職官志》）。

銀僱募，約計所費不過九萬餘兩。按司道原估計之，少費銀四十八萬餘兩。此皆皇上洪福齊天，是以百靈効順，將歷年大爲民害之決口不七月而堵塞斷流也。

又往來運土全賴船隻，江寧府知府孫芳①承造濬船一百六十隻，於原題價值之外，又復捐資三千餘金，將船分外加大。並募善駕水手六百餘名，常川在工撐駕，深得其益。又揚州府知府高得貴②率屬造船一百隻，亦皆堅固適用，並催夫催料之克勤，以及附近州縣協力辦料運土者，功俱難泯。統容臣俟工完之日，分別等第另疏請敘者也。所有清水潭東、西兩堤閉合龍門各日期，臣謹先疏恭報，伏乞皇上睿鑒施行。

恭報完工疏 改運口

題爲恭報加挑運河，酌改運口工完，開壩日期，並題明高家堰、清水潭二處工程事宜，仰祈睿鑒事。

竊照淮揚運河必須加挑，臣於康熙十八年正月十九等日破土築壩，堵水斷流，令山、清、高、寶、江、儀等各州縣分頭募撥人夫，大加挑濬，至三月二十六、四月初一等日盡行完工。臣隨於四月初六日，由新改建運口開壩放水南下。訖惟是既經開壩放水，自應力償糧船，飛挽北上。但清水潭東、西二堤雖經閉合龍門，而埽上土薄必須大加壓實。然此工就近無土，惟賴船運。若糧船一行，加以差使，商民各船一齊擁擠，則土船挽運難前，貽誤匪細。臣再三籌酌，不得不將高郵南、北、西金門閘下板封閉，嚴飭在工各監理、分管大小官弁飛督夫船，上緊償築。至四月望後，約有八分工程。於四月十八日啟板放船，方稱萬全。惟是臣前疏題明重運糧船，五月內盡行過淮，已經部覆在案。今必須再寬半月，限期於六月望盡數過淮。臣自沿途驅償，務令八月內盡過天津，不誤本年回空可也。

---

① 孫芳，奉天人，康熙十三年（1674）任江寧知府（乾隆《江南通志》卷一〇七《職官志》）。

② 高得貴，瀋陽人，監生，康熙十年（1671）任揚州知府（乾隆《江南通志》卷一〇八《職官志》）。

又高家堰等處一帶臨湖堤堰，已經臣築成，面寬三丈五尺，底寬五丈五尺，高一丈之堅堤矣。而洪澤湖①水因翟家壩成河九道之處，又經堵過八道，湖水無從洩，日漸加長，一遇西風則怒浪掀天，竟有蓋頂潑漫之勢。且拔椿、撤埽、擊卸石工，不一而足。臣反覆思維，將五丈五尺之底加至寬八丈，三丈五尺之面加至寬六丈。更於六丈堤面之上，另築高六尺之小堤一道，並於湖內投土，填成坦坡，以護椿埽石工。將上年題准加高石工三尺停止不加，全以用土爲主，約計所費除原估、續估之外，更須增銀七八萬兩。然此工一成，實可鞏固萬年。

臣將原估應挑運河土方酌量減挑，以所省挑河之資，爲加高湖堰之用。蓋加高湖堰，正所以永保運河也。今不必更增錢糧，移此就彼，而處處堅完，永無他虞，誠計之最得者也。

至此番挑河，臣委大小官弁一百餘員分頭償督。臣復不時往來，嚴加查察，將朝廷優敍之典、處分之例三令五申，時加勸勉，能者獎勵之，不及者懲誡之。各官弁莫不鼓舞，奮發兼工疾償。是以雖節省錢糧爲別工之用，而本河仍俱一律挑深，見當日之河底。如江都縣挑出唐開元年間所建石閘，高郵州挑出古井二眼，各工挑出唐宋古錢並爛木、朽器等項甚多。目今開壩之後，自清口以達江、儀中漕寬深，兩堤屹立；兼之運口已改，黃流不復內灌，運河自無淺阻之慮，可免屢屢挑濬，勞民傷財矣。若夫各官弁効命勤勞，並協撥人夫之州縣，協助食米之鹽商，容臣分別等第，另疏請敍者也。

臣謹一併具題，伏乞睿鑒施行。

恭報合龍疏翟家壩九河

題爲恭報翟家壩成河九道盡行閉合龍門各日期，仰慰睿懷事。

竊照淮河東岸，上自盱眙縣之翟家壩，下至山陽縣之周橋閘，計程二十五里，乃淮揚運河上游之門户，山、鹽、江、高、寶、興、泰等七州縣民生

---

① 洪澤湖，"在山陽縣西南、清河縣東南、盱眙縣東北，遠承豫繞山水，近臨高寶諸湖，長一百三十里，闊一百二十里。國家藉以蓄淮刷黃，兼濟漕運，故堅築堰工"（康熙《泗州直隸州志》卷三《水利上》）。

之關鍵也。當黃河未經南旋之時，淮流安瀾直下。此等去處原屬高阜之地，未聞水患。迨黃流南徙，奪淮入海，清口以下三百餘里之間，淮爲黃並，水勢十倍於昔。夫水行循道，止此河漕也，下既爲客水所襲，泛濫滔天矣。則其上游本等之流，勢不能涓涓暢注，於是壅遏四漫，而此二十五里之間，每被淹沒，並山陽、寶應、高郵、江都四州縣河西低窪之區，盡成澤國者，蓋六百餘年矣。

　　故明萬曆初，河道廢壞雖不若今日之甚，而清口淤、高堰決，與今日情形大略相似。彼時河臣潘季馴①築堤堵決，束水歸漕，治效班班可考。然此二十五里之地面，不議加高者，蓋明朝祖陵在泗，居淮水之西，故停河東之障，以爲洩水之區也。殊不知彼時物力頗饒，如慮淮漲西浸，何難兩岸並築，大束全淮，以滌清口之淤，闢海邊之墊，而顧留患於門庭，歷年既久，遂致成河九道，使淮揚水災頻罹疊見。臣不能不致憾於季馴之以善治河稱，而亦有此失著也。

　　今皇上軫念運道、民生，大發帑金，命臣遍爲修治。臣隨力督該管各官，次第興舉。今據淮揚道副使劉國靖、山清盱同知多弘安、山清盱河營守備陳傑等各報稱翟家壩成河九道之處奉委堵築，於康熙十七年十一月內，督同各分管官弁分頭興舉，內周橋閘南徐家口成河一道，寬一百一十五丈，水深七八尺、丈餘不等，下埽堵築於十八年正月二十日閉合龍門；古溝東成河一道，寬三十四丈，水深七、八、九尺不等，於二月初四日閉合龍門；古溝西成河一道，寬十九丈，水深六、七、八尺不等，於二月初十日閉合龍門；苟家圍南成河一道，寬二百四十六丈，係漫灘，水深二、三、四尺不等，於二月二十九日閉合龍門；夏家橋成河一道，寬三百三十丈七尺，係漫灘，水深二、三、四尺不等，於二月二十九日閉合龍門；谷家橋南成河一道，寬三百九十五丈五尺，係漫灘，水深二、三、四尺不等，於三月二十四日閉合龍門；唐埝北成河一道，寬一百丈，係漫灘，水深二、三、四尺不等，於三月二十四日閉合龍門；唐埝南成河一道，寬二十八丈，水深六、七、八尺不等，於三月初九日閉合龍門；翟家壩成河一道，寬五十五

---

① 潘季馴，字時良，烏程人，嘉靖二十九年（1550）進士，歷任九江推官、巡按御史、大理丞等職，"（嘉靖）四十四年由左少卿進右僉都御史，總理河道……季馴四奉治河之命，前後二十七年，習知地形險易，增築設防，置官建牐，下及木石樁埽，綜理纖悉"（《明史》卷三一四《潘季馴傳》）。

丈，水深六、七、八、九尺不等，於五月初一日閉合龍門等因，各呈報前來。

臣復行親勘，果皆堅固，見在培土加高。是此凡成河九道之處，計共寬一千三百二十三丈二尺，爲從來未舉之工者，業已盡合龍門矣。此雖在工大小各官効力爭先，罔敢或懈，然實我皇上洪福齊天之所致也。

臣更查得山、寶、高、江四州縣，河西瀦水諸湖，向之萬頃汪洋，茫無涯際者，目今逐漸涸出。臣擬設法調劑，使四州縣河西見在民田高者不致頻暵，低者不致頻澇，並新涸湖地，廣爲招墾，俾積荒積困之區，漸成樂土，庶幾增賦足民，上下均利。其間一切善後事宜，容臣酌妥另題外，所有翟家壩成河九道各閉合龍門日期，臣謹特疏恭報。至山清盱同知多弘安，寢處河干，實心任事者，業已兩載有奇。臣屬各監理官中之勞績最著者，以弘安爲第一。統俟工完之日，與在工一切大小官弁，逐一分別等第，另疏請敘者也。

臣謹具題，伏乞皇上睿鑒施行。

再陳未盡事宜疏

題爲再陳經理河工第一疏內未盡事宜事。

該臣看得黃河之治否，不特關運道之通阻，而尤關民生之安危、國計之盈絀，必須再三詳勘，始可得其要領。彼時河水係極涸之候，而臣所量河涯低處有高出水面六七尺者，高處有高出水面八九尺、一丈並一丈有奇不等者。及自河涯，以至堤工或遠一二十里，或遠三四十里，高峻之堤不過高過河涯二三尺，卑薄之堤有與河涯相平，甚至較之河涯反低二、三、四尺不等者。大率以現在堤頂，較之極涸之河流至高之處，不過出水七八尺，低矮之處僅止出水三四尺。每歲伏秋，雖遇雨少之年，必長水五六尺；若逢水發之際，往往加漲丈餘。夫以加漲丈餘之水，而流至僅高三四尺之堤，未有不漫頂竟過，立成缺口，以遍淹田畝者矣。

上年水漲之時，四野橫流，一片汪洋，茫無涯涘。其蕭縣十七年分遙、縷堤，漫缺一十九處，與十六年分石將軍廟①、吉門、兩河口②等漫缺堤工，均屬勢所必至，寔非人力所能防守者也。至其漫缺之由，蓋因河涯有高卑之不同。水一漲發，即從河涯低處漫流內灌，頃刻即至堤根，不數時而陡長數尺，不終日而水與堤平，不兩日而水比堤高，竟自漫頂而過矣。臣是以議建減水石壩，欲使暴漲之水隨漲隨減，隨減隨流，庶堤外無湧積漫頂之虞，堤內無泛濫奔騰之害，已蒙皇上俞允在案。

惟是減水石壩，雖現在辦料興舉，而隨河攔水之堤亦屬必不可少。查南岸自徐州城至河南之虞城縣界，北岸自徐州城至山東之單縣界，通計共長四百餘里。內有見在連山與河涯原高，從來水不能到，不必築堤之處，約百餘里。又有地勢稍高，在平時水漲間或漫流，而減水壩一成之後，不致漫溢內灌，可以暫緩興築之處，約有百里。其餘四州縣境，統計須亟築大格堤四千餘丈，縷堤三萬餘丈。大格堤全係創築，高八九尺、一丈不等。縷堤雖多創築，而亦間有加幫舊堤之處，高四、五、六尺不等。照例每方給銀一錢四分，通計約需銀十萬餘兩。

查此四州縣地方例係民修工程，然小民當疊災之後，實難責之枵腹力作。若聽其自然，又恐有潰決奪河之患。臣反覆籌維，查臣奉命大修河道，原題准銀二百五十一萬七千六百餘兩，內有題定節省銀二十五萬一千二百餘兩。伏乞皇上俯念河防關係運道、民生至重至大，准臣於節省二十五萬有奇之中動支銀十萬兩，為建築徐州州城以上徐、蕭、豐、碭四州縣緊要縷、格等堤之用。則不特將來之運道無虞，田廬可保，而此際流離死徙之災黎皆可招徠畚鍤，寓賑於工，誠一舉而兩得，有裨國計民生，誠非渺小也。

臣謹會同江南總督臣阿席熙、江寧撫臣慕天顏③、安徽撫臣徐國相④合詞具題，伏乞睿鑒全覽，敕部議覆施行。

---

① 石將軍廟，位於蕭縣，康熙六年（1667），蕭縣西北長堤決於石將軍廟（《行水金鑒》卷四七《河水》）。

② 兩河口，位於蕭縣，"是年（康熙十一年）七八月，黃河四溢，兩河口堤決，山西坡大水，各處村屋倒塌"（《行水金鑒》卷四七《河水》）。

③ 慕天顏，字拱極，甘肅靜寧人，順治十二年（1655）進士，歷任錢塘知縣、南寧同知、湖廣上荊南道總督等職，"（康熙）十五年擢江寧巡撫"（《清史稿》卷二七八《慕天顏傳》）。

④ 徐國相，字行清，遼東人，康熙十五年（1676）任安徽巡撫，"請行溝田法，使皖民得水利之惠"（光緒《安徽通志》卷一百四十一《名宦一》）。

請留漕濟工疏

題爲亟請留漕濟工以救淮、徐億萬生靈事。

竊照淮、徐所屬各州縣，上年二麥被夏旱、秋水災荒情形，已經督撫、臣節次題報在案。臣因相度河工，往來奔走，目擊邳、宿、徐、蕭、碭五州縣災荒，爲各州縣之最，已具淮、徐異常災荒等事一疏，議將此五州縣漕糧改折、舊欠緩徵等因，於本年正月二十二日題請在案。然臣前疏所敘乃係正月中旬以前之情形。彼時淮郡尚安，粟米每倉斗一石不過值銀一兩，粳米值銀一兩二錢。豈意數月以來饑民日多，而米價日貴，粟米每石賣至一兩三四錢，粳米每石賣至一兩六七錢不等。男婦大小挖草根、剝樹皮而食者，淮城左右遍地皆是。甚至鳩形鵠面之徒，數十成羣，白晝入人之家哀求借貸，不論其家允借與否，凡見米糧公然取去。洪澤等湖空闊去處，饑民百十相聚，各駕小舟攔阻商船，假借米爲由，竟行強取。有協理河務通判俞森因夫食艱難，於遠處買米數百石，堆貯清江浦地方。饑民乘夜竊取，該通判驚覺起救，率領家人追趕，但見倉皇逃命者悉皆婦女、穉子，不下一二百人。該通判止獲男子一二名，其餘不忍深究，聽其逸去，歸查貯米已失三四十石矣。地方災困流離一至於此，臣焦心如焚，不遑寧處。念正月下浣較之中浣情形，業已迥乎不同。則二、三、四月之間，二麥未熟，青黃不接之時，不知更當若何矣。

所幸淮、徐並舉大工，無告之民儘可招之畚鍤，寓賑於工，洵屬最善。但向來築堤每土一方用夫三名，給工食銀一錢二分，而夫頭、義民尚有羨餘，以養其家口。今臣題增爲一錢五分，且原擬二十丈以外取土，須夫頭、義民之勤幹，而所募皆壯夫者，方能如式成堤。若稍稍怠緩，混收老弱之人，便有賠累之慮。總緣從前舊例，俱係堤根取土，累高成堤，今則取土既遠，而且徹底夯杵，是以費土費工也。今饑民雖多，而皆尫羸無力之輩，夫頭、義民人等知其日食多而用力少，恐致累誤工程，不敢一概濫收。然淮、徐各工見募之夫既已有六七萬，若再令增募，可有十萬。每夫每日必須食米二升，有夫十萬，日需米二千石，月需米六萬石，迨至麥熟之期，約需食米二十萬石。而淮、徐各州縣處處空虛，全無儲蓄。

臣再四籌維，惟有截留漕米以濟夫食。廣招饑民以事畚鍤，仍倡督屬僚各官捐貲，設廠賑粥，庶可使米價立平，億萬生靈皆得拯救。除頭幫已經過淮漕糧，臣不敢請留外，伏乞皇上俯允，臣請將江南鳳、徐、揚、鎮、常等府十八年起運十七年分正耗漕糧，准臣截留二十萬石。並請容臣照籌餉固所以足兵等事案內，粟米每石折銀七錢，粳米每石折銀九錢之例，將截留過粟米若干石，粳米若干石，共該折價銀若干兩，或即給臣為大工錢糧之用，或於臣見貯大工錢糧之內，撥還戶部充餉緣由另疏題請定奪。

至臣有此米二十萬石，當即分發各監理官轉給夫頭、義民人等。粟米作價銀七錢五分，粳米作價銀九錢五分，以每石七錢、九錢抵還戶部，折價以每石五分給運軍、遠運水脚之費。其應給各丁行月等項錢糧，俱可盡行節省。一面行令各監理官，督令夫頭、義民人等，毋論壯夫與尫羸餓夫，一概招收力作。凡壯夫一名，應給工食銀四分，照舊以二分為本夫日食之用，仍給二分，俾其養家。尫羸餓夫不能如壯夫之用力者，除本夫日食之外，每名止量給米一升，以資其養家之用。在饑民家口稍得餘糧存活之資，而義民、夫頭亦免工程賠累之苦，實為兩利之道。

查東、豫災荒，荷蒙皇上浩蕩洪慈，特遣大臣動帑施賑。今淮、徐災荒若此，所幸見舉大工，儘可不必動帑。但得截留漕米二十萬石寓賑於工，則米價立平，殘黎俱可得所。因念京、通各倉存米甚多，留此二十萬石以救淮、徐之民，實屬不得已之舉。倘以國儲不便多折，臣請將江、浙兩省十九年起運十八年分漕糧內應改折之五十四萬餘石，止折三十四萬餘石，少折二十萬石，以抵臣請留二十萬石之數。如此一轉移間，在國儲毫無所損，而淮、徐各州縣億萬餓殍皆可力救。且可消地方之隱患，速各處之工程，兼使人心稍寧，得以安業布種，則本年更可望其有麥有秋，其有益於國計民生者，誠非渺小也。

事關地方重大急務，貼黃難盡，伏乞皇上睿鑒全覽，敕部迅賜議覆，速行微臣遵奉施行。

再請留漕濟工疏

題為亟請留漕濟工以救淮、徐億萬生靈事。

該臣隨經檄行淮揚道等，催令徐、鳳、揚、鎮、常五府州屬起運漕米幫船，速赴截留工所去後。彼時因徐、鳳二屬米數無多，而揚、鎮、常三屬漕糧，又因山、清、高、寶、江、儀六州縣大挑運河，處處閉壩，不能飛渡，各工無米接濟。適有六安衛本州幫領運廬州府屬六、英、霍三州縣正耗米二千五百餘石，運至清口；又有淮安府屬清河、桃源、睢寧三縣之米皆在領兌，堪資接濟。

查臣原題疏內，雖未議留淮、廬二屬之米，然總屬漕糧，不得不就近取便，以濟當時急需。至於二月間，淮、徐一帶粳米每石值銀一兩七八錢，粟米每石值銀一兩三四錢，而且無從購覓，日見騰貴，人情惶惶，難以名狀。蒙皇上深念鳩鵠災黎，饑餓無告，特准截留漕糧二十萬石，且敕議允行，最爲神速。臣自欽奉俞綸之日，即便遍張曉諭，小民感戴君恩，歡呼遍野。市行米價不數日而每石頓減銀數錢，不半月而碾熟粳米止賣銀一兩一二錢不等矣。人心賴以安定，地方賴以清寧。此皆皇上如天之仁有以致之也。迨至四月終旬，二麥漸熟，雖因旱不能俱收，而各處間有薄獲，各夫爭食新麥，領米者少。臣揆情度勢，不得不將原議截留之大河衛二三等幫領兌常州府屬之米，仍令挽駕北上也。今行據淮揚道副使劉國靖查明冊報前來，計臣實留過徐州等衛所領兌徐、鳳、揚、鎮、淮、廬六府州屬康熙十八年起運十七年分兌改正耗漕糧一十六萬八千九百一十石七斗七升二合三勺五抄五撮九圭六粟二顆八粒九黍一稷七糠七粃九粞三禾。內粳米一十五萬四千四百三十石二斗一升七合八勺二抄八圭八粟七顆五粒五黍六稷七糠一粃七粞三禾，每石折銀九錢，計銀一十三萬八千九百八十七兩一錢九分六釐三絲八忽七微九纖八沙八塵一渺四茫五漠五逡七巡。又粟米一萬四千四百八十石五斗五升四合五勺三抄五撮七粟五顆三粒三黍五稷六粃二粞，每石折銀七錢，計銀一萬一百三十六兩三錢八分八釐一毫七絲四忽五微五纖二沙七塵三埃四渺五漠四茫三溟四逡。二共銀一十四萬九千一百二十三兩五錢八分四釐二毫一絲三忽三微五纖一沙五塵三埃五渺五漠八茫八溟九逡七巡。

此項銀兩本應於大工錢糧內撥出，報部充餉。但臣奉命大修河道，題准銀二百五十餘萬兩。前此戶部撥給過銀一百四十九萬餘兩，已將用完。見在咨部添撥此項米折銀兩，相應仰請皇上敕部算入添撥微臣大工錢糧數內，以免反復撥解之煩。至節省過截留各船，應給行月本折銀米數目，容俟該糧道冊報至日，彙咨達部。其民間私貼各軍贈銀、贈米，各軍於領兌之日久已用去。臣俱循照從前留漕舊例，概行免追。又各夫所出每石水脚銀五分，俱給各軍爲守候開壩運米赴工、陸續分發人夫等項數月盤纏、日食之資。若夫截留米數雖較原數少留米三萬一千餘石，其江、浙二省十九年起運十八年分漕糧所折五十四萬石之內，應否仍各徵本色十萬石起運，以足天庾，統聽部奪。

臣謹一併具題，伏乞敕部議覆施行。

請修運河疏

題爲亟請並修河北運河以爲挽漕永利之謀事。

竊照江南河道，自徐州州城以下，歷靈璧、睢寧、邳州、宿遷、桃源、清河、山陽、安東九州縣黃河，並清河、山陽、寶應、高郵、江都五州縣運河，以及山陽、盱眙二縣臨湖等一切河身堤堰。蒙皇上軫念運道、民生，准發帑金二百五十一萬餘兩，命臣大爲修治。臣凜遵俞旨，力督監理、分管官弁，將敬陳經理河工事宜各疏內一切工程，上緊儹催，約計已完十分之七，其餘未完，見在儹築。

又經理河工案內工程之外，有臣續題大修歸仁堤，並修徐州州城以上蕭、碭、豐等四州縣縷、格等堤三萬餘丈，以及堵塞宿遷縣楊家莊大決口等三案工程亦在分頭興舉。工完之後，如該管文武官弁、兵丁人等果能勤於加修，依法防守，自可永無阻運殃民之患。惟是駱馬湖以北一帶河道，寔爲漕運咽喉，斷須亟行並治，以爲一勞永逸之謀也。

查重運糧船自過淮出口之後，溯黃河行一百七十餘里而抵宿遷，又十餘里而進駱馬湖口，一片汪洋。由湖面行四十餘里，始得溝河。又行三十餘里，至窑灣口①。入邳州境，溝河有三道，東則由錢家宅、隅頭集②以達窑灣，西則由溫家灣、萬家集③以達窑灣，中則由九龍廟、萬家集以達窑灣。此三路溝河向來俱可通舟，近因徐州花山口黃流下注，將中路淤斷，尚存東西兩路。其駱

---

① 窑灣口，位於宿遷縣，"舊志在州西二十里，自山東嶧縣黃林莊入州境，南流歷泇口鎮，經徐塘、貓兒窩、馬莊集、萬家莊、窑灣口，凡百二十里入宿遷縣界，即明萬曆中所開泇河也"（同治《徐州府志》卷一一《山川考》）。

② 隅頭集，位於邳州，"羅溝河即名羅口，發源東省雲蒙諸山，各澗滙流而成沂河，由沂、郯而入邳境。水從羅口分流，出徐塘口而入運河。其正河至隅頭集，經入駱馬湖"（《行水金鑒》卷一三八《運河水》）。

③ 萬家集，即萬家集鎮，位於山陽縣（同治《重修山陽縣志》卷二《建置志》）。

馬湖水勢，在夏秋盛漲之時，深處有水八九尺，淺處亦有五六尺，不礙舟行。而冬春水涸之際，深處不過四五尺，淺處止有尺餘、一二尺不等，甚至僅有水數寸者，一切船隻俱難飛渡。

臣思駱馬湖行運已將十年，何至今日而淺阻若此，因而遍歷湖干，廣爲諮詢。始知駱馬湖底原係低窪田，故明先年河道安瀾，俱皆耕種。明季黄河屢決，河底墊高，常有漫溢之水，將其中最窪之處停積不流，遂有駱馬湖之名。然亦不過中間數十頃，至於四旁之地，夏秋則間有漫水，而冬春則俱皆乾涸。彼時官民船隻盡由董口①而行。及嗣此之後，黄河又復屢衝，河底愈加墊高。至康熙八年，董口淤斷，將此數千頃地方盡成大湖。康熙十六年以前，黄河底高水出漕上，雖遇隆冬極涸之際，而水面低於河涯不過二尺，河水尚浮行地上，故駱馬湖之水亦盈。自康熙十六年，楊家莊遥堤潰決，大溜北瀉甚速，宿遷黄河之底較前稍深，隆冬之時，水面低於河涯不下六七尺，河水漸行地中，是以駱馬湖亦漸有乾涸見底之勢也。

臣於本年正月慮稽重運，特委監理河務同知黄道弘②、宿桃河營守備劉文道等督率船夫撈濬，除河兵濬船不計錢糧外，共用過日工人夫四萬八千餘名，方將十八年起運十七年分重運糧船浮送北上。然係水底撈土，爲力甚難，挖成河溝，而風浪飄擊，不久仍必填平。況臣奉命大修河道，兩岸盡行築堤，復建減水石壩，使本等之水安流漕中，加漲之水減出壩外，立法修防，久而不替，則河身日深，湖底既涸，則漕艘無從北上。若歲歲撈濬，實無底止，不特糜費錢糧、人力於無用之地，而勢必有誤漕運，甚爲可慮。

臣反復籌維，必須另挑新河一道。此應挑之新河，查前河臣羅多曾議於董口以西，挑水旱工程三十餘里。彼時因工用浩繁，重運已迫，是以暫停董口以西之工，而止挑駱馬湖東邊墩郎河七百餘丈。今此河之北一望三十餘里，盡皆淺涸，萬難復行，不得不仍於湖西另挑也。但若照前議，由董口挑起，則不下五千餘丈，爲工太遠，爲費加倍。今臣勘得應於皁河地方挑旱工一千八百丈，

---

① 董口，位於宿遷縣，"宿遷運道因明之舊由宿遷西北十餘里董家溝進口，名爲董口。自康熙六年董口淤斷，遂由駱馬湖。繼駱馬湖亦淤，乃另開皁河"（《行水金鑒》卷一四九《運河水》）。

② 黄道弘，遼東人，歷任詔安知縣、臨江府同知等職，康熙二十年（1681）山清外河同知（光緒《淮安府志》卷一二《職官表四》）。

水工六百丈，共挑河二千四百丈，便可直接溫家溝①水深之處。此河二千四百丈，挑起之土即以之堅築兩岸堤工四千八百丈，頂寬二丈，底隨地勢高低，情形險易以定，寬窄不等。每丈牽用土五十二方，共用土二十四萬九千六百方。每方連挑河、築堤、水工、旱工牽給銀一錢七分，共需銀四萬二千四百三十二兩。又水工堤一千二百丈，用草牛小埽填埂攔水，每丈需草一千束，每束價銀二釐六毫，共需銀三千一百二十兩。又於河口建雙金門大磯心石閘一座，樁、石、灰、鐵等料，並匠工人役，共約需銀一萬六千兩。以上通共需銀六萬一千五百五十二兩。又溫家溝起，歷窯灣口，至邳州境内之徐塘口②，共程七十餘里。兩岸共約長二萬六千丈，一律俱係平灘，全無堤岸，而且從未興修。每年水漲之時，一片汪洋；水涸之際，露出兩岸。水衝缺口共有二十餘處，約計共長一千餘丈，堵塞之費樁、蒜草料，約需銀二萬兩。又堤工二萬六千丈，築頂寬二丈，底寬五丈，高五尺，每丈用土十七方五分，共需土四十五萬五千方。取土遠近不等，近者一錢五分，遠者一錢七八分，牽算一錢六分，共需銀七萬二千八百兩。又東堤應建減水涵洞十座，每座約需樁、石工料等銀五百兩，共需銀五千兩。以上通需銀九萬七千八百兩，二共通計需銀十五萬九千三百五十二兩。

此工一成，則東省河流徑直下注，存本等之水於河漕之中，而洩暴漲之水於涵洞之外，堤工鞏固，運道無虞，誠一勞永逸之計。且可使邳、宿二州縣水沉積荒之田逐漸涸出，以足從前額賦，有裨國計民生，良非渺小。其所需銀兩，查河庫近年節存約可抵十分之四，其餘不敷，容臣於各工内百計設法，力圖節省，以濟此至要之工。時當餉絀之際，不敢更請錢糧，以煩司農仰屋。

至此邳、宿二州縣運河既經創築堤工，以計久遠，則守護、修防斷不可廢。臣擬於宿、桃河營調把總一員，專汛宿遷運河堤岸；邳、睢、靈璧河營調把總一員，專汛邳州運河堤。至二州縣運河既已專設汛弁，尤須設兵以資修防。但河庫錢糧不敷，不能再議增兵。臣反覆籌維，惟查山清盱眙廳營所屬武家墩，歷高家堰、高良澗、周橋閘以至翟家壩一帶臨湖堤堰，見係每四十五丈設兵一名，蓋以此堤係淮、揚二郡百萬生靈之保障，誠不可忽也。

然臣先因洪澤湖萬頃汪洋，每遇西風則怒浪掀天，拔樁撤埽、擊卸石工。

---

① 溫家溝，"在阜河北十里，今爲運河"（同治《宿遷縣志》卷八《山川志》）。
② 徐塘口，位於邳州，"沂水自盧口又分流，西南行徑官湖橋，又西南流至徐塘口入運"（咸豐《邳州志》卷四《山川》）。

是以議於堤內加幫寬厚，堤上更築小堤，湖內填成坦坡等因題明在案。至於湖內坦坡，原擬照每高一尺，填坦坡五尺之法，以填出水面爲準，俾護椿、埽、石工，及飭令各官督夫填築。臣往來勘閱，目擊堤外坦坡，較之堤里之幫堤，更爲得力。但每高一尺，填坦坡五尺，實屬不敷。於是將堤內應幫之土酌量移加堤外，凡高一尺之堤，加築坦坡八尺。凡一尺之水，亦填成坦坡八尺，將椿、埽、石工盡行深埋土內。地亢水淺之處，每丈用土三十八方有奇。水深地窪之處，每丈用土一百三方有奇。目今工程約有八分，其已經全完之處，雖歷遇奇風，而大浪將抵坦坡，其勢便殺，從前掀天撞擊之形絕不再見，洵稱鞏固之工。工既極固，則汛防稍易。臣擬酌調湖堰汛兵百餘名移防邳、宿運河，即或仍有不敷，亦於各營修防稍易之處，量調足用。再照此工乃運道至緊之工，康熙十九年春運漕艘必待此工告成，方能銜尾北上。時日無多，若候部覆方舉，恐來年春運太遲，則回空必誤。臣已一面嚴督邳、睢、靈璧同知蘇嵋等分頭興工，約計來年五月可以濟運。

臣謹一併題明，貼黃難盡，伏乞睿鑒全覽，敕部議覆施行。

因河命官疏

題爲再陳經理河工第七疏內未盡事宜事。

竊照山陽縣黃河兩岸，計長不下四百里，向止設管河主簿一員。蓋該縣向來工程惟至白沙爲止，自白沙而下，歷雲梯關以達海口，原俱置而不問。今臣奉命大修，爲一勞永逸之計，雲梯關內外俱經築堤，是以綿遠如此。夫工程既如此之遠，斷非一主簿所能料理。查該縣沿河一帶有馬邏司巡檢①、羊寨司巡檢②二官，儘可責成分管。臣請將山陽縣北岸清河縣界起，至安東縣界止；南

---

① 馬邏司巡檢，"在（阜寧縣）城西北童家營"（乾隆《江南通志》卷二三《輿地志》）。

② 羊寨司巡檢，"在（阜寧縣）城西攔黃壩"（乾隆《江南通志》卷二三《輿地志》）。

岸清河縣界起，至蘇家嘴①止，一切河堤工程俱責成該縣外河主簿管理。其南岸自蘇家嘴起，至雲梯關止一帶工程，責成馬邏司巡檢管理。其雲梯關外南、北兩岸河堤工程俱責成羊寨司巡檢管理，庶無工遠貽誤之虞。

又邳州並宿遷縣運河，乃漕運必由之地，最爲緊要。臣因駱馬湖淺涸難行，另議改挑新河由阜河出口，並請大修兩州縣運河堤岸，尤須特設專員管理。查邳州止有州判而無州同，其州判一官專管黃河，離運河近者六七十里，遠者百餘里不等，萬難兼顧。臣請添設邳州州同一員，駐劄貓兒窩，將邳州百里運河責成專管。至宿遷運河專管需員，查歸仁堤工見設主簿一員，本工非漕運經由之地，且有弁兵防守，儘可將宿遷南岸堤工一併歸併管理。臣請將宿遷歸仁堤主簿孫文繡②改爲宿遷南岸歸仁主簿，將宿遷南岸主簿傅志桓③改爲宿遷運河主簿。如此則一切要工，各有專員料理，措施既當，責成俱專，自可無貽誤之慮，有裨運道良非淺鮮。至於應補官員，統俟奉有俞綸之後，容臣將勤幹著勞之員另疏題請可也。

查臣先於敬陳經理河工事第七疏內題明，倘有未盡事宜應損益增減者，容臣臨期分別，或竟行，或入告等語。經議政王等會覆，奉有俞旨，欽遵在案。

今係添設官員調撥管轄事宜，是用特疏題請，伏乞睿鑒，敕部議覆施行。

恭報水漲疏

題爲恭報淮、徐河湖異常水漲情形事。

竊照本年自入夏以來，旱魃肆虐，遍野焦枯。災荒情形，節經各督撫臣題報在案。臣恐奇旱之後必有大水，而武家墩、高家堰、高良澗、翟家壩等一帶臨湖堤堰，並山陽南岸三百里黃河堤工爲轉漕運道，並山、鹽、高、寶、江、

---

① 蘇家嘴，位於阜寧縣，"阜寧縣東九十里至海口，西九十里至蘇家嘴山陽縣界"（乾隆《江南通志》卷十《輿地志》）。

② 孫文繡，浙江山陰人，康熙四年（1665）任諸城縣典史（咸豐《青州府志》卷三七《傳一之四》）。

③ 傅志桓，陝西人，康熙十四年（1675）任豐縣典史（光緒《豐縣志》卷三《職官類》）。

興、泰等七州縣民生關鍵，於是力督各監理、分管等官鼓舞人夫上緊償築。至八月之杪、九月之初，方據報山陽南岸堤工次第築竣。其武家墩等一帶臨湖堤堰，僅僅填完堤外坦坡，正在酌量復幫堤內戧堤，並更加堤上小堤間。忽於九月初七日，據徐屬同知祖文明、徐屬河營守備唐建功①等各報稱，奉臣牌行令該廳備將徐州州城以上，並蕭、碭二縣南岸堤工會同細加覆丈，以便部文一到，立即興舉等因。該職等隨於八月十九日，自徐州郭家嘴勘量起，歷王家山②、北辰集③、郝家集④、軍趙家集⑤、丁木集、黃家口⑥、侯家口⑦、定國寺⑧、魏家寨⑨，於二十二日至毛城舖⑩，不意天降大雨，數日不止，平地積水。職等坐守數日，擬待天晴丈畢，豈期二十六日又兼黃水陡漲，出漕漫灘，由舊缺口南下，一片汪洋，必俟水退方能丈畢等因。臣恐更有新衝缺口，復行嚴查去後。續於十月初四日，據該廳申稱，本年黃河水勢較之去歲更大，八月二十六日忽然陡漲，普面溢流，由康熙十七年之馬家廟、柳園西等十九處漫缺

---

① 唐建功，濟寧州人，康熙十七年（1678）任徐屬河營守備（同治《徐州府志》卷六《職官表》）。

② 王家山，徐州城東二十里（同治《徐州府志》卷一一《山川考》）。

③ 北辰集，位於蕭縣城北三十里劉套砦東南（同治《徐州府志》卷一六《建置考》）。

④ 郝家集，即郝家集砦，位於蕭縣城西北四十里，"就河堤築，當東西孔道"（同治《徐州府志》卷一六《建置考》）。

⑤ 趙家集，位於豐縣西南鄉，"又有趙培山，西南鄉趙家集人"（同治《徐州府志》卷二二《人物傳》）。

⑥ 黃家口，即黃家口砦，位於蕭縣孝義鄉，"城西北七十里，在孝二里，迤西南屬孝四里"（同治《徐州府志》卷一六《建置考》）。

⑦ 侯家口，即侯家口集，位於碭山縣馬昂里，"馬昂里，縣東接蕭縣，境有侯家口集，在城東五十里……康熙中河臣靳輔於此建減水閘壩，以洩河漲，今河徙壩廢"（同治《徐州府志》卷一六《建置考》）。

⑧ 定國寺，位於碭山縣馬昂社，"康熙間重修"（同治《徐州府志》卷一八《古跡考》）。

⑨ 魏家寨，位於邳州，"城西南五十里，西至碾莊十里"（同治《徐州府志》卷一六《建置考》）。

⑩ 毛城舖，即毛城舖集，位於碭山縣馬昂里，"馬昂里，縣東接蕭縣，境有……毛城舖集，在城東三十里。康熙中河臣靳輔於此建減水閘壩，以洩河漲，今河徙壩廢"（同治《徐州府志》卷一六《建置考》）。

舊口內分流南下，並無更衝新口等因。

又據蕭縣知縣邵瑗①報稱，八月二十八、九日黃水泛漲，平地水深數尺，合縣田畝盡被淹沒等因。又據宿遷縣知縣尚登岸②報稱，本月十三四日之間，水從西來，勢甚洶湧，日夜加長，將田畝盡行淹沒等因。又據徐州、宿州、靈璧、虹縣、泗州等各州縣俱報大水陡長，處處漫淹等因。

臣查徐州州城以上堤頂卑於河崖，而蕭縣爲尤甚。夏秋泛漲，普面漫溢，冬春水落，仍復歸漕，歲歲皆然，已非一日矣。康熙十七年七月內黃河陡漲，漫缺蕭縣長堤馬家廟等九處，縷堤柳園西等十處。臣用水平法逐一量勘，灼知見有長、縷二堤，俱在低窪之區，實不堪守。故於本年七月內爲再陳經理河工第一疏內未盡事宜事案內，題請動用各工節省銀十萬兩，另築近河堤工。蒙皇上軫念民生，俞綸隨沛，乃部文未到而水已大漲。臣思此大漲之水必由蕭、宿、徐州、靈、虹、泗州、宿遷等州縣直注洪澤湖，撼擊新築未完堤堰。於是復加嚴檄，飭令山清盱眙同知多弘安力督各官，毋分晝夜，飛速償工去後。迨至九月二十五、六、七、八等四日之間，洪澤湖水陡長七尺。臨湖一帶堤堰，悉皆漫上坦坡，高過舊石工一、二、三尺不等，直上新加土堤，計土堤之頂不過出水面一二尺不等。而六安溝③等最窪之區，水面將與堤平。加以連日西風，怒浪掀天，萬分危險。所賴坦坡雖沒水內而堅固異常，緊護各工，且極大之浪一到坦坡之上，其勢便殺。故凡一切椿、石、埽料絲毫不損，較之本年正月二十三日湖水涸盡之時，風暴驟起，即便拔椿、撤埽、擊卸石工者，其情形之安危，已不啻天淵之別。今臣一面飛督該同知等速償堤內餕堤、堤上小堤，並於十月初十日，暫開高良澗閘洩水歸高寶諸湖，以分殺洪澤湖之勢，日來水

---

① 邵瑗，"順天大興人，康熙十八年知蕭縣。縣洊饑，請蠲賑，全活甚眾。軍興供億多出私橐，不肯累民。十九年春，邑西盜發，瑗聞即率眾往捕，其魁餘黨遁散"（同治《徐州府志》卷二五《宦績傳》）。

② 尚登岸，"京山人，康熙十七年任宿遷令。邑罹河患，土荒民流，繪圖申請通賦分年帶徵。又改徵稻爲粟米，民深賴之，指其憩息處曰'惠政菴'"（同治《徐州府志》卷二五《宦績傳》）。

③ 六安溝，位於山陽縣，"於是計其所施功之地，先高堰北曰武墩決口，爲丈七十有七；曰高堰決口，爲丈一百八十十有餘；曰六安溝、曰侯二門、曰孫家西北、曰孫家西、曰管家西、曰小黃莊、曰小黃莊南、曰宜興集、曰周家馬頭、曰周家西、曰高良澗、曰楊家馬頭，凡大小決口二十，爲丈者四百七十"（多弘安《修築高堰堤工記》，雍正《阜城縣志》卷二二《藝文》）。

勢少定，可保無慮。此武家墩、高家堰、高良澗、翟家壩等一帶臨湖百里堤堰之情形也。

又黃河堤工，惟山陽南岸攸關最重。臣於本年四月內，令各官一概築至高出水面八尺爲度，然仍慮新築之土不耐水浸，且減水石壩尚未砌完，誠恐驟長之水無路宣洩，必傷新堤，是以將清河縣北岸張家莊舊決口河形一道不及築堤，留爲洩水之地。今黃河之水普面暴漲，洶湧異常，自九月二十七日於河灘低處出漕起，至二十九日兩岸盡行漫漲，一望彌漫，即由所留張家莊舊河形內分洩北注。然張家莊雖經分洩北注，而山陽南岸之馬邐、盧舖①一帶，其新經加高八尺者，今止存堤頂一二尺不等。而侍家塢堤工之頂，僅高出水面八九寸，危險之狀更爲至急。臣見在飛檄該管官弁，於已成之堤頂上加築小堤，以防意外。今水勢雖湍急非常，而不復加長，似亦可保護無虞。此清口以下三百里黃河堤岸之情形也。

至於山清運河，自九月二十六日淮、湖陡漲之後，一體大水急流奔湍。迨至十月初一日，竟與堤頂相平，處處有漫溢之勢，淮城民命危殆異常。臣方在勘閱雲梯關上下黃河堤工，而節據道廳營弁報文，臣即飛馳旋淮，與該道廳商一宣洩之途。而板閘河西戚家橋②老堤係康熙八年舊衝決口，底埽腐朽，竟於十月初三日黎明時分平折下陷，鼓開數十餘丈。其水由舊河直注淮河之西湖，下寶應氾水③、界首④、高郵等湖而去。此工一決，而河水頓落，淮城數百萬生靈方獲安枕。且運河之水究竟與全湖大河有間，而臣見在集料興工，剋期堵塞，不足爲民生、運道之患。惟凱旋大兵船隻因決口迤下有新淤淺工一段，並龍汪閘水溜湍急，上閘艱難，不無有稽遲之慮。然臣見在委官挑淺下埽，不過旬餘即可通行無阻。此運河之情形也。

臣伏思皇上宵旰憂勤，無刻不以民生疾苦爲念，故雖當軍興餉絀之際，而不惜動支數百萬正項錢糧，命臣大修河道。臣仰戴皇上如天之仁，惟求有濟於

---

① 盧舖，位於阜寧縣，"馬邐司巡檢一員，駐劄盧舖，修防黃河南岸汛地。上自童家營起，下至陳家社止。嗣於康熙二十四年八月內於咨明事案內，將童家營之馬邐、沈家圍一帶險工改歸馬邐司巡檢，并山清外河營把總經管"（《大清一統志》卷一六七《官司》）。

② 戚家橋，"（睢寧）縣南二十五里"（乾隆《江南通志》卷二六《輿地志》）。

③ 氾水湖，"運河西堤外，在寶應則有白馬湖、寶應湖、氾水湖，在高郵則有界首湖、高郵湖，在江則有邵伯湖，皆緊貼運河"（《行水金鑒》卷一五一《運河水》）。

④ 界首湖，見"氾水湖"注。

民瘼國計。是以於修治河工一切事宜，雖經臣具疏題定而閱歷既久，之後凡有應增應減，仍不憚隨時酌改，以期有當。本年大水，臣雖曾料到而實不料如此之大，由今以思，設或春間不照臣原題、續題，將高堰石工五千餘丈加高三尺，而不填築水內坦坡，則此時百里湖堤盡行毀壞。湖堤一壞，則清水潭立即並潰，不特所費朝廷金錢百餘萬兩，無可收拾，而從此民生之昏墊，運道之梗阻，殆無已時矣。

然水內坦坡之工，實由於正月二十三日之風暴拔樁、撤埽、擊卸石工而後定計。此誠上天曲體皇上憂勤愛民至意，是以於甫經立春之後，而忽降此異常風暴，懲戒臣等亟爲改圖，以保此民生、運道也。至此番大水，詢之居民，皆稱較之康熙十五年又加二尺，良由於半年亢旱聚雨澤於一時，是以若此陡漲也。邇來自微臣以下，一切所屬大小各官莫不東奔西馳，心膽俱碎。今豫省並徐、蕭水勢消落歸漕，已經半月。淮屬河、湖水雖未退，而已不復加漲，一切緊要新工，幸俱獲保無患。惟是運河舊堤悉皆沙土，一逢水漲即便可虞者，實不止於板閘河西一處。今臣擬遍爲相度，凡舊係堵決埽工，並沙土單薄、掃灣受刷之處，俱另行酌量，再加寬厚，以爲來年伏秋捍禦之計。其需費銀兩，統於大挑節存數內通融動用。總之，嗣此以後，臣益當細心竭力，百計綢繆，凡應損益增減之處，隨時確酌舉行，不敢屢疏煩瀆，惟求一勞永逸，務爲萬全之計，以仰答皇上宵旰之慮耳。

除豫省水漲情形，經豫撫臣董國興會疏題報，並板閘河西決口見在興工堵築，其疏防各官職名已經嚴行查取，俟詳至另疏題參外，所有本年淮、徐河湖異常水漲情形，臣謹恭疏題報，伏乞睿鑒施行。

經理未竣工程疏

題爲題明經理未竣工程並塞新漫缺口各事宜，仰祈睿鑒事。

竊臣蒙皇上殊恩，委以督河重寄，既因庸劣無才，工程不能早竣，而又疊遭奇雨，以致復多漫缺，臣罪實深，已於另疏請賜處分矣。惟是天災何可測度，所恃人力以補天工耳。今奇雨漫堤，終由於人力之未盡，而臣既遇此奇雨，則所以綢繆於將來者，更不敢以不密。是上天降誡，所以彰臣之罪，啓臣之愚，而實則篤國祜於萬世，鞏河道於久遠也。臣謹將歷來經理之原委與目下堵塞之緩急，以及曲圖善後之計，敬爲我皇上陳之。

念臣自拜命到任之日，目擊運道梗阻、民生昏墊情形，不禁憂心如灼。彼時遠近之人皆云河道壞至今日，必無可治之理，代爲臣危，謂臣半生功名，此番盡付流水。而臣愚以爲世無必不可爲之事，惟視人之用心用力何如耳。況天庾玉粒，歲歲必須挽運。乃自黃流躡淮之後，河底日淤，伏秋尚且膠舟，冬春水落之時，幾至斷流矣。豈可因循貽誤？於是匍匐河干，畢誠揣度，實見此時河道有必不可不治之勢，而又實有可治之理。隨將尚書臣伊桑阿等題請興舉之工，行令各屬估計前來，共需銀四百餘萬。而臣細閱冊內，雖從極堅起見，但軍興需餉，安能措如許多貲？於是再三斟酌，從至省至減科之，止估銀二百五十一萬餘兩，具經理河工事宜七疏力請修治。

彼時臣之親友見臣屢疏力請，知臣者矜臣之愚忠，不知臣者目臣爲癡妄，良以臣估費既少，而自任甚力，自限復嚴，不存絲毫退步耳。夫臣雖至愚，豈不知凡事當留退步，庶可爲日後免咎之地？況治河之事何等艱繁，人人皆曰難，而臣獨言之若易，臣豈真癡妄一至此哉？祇以今日河道既不容於不治，然當百務廢弛之時，官則以因循觀望、諉決諉卸爲能，役則以扣尅侵欺、設法冒銷爲事；而地方奸詐之徒，乘官吏之不肖，拿囮設騙，共蝕河帑，弊竇無窮。

臣承極敝之後，安敢不力挽頹風？是以估計必從極省，先絕上下之覬覦；限期必從極嚴，更杜官員之怠玩。漫缺必報，以除其諉決之心；責成必端，以去其諉卸之念。惟期盡人事而不敢諉之天災，竭人力而不敢媚求神祐，此臣一點血誠，謂苟如此，庶可固屬員之志氣，清從前之錮弊，以期治效之必成也。矧臣自官學生拔至總督，受皇上如此恩遇，臣雖粉骨碎軀，不足仰報萬一。乃當此大任而先自欺以欺主，留退步以冀卸過，即或皇上不即加誅，而天地亦安容此不忠之臣於堯舜之世？是以惟勉竭臣愚，而不復顧慮一己之退步私便也。

迨既奉俞綸，竭蹶興舉。臣往來察勘，又見得黃河之水消長不時，一經長與堤平，即便漫堤而過，必須籌一逐漸宣洩之法，以期久遠。於是議建減水石壩，通計宣洩入海之途，共寬一百餘丈。臣愚以爲儘可洩伏秋之暴漲矣。迨至十八年秋間，上流霪雨，黃水陡長丈餘。臣因而更加測度，細揣黃河受水洩水之勢，必得有三百餘丈宣洩入海之途，方免壅潰。於是行令各官逐一增添，以洩黃漲。又將高良澗、周橋二閘，改爲十丈寬減水壩二座。並將武家墩廢閘亦改爲減水壩，分洩湖漲。更於寶、高、江三州縣各建減水壩一座，以洩上流減來之水。

據臣之愚，以爲如此料理，似乎稍周，可以無患。豈知今年雨澤甚多，端午節前湖、河業已平滿？方在儧砌減水石壩，圖速竣以資宣洩間，不意五月二十四日之後，霪霖霧霈，兩月不斷，湖、河相連，水高於堤，以致未完新工與遠年舊工，平漫過水者五十餘處。此番奇雨，詢之老年之人，皆云從未之見。然既已見於今日，安知不復再見於他年？惟因此奇雨，而更求善後之謀。此臣所謂上天降誡，所以彰臣罪，啓臣愚，而實則篤國祐，鞏河道者也。

茲臣承此降誡，復加揣摩，斷須於黃、運、河、湖分頭再添建減水壩數百丈，並加挑爛泥淺引河，多引淮水，會合黃流安瀾暢注。庶嗣此以往，尋常之水涓滴不洩，可使河底日漸刷深；泛濫之水隨消，可使河堤免於漫缺。即或再逢霪雨，而奇災亦無壅遏漫潰之慮，方稱萬全也。

至於新經漫堤過水，已成缺口者，約有二十餘處。若斯時急行堵築，所需工料浩繁。臣擬俟天氣大晴，水消土見之時，並力興修，可以省費大半。其所需銀兩，統於大工內節省應用，不敢更請錢糧。蓋敬陳經理河工事宜八疏內一切工程，臣原請二百五十一萬餘兩。續於康熙十七年，請建減水壩並酌改運口兩疏內，題明節省銀四十萬兩。及拜疏之後，臣復加籌酌，既建減水壩，則堤工不必太高。原議築遙、縷堤兩道者，止須築縷堤一道。徐、邳、睢、靈、宿等五州縣並桃、清北岸，原議除民修舊堤之外，民復加築縷、格堤者，亦行停止。惟催民夫速幫舊堤，約可再節省銀五六十萬。共擬節省銀一百萬兩，以備他工之用。

不意十八年春間，淮、徐處處大饑，小民救死不暇，安能枵腹幫堤？然各州縣兩岸舊堤殘缺異常，若俱緩待民修，勢必立成大患。事關重大，不得不將應民修之堤，擇其單薄至極之處，亟動錢糧募夫幫築，計費過銀九萬餘兩。

又高家堰一帶填築水內坦坡等項，先經增估銀八萬兩，續因去冬黃流助虐，湖水將平堤頂，兼之大風時起，浪高丈餘，拍堤而過，是以今春又分外加高，並水內坦坡，每丈多填土三十方不等，計續估八萬之外，又多用銀三萬餘兩，尚未完工。將來大晴，水落之後，必須再加土方銀四萬餘兩，始能一律告竣。

又山陽縣南岸潘家瑤等處各險工，大溜逼堤，雖經下埽防護，然實爲淮、揚兩郡保障，不得不於迤裏加築遙堤一道，越包數險，以防意外，計費過土方銀二萬餘兩。又十八年春，加挑運河案內，多挑永安新河，並高郵城南淺工，共費銀一萬五千餘兩。又楊家莊南岸先挑濟運引河，因下多淤土，經今兩載，寬深如舊，並未刷開，誠恐楊家莊合龍之後，水壅不行，或生他患，是以又復加挑大引河一道，計費過銀一萬四千餘兩。

又酌改運口案內，原議永閉新莊閘①，令糧船由七里閘②出束水礮。後臣相度形勢，又於加挑運河案內多挑支河一道，使新莊、七里二閘俱可通船出束水礮。但束水礮僅砌石礮十餘丈，原未估底。豈知大水漲發之後，往往墊陷？雖經下埽防護，而船隻出口之艱，與當年打新莊閘無異。臣再四斟酌，必須將束水礮改爲有底雙金門大石閘一座，並幫大橫堤一道隔攔湖漲，計共須增銀二萬餘兩。又加濬爛泥淺引河，增建減水壩數百丈，所需料物、人夫百計節省，約共需增銀十二三萬兩。

以上各工共銀四十五萬兩，內有在原估數內續報節省而勢難節省者，有不在原估數內而勢屬必需者。統計臣原估費二百五十一萬餘兩者，將未完工約用銀一百九十六萬餘兩；原擬節省一百萬兩者，今止可節省五十五萬兩。至此節省之數，先因大修歸仁堤，餙築徐州州城以上縷、格等堤，堵楊家莊決口三案，曾經題准動用節省銀四十萬兩。又並修邳、宿運河案內，題明缺費十分之六，動用節省銀九萬餘兩。仍存銀五萬餘兩，以爲新漫各腐工缺口補葺之貲。至臣題明河工事宜，每與原疏多有增減。蓋臣凡舉一工，其中必力圖節省。其原擬節省之數，乃臣不敢欺君之血誠，故不敢稍留退步也。

又以河道爲國家重大之務，斷須慮出萬全，而臣智識短淺，不能一慮即周，故不憚隨機酌改。查臣先於敬陳經理河工疏內，曾將嗣後凡有未盡事宜應損益增減者，容臣臨期分別，或竟行，或入告等語題明在案。此臣承河道極敝之後，凡有當綢繆之處，不敢不竭盡心力，以期必濟。至臣負罪之下，更陳善後之圖者，實因此番奇災出於萬分意料之外。而既有此意外之奇災，則不得不傾盡萬分之人力，此尤臣披心瀝膽，雖萬死而不敢避者。故不得不備陳原委，仰祈皇上之睿鑒也。

若夫臣原題經理河工七疏內工程，並築此新漫各工，以及加濬爛泥淺，大修歸仁堤，餙築徐州州城以上縷、格堤，並修邳、宿運河等一切工程，俱可於明春三月限期左右盡行完竣。惟減水石壩原擬明年夏初可完，不意今歲五、

---

① 新莊閘，位於清河縣，"在清河南口。按本縣舊有洪澤磚閘三座，八里莊磚閘三座，在運河內。新壩二座，在八里莊南。運河崩摧入淮，歲久淤塞。平江伯陳瑄即八里莊故道疏濬，以通舟楫。官廳三間，廨舍一所"（萬曆《淮安府志》卷三《建置志》）。

② 七里閘，位於清河縣，"清河縣閘三、壩四。新莊閘、七里閘、運口大石閘，康熙二十年建。天妃壩、張家莊減水壩，康熙十八年築。王家營減水壩，康熙十八年築。西王家營減水壩，康熙十九年築。舊有通濟閘，今廢"（《行水金鑒》卷一三三《運河水》）。

六、七月連綿大雨，塘水占溢，匠役束手，且又添壩數百丈，必得來秋方可告完也。

臣謹一併題明，伏乞皇上睿鑒，敕部議覆施行。

築壩挑河疏

題爲題明築壩挑河並寬漕運限期事。

竊照微臣奉命大修江南河道，必使黃河盡歸故道，會淮入海，無旋堵旋決，再釀奪河之患，方敢謂之完工。今石工閘壩雖酌加工食十分之五，於通省遠募石匠二千餘名飛星僱砌，然工程浩繁，必俟來秋方能盡行告竣。其餘一切堤工，來春三月內俱可全完。至於宿遷縣楊家莊大決口中泓止賸四十餘丈，見在加緊進埽，來年二月可以閉合龍門。

惟是楊家莊以下至清河縣境一帶，河身向有茶鹽城、古城、劉真君廟基、蔣溝①、腰舖②等淺工數處。每至隆冬即便淺澁，雖設法疏濬，而他處俱已深通，惟此數處不能見效。加以今歲異常大水並未刷開，揆厥所由，總緣河道變遷。是以河底墊高已非一日，見在河身未必盡是故道。此等去處，其下非係純淤，即屬崗土，若聽其自然，則大溜不能急下，楊家莊大工勢必多費料物。更慮合龍之後，一時衝刷不開，又生他變，亦未可定。

臣再四籌維，必需乘此冬盡水涸之際，於楊家莊引河上口築壩斷流，將此淺工數處逐一挑深。庶上流每進一埽，下流多刷一分，及至合龍之後，水到成河，方保無患也。但今年糧船先因重運徵兌稍遲，繼因黃、淮交漲，挽開艱難，以至抵通亦晚。迨回空南下，又遇凱旋兵船停泊讓路。而今歲天寒較早，未過冬至，河流即便凝結，見今尚有一千餘艘凍阻黃河之北。臣雖嚴督文武官

---

① 蔣溝，即蔣溝洩水河，位於桃源縣，"二河（與房家洩水河）皆在治西北二十五里，洩卜家湖、長湖、房家湖之水入黃河。蔣溝河長六百四十八丈"（同治《徐州府志》卷七《阜寧縣河防·支河湖蕩　閘洞堤圩》）。

② 腰舖，即腰舖支河，位於清河縣，"（康熙）十年清口爲黃水灌入，裴家場悉起油沙，天妃牖底淤墊。回空糧船不能進口，乃於清河縣南腰舖支河之連張福口者疏濬通舟，由周家牖行"（乾隆《江南府志》卷六〇《河渠志》）。

弁設法敲水，然水凌頗厚，晝夜償催，日夜不過數里及里許不等。兼之黃河凍實，來往行人履冰而渡，目下不能即開，約計各船過淮之期，已在歲除之後。若待至彼時方始挑淺，則桃汛將屆，勢必貽誤大工，攸關非細。

今臣擬於十一月二十七日閉壩斷流，飛集人夫遇淺即挑，限十二月二十五日告完。更將清口爛泥淺一帶應加挑挖疏濬之處，亦行一併深挑，期於同時俱竣。一經挑完，隨即開放，將見在凍阻回空，務於正月望前催過淮安，赴次受兌。則來年重運不出五六月俱可過淮，是漕糧仍無貽誤，而大工獲免意外之虞，有裨運道、民生良非淺鮮矣。至於挑河人夫工食約費銀六七千兩，但既將淺處挖深，則河流易下，大工料物可圖節省，統於原估錢糧內通融動給可也。

除一面如期築壩、挑河外，臣謹一併題明，伏乞皇上睿鑒施行。

挑河避險疏

題爲題明挑河避險，請再寬限漕運事。

竊照塞決必先疏下，楊家莊合龍非遠，乘時挑濬下流淺工以免他患緣由，業經臣具疏題明，見在分頭償挑，刻期告完。惟是桃源縣境內舊有九里崗①、上渡口②、雞嘴壩③、烟墩、龍窩④等五大險工，每年歲修之費不下一萬四五千金。自康熙十六年楊家莊潰決之後，各險俱平，每年量加搶修，並未多用埽料。今全黃復故，而舊埽腐朽，勢必徹底鑲套，大加防護。內除九里崗一工，先經挑挖引河，改溜歸中外，其餘四工約其所費不下一二萬金。

當此河帑匱絀之時，凡有可以節省之法，臣安敢不力爲圖維？今再三籌酌，相度情形，龍窩一工必須幫寬壩臺，加意用埽。其烟墩、上渡口、雞嘴壩

---

① 九里崗，位於桃源縣［民國三年（1914）改爲泗陽縣］，"治西北四十里，在運河北岸，西至仰化集九里"（民國《泗陽縣志》卷七《地理》）。

② 上渡口，位於桃源縣，"桃源南岸險險工三，曰烟墩、曰龍窩、曰李家口；北岸五，曰九里崗、曰上渡口、曰七里溝、曰新莊口、曰三汊"（乾隆《江南通志》卷五三《河渠志》）。

③ 雞嘴壩，"自徐州雞嘴壩迤西至韓家山，歷次接築石岸千有餘丈"（《河渠紀聞》卷一六）。

④ 龍窩，見"上渡口"注。

三工儘可於對岸各挑小引河一道，即將挑河之土填塞河身，築成攔河土壩。三工所費統計不過二三千金，而引河既成，將來惟緊防土壩，則水到舊工止於掃灣回溜，不至十分危險，伏秋埽料可省過半。

又桃源李家口①地方，河身直逼堤根，而木工原無丁頭，底埽危險更甚，亦須乘時一律速挑引河，以避極險。臣見在設法募夫，分頭償挑，然非至正月望日不能告竣。是臣先題十二月二十五日開壩放船，正月望前將回空盡行催過淮安者，應請再寬兩旬，至二月初旬方可過淮，赴次受兌，然總可不誤來年重運也。

又山、清、高、寶一帶運河，臣先於敬陳經理河工事宜第五疏內題明，每河一丈挑土八十四方。後三次挑河，每丈共止挑土六十六方。內山、清兩縣河身之上俱係浮沙，十八、十九兩年大水竟將浮沙刷去，止挑六十六方之處盡行寬深，計其刷去之土，約有一二百方不等。見今淮城以上水面，較之康熙十六年之河底尚低數尺，且當此隆冬水涸之時，而河內仍有水五、六、七、八尺及丈餘不等。惟寶應、界首一帶當日被湖水橫衝入河，敵住黃流，以致盡是淤泥。雖遇兩番大水，竟未刷開。目前之水僅有三尺，以行運而論，頗可無誤。但上流深通，而水至此處被膠淤緊，不得暢注，未免有傷堤岸。臣復爲思維，黃河既在築壩、加挑引河，以省險工之多費，不若乘時將寶應運河淤泥之處，亦復再爲挑深二三尺，實大有益於運道者也。

除一面集夫加挑，俟工完之日，核明土方工價，將黃河四險引河入歲修案內題銷，寶應加挑運河入大工案內彙銷外，臣謹一併題明，伏乞皇上睿鑒施行。

靳文襄公奏疏卷三終

---

① 李家口，見"上渡口"注。

卷四　治河題稿

【靳文襄公奏疏目錄】

請借錢糧疏、題明放水日期疏、酌改河員以重責任疏、報明挑完阜河日期疏、再報河漲情形疏、恭報楊家莊合龍疏、謹陳歲修疏、恭報大工水勢疏、恭請欽差閱工疏、詳陳臆說疏、恭報進京疏、請帑修蕭渡工疏、恭報回工疏、加修善後工程疏、請添河員疏、恭報兩河險工官員疏、謹請加修疏

男治豫編次
孫樹德校正
曾孫光烈、文仝校字

靳文襄公奏疏卷四　治河題稿

總督河道、提督軍務、太子太保、
兵部尚書兼都察院右副都御史臣靳輔

請借錢糧疏

題爲籲請撥借錢糧，以濟要工事。

竊臣謬膺治河之責，蒙皇上發帑金二百五十餘萬兩，命臣大爲興舉。臣考求諮訪，而知河身之積淤墊高從未有如今之甚者。是以臣或於從未築堤之處增築堤工，或於從未建閘壩之所增建閘壩。蓋皆就今日之河，求今日之治，籌酌再三，而萬不能已也。念請發帑金既有定額，自不容於額外又滋多費。臣朝夕悚惕，惟有茹荼率屬，力圖節省，以求無絀而已。

臣於上年核收支之數，額帑尚有餘賸，不意甕遭霪雨奇災，補苴未免多費。嗣後通盤合算，僅足敷用，已無餘存矣。且此僅足敷用，又有實係存銀，而猝難應目前之急用者，如餘存樁木、石塊、鐵錠、鐵鋸等項物料，值銀二萬餘兩。又各監理官名下有夫頭挂欠銀四萬餘兩。

查此二宗原係額内之帑，其料物皆可供將來歲修之需，夫欠亦皆可責成追取。然一時不能濟用，則應發各工之銀便缺少六萬餘兩矣。至於臣另疏所議楊家莊、毛家宅、白洋河等處，應開一丈六七尺之深引河三千餘丈，約又需銀四萬餘兩，乃屬增舉要工關係全河萬萬難已者。

以上三項，是共需銀十萬兩矣。但臣若於請發前帑之外，而又爲瀆請，則干冒昧之辜。若緘默不言，又恐因循貽誤，獲罪更深。總之，微臣一身之罪愆不敢逃避，而國家莫大之重務尤不敢不盡心綢繆。

臣展轉圖維，敢請將附近錢糧借撥十萬兩給支要工，容臣一面將夫欠四萬餘兩責成勒追。并將存賸料物二萬餘兩，於逐年歲修扣銀俱行抵還借項外，其餘四萬兩，再容臣於竣工之後，設法節省，統行扣還。如此則於前請帑額之外，仍無多費，而應舉要工亦不致以帑絀而貽誤也。

仰祈皇上洪恩，俯念微臣萬不得已之請，恩賜俞允，則國計民生均有攸賴矣。伏乞敕部議覆施行。

題明放水日期疏

題為恭報挑完運河，閘壩放水日期，仰祈睿鑒事。

竊照駱馬湖淤深水淺，阻礙漕船。經臣特疏題請動支大工河庫節存銀十五萬九千三百餘兩，在於邳、宿境內築堤建壩，另挑新河一道，引山東閘河之水，由皂河出口歸黃河濟運。業經部覆，奉有俞旨，欽遵償築間，不意去年入夏，疊遭奇雨，遍地汪洋。比至九月水退，復集人夫，而更逢奇凍，畚鍤難施。是以今年正月二十九日，臣復行閉壩，加工挑築。先於恭報黃、運兩河開壩放水日期等事疏內題明在案。

閉壩之後，臣嚴督各監理官多募人夫，飛星疾償，所有缺口三十餘處陸續堵完，減水石壩二座亦俱建砌完畢。溫家溝水工堤岸築高八九尺不等，於三月初四日開壩，清水直注黃河。楚、閩差旅船隻俱於當夜進口北上，重運銜尾而至，悉皆通行無阻，兼可遠避湖險矣。

除一面催督各官將堤工原未築完，及被上年雨淋殘缺之處，星飛償竣，另疏報銷外，謹將邳、宿新河挑深、開壩放水日期并重運無滯情形恭疏題報，伏乞睿鑒施行。

酌改河員以重責任疏

題為酌改河官汛地，以均責成，以重河防事。

該臣看得江南黃河兩岸，上自東、豫二省交界，下至海口，歷十二州縣，地方延袤將二千里。臣奉命大修，盡行修築長堤，在在皆須防守。而各州縣河官汛地有遠近之殊，修防有睽隔之勢。其間未協之處，不得不預爲綢繆，以期至當也。

如安東縣河道，向無可守之堤。今餕築幫修，并與山陽縣換管堤工，共長三萬七千餘丈，其中更有茆良口等處險工，主簿一員萬難兼顧。查該縣有五港司巡檢，現駐佃湖，可以分管。請自清河縣界泗舖溝起，至夏村營止，令安東縣主簿管理；自夏村營起，至雲梯關止，令五港司巡檢管理。

又宿遷縣南岸蔡家樓、彭家堡等處險工，主簿一員催儹修防，刻無寧晷。今歸仁興築大堤，該簿不暇顧及。查有桃源縣古城司巡檢止管地方捕務，近年因河道變遷，古城一鎮不過寥寥數家。不若將捕務併歸該縣典史，而以古城司巡檢改爲宿遷歸仁司巡檢，移駐歸仁集①，管理歸仁堤。

又宿遷北岸主簿，河道遙長兼以中隔駱馬湖，奔走維艱，實有鞭長難及之勢。查新改宿遷運河主簿，雖管運河兩岸堤工一萬餘丈，而駐劄皂河，帶管附近黃河堤工，頗屬最便。請以駱馬湖西至直河一帶黃河堤岸，併歸運河主簿管理；其駱馬湖以東至古城一帶河汛，仍責北岸主簿管理，庶馳驅易到，可以無誤修防。

又徐州上、下管河州判二員，皆兼兩岸堤工，一遇晦明風雨，舟楫難以飛渡，實有坐誤之虞。請以上河州判改爲徐州南岸州判，專管徐州南岸工程；下河州判改爲徐州北岸州判，移駐河北，專管徐州北岸工程。

又碭山縣主簿，止可管本縣河南堤工，其河北堤工亦難兼顧。查豐縣河道止有十五里，請將豐縣主簿移駐盤龍集②，改爲豐碭主簿，專管豐縣并碭山縣河北堤工。其蕭縣主簿，著令移駐郝家集臨河適中去處，就近修防，庶免貽誤。既據各該道廳呈詳前來，臣覆加確酌，並無添設之煩，止須一轉移間，而河工、運道實大有裨益也。

相應具題，伏乞睿鑒，敕部議覆施行。

---

① 歸仁集，位於宿遷縣，"在孝義鄉劉武溝，萬曆四年知縣喻丈建"（萬曆《宿遷縣志》卷二《建置志》）。

② 盤龍集，位於碭山縣城東南三十五里（同治《徐州府志》卷一六《建置考》）。

報明挑完皁河日期疏

題爲報明挑完皁河通舟濟運日期，仰祈睿鑒事。

竊照本年七月内黄河異漲，將皁河口淤墊一千餘丈。經臣於七月二十七日具疏題明，隨馳赴皁河，親駐工所，力督道廳營印管河各官弁，一面煞壩挑淺，一面堵塞旁流，於八月十五日完工，開放通舟。訖重運糧船，現在次第進京，北上無阻。

臣謹具疏報明，伏乞睿鑒施行。

再報湖漲情形疏

題爲再報湖漲情形，并陳開洩事宜事。

竊照本年因奇旱之後，聚雨澤於秋中。山、陝、東、豫諸省，積霖彌月，彙入黄河，以致河流異常泛漲，由蕭縣漫溢，盡歸洪澤湖内。九月二十五、六、七、八等日，湖水陡長七尺，高家堰一帶堤堰處處危險。幸賴新塡坦坡堅固，僅免無虞，并於十月初十日啓高良澗閘洩水各緣由，先經臣於十月十八日具有恭報淮、徐河湖異常水漲情形事一疏，題報在案。

惟是臣先因湖水平定已及一旬，且時將仲冬，理應有消無漲，是以備陳可保無虞之狀。不謂前疏甫於十八日拜發，而二十四五等日西北颶風大作，更甚於前。洪澤湖水又復加漲二尺，兼之浪如山湧，竟從堤頂之上處處潑漫而過。而六安溝、高堰大壩二處，大溜直注，業已萬分決裂。而山清盱眙同知多弘安親自站立水中，身先夫役，與各分管官弁百方搶救。迨至二十六日，危而復安。若其得以施人力而仍獲保固者，總賴水内坦坡之益。

至於運河龍汪閘①上之水高於閘下五六尺，閩旋大兵座船一千餘隻，不能飛渡。日用人夫千餘名，僅挽船數隻，而又半爲沉壞，損船傷人，不可勝計。

---

① 龍汪閘，位於山陽縣，"金門寬二丈一尺二寸，康熙三十八年加高石四層。金門上寬下窄，不能下板"（《行水金鑒》一五〇《運河水》）。

領兵委署護軍統領也喀等屢向臣言作何設法過閘之計。臣於二十七日又復遍爲勘閱，查得武家墩迤南舊有洩水石閘一座，年久湮没。然閘雖廢壞，而兩旁河堤見在，可以開洩。臣於是日未刻親駐彼地，督夫挖開，此處一開而龍汪閘上之水頓減二尺，兵船方得銜尾北上。

惟是高良澗、武家墩、戚家橋決口三處之水彙歸高寶諸湖，積流兩月，諸湖悉皆盈滿。運河窄小，不能容受，而臨湖堤頂僅高出水面二尺有奇。臣念永安新工雖坦坡堅固，可保無虞。而際此隆冬，湖面漸漸凍合，設或指日東風凍解，則積凌乘風，勢不可遏，將見臨湖數千丈舊石工必有撞卸成決之患。隨遍行勘閱，查得江都縣鰍魚口①地方有舊河形一道，迤東三四里許即接渌洋大湖②。臣隨行令揚州府廳印河等官，并該管營弁，將鰍魚口東堤於十二月初七日掘開二十丈洩水，由舊河形入渌洋湖，達廟灣③入海。一面逐日探量水勢，俟高寶諸湖之水減去二尺，即將鰍魚口洩水去處立行堵塞。

凡此皆一時權宜之計。蓋大工未竣，而大水驟來，若不相機預爲疏導，俾其逐漸流通，則壅積漫潰，爲害必大。故不得不爲此權宜之策，直待大工告竣之後，方可爲一勞永逸之計也。但事關掘堤洩水事宜，相應具疏題明，伏乞皇上睿鑒施行。

恭報楊家莊合龍疏

題爲恭報宿遷縣楊家莊大工閉合龍門日期，仰慰睿懷事。

竊照江南河道敝壞，蒙皇上軫念運道民生，特發帑金大爲修治。臣凛

---

① 鰍魚口，位於江都縣，"在邵伯鎮河西，乾隆三年復"（光緒《增修甘泉縣志》卷二《形勝志》）。

② 渌洋湖，位於江都縣，"在府城東北六十五里，南接艾陵湖，東北屬高郵州"（光緒《增修甘泉縣志》卷二《形勝志》）。

③ 廟灣，即廟灣場，"廟灣場在阜寧縣治南，東至海口一百二十里，西至謝家橋一里，南至新興場界四十里，北至賀家港四十里，周四百里。中界射陽湖，湖南以范公堤爲界，東屬竈境，西屬縣地。北以運鹽河爲界，河東屬竈境，西屬縣地"（光緒《淮安府志》卷八《漕運》）。

遵成命，力督所屬監理、分管大小官弁，竭蹷經營。先將敬陳經理河工事宜八疏內工程掛酌節省，償修完竣；續將八疏內節省錢糧，又加修酌改清河縣運口，添建黃、運、河、湖各減水壩，加築徐州州城以上堤工，另挑皂河，大修歸仁堤，并堵楊家莊決口等六工。而堵楊家莊決口一工，實大修河道結末至要之工也。祇因下流淤墊最久，雖設法疏濬，而合龍甚難，以致上年二月二十五日有走埽之事。今臣親駐工所，調集各處監理、分管大小官弁一百餘員，從新深挑引河，廣購料物，毋分晝夜，百計經營，於康熙二十年十二月二十八日午時閉合龍門。訖目今黃、淮二瀆盡歸故道，漕運無阻，田土可耕，皆我皇上洪福齊天，以致河靈效順，非臣之愚所能竣此大工也。

至此工既竣，即應恭請欽差大臣臨工查勘。但臣自康熙十七年興工以來，歷經四載，凡十七、十八年分所築堤工兩遭大水，殘損甚多。臣見在嚴督原經手各官，著令各集原夫逐一修補。又臣凜鑒十九年異常奇雨，不得不多建減水甎石各壩。料物雖經購足，而工程浩大，需匠最多，凡附近千里內外之石匠，莫不遍覓鑿砌，而尚有零星未完，必俟本年三月方能盡行全竣。

除臣一面力督各官弁疾償未竣餘工，綢繆善後事宜；一面將一切工程、錢糧備造清冊，完日恭請欽差大臣臨工查勘，并將在事督工勤勞與各省協濟辦料各官弁另疏請敘外，所有楊家莊大工閉合龍門，黃、淮二瀆全歸故道日期，臣謹先疏題報，伏乞皇上睿鑒施行。

謹陳歲修

題爲謹陳康熙二十一年歲修事宜事。

竊照黃河水勢與大工情形，已經臣另疏題明矣。伏念臣奉命治河，固期克竣，大工尤須綢繆善後，俾無旋修旋壞之弊，方不負皇上銳意平成，視民如傷之至意。即動用此二百五六十萬帑金，亦不致虛糜於無益之地也。

查黃河自康熙六年烟墩潰決之時，桃源以下淤成平陸。及烟墩堵塞，而黃家嘴、陳家樓①、七里溝、新莊口②等處相繼潰決，此塞彼開，曾無寧歲。至康熙十五年，新莊口雖經閉合龍門，而新莊口以上，則有白洋河、于家岡一帶數十里無堤地面。新莊口以下，則自清河縣至雲梯關皆無攔水之堤。河流略漲，即便漫灘四散，水不歸漕，以致河底日墊而淤泥日甚，更加康熙十六年楊家莊潰決，幾至奪河。

臣隨於康熙十七年挑挖楊家莊南岸大引河一道，十八年於引河之南，又復加挑一道，并於白洋河、毛家宅二處各挑大引河一道。數年以來，運道之賴以輓輸者，皆此四道引河之益也。今楊家莊大工業已完固，雖伏秋尚須防守鑲套，而人力易施，足保無患。惟下流一百四十里河身之內有淤泥硬底，止深一丈一二尺，溜刷兩月，衝洗不開之處，束水難下，深有可虞。臣見在百計圖維，或加挖引河，或用鐵埽尋聯成大簾，分頭施濬。然必須將宿遷縣以下，至清河縣兩岸遙堤，除見高出水跡五尺者不議外，其不及五尺者再行加高，以高出大漲水跡五尺爲度。堤外隨水勢深淺，用順埽一例鑲護，以禦風浪，以保伏秋，方稱萬全。

蓋伏秋水力勇猛，此等淤底之河，必須勇猛之水再加施濬，始能刷成大河。而欲使勇猛之水專力刷河，無旁洩之患，必須加意用埽防堤，始克有濟也。此幫堤工程，凡原動錢糧者，仍用錢糧加幫。桃源縣民工仍令民幫。惟宿遷縣民工，若全待民幫，必至貽誤，應以一半動錢糧加幫，一半令民力加幫。其動錢糧加幫者，總於大修案內彙算。至於一切埽料，例應動歲修錢糧購辦。約而計之，應用草一二千萬束，以及柳、椿、蘆、蒜等項，需費甚繁。又各處險工料物均須多爲儲備，以防全河異漲。奈上年河銀已經用盡，本年河銀尚未解到，工程至緊，不能久待。臣萬不得已行據淮安府，查得該府庫見有應解部漕項銀三萬八千四百兩零，伏乞皇上俯允臣請，將此漕項銀三萬八千四百餘兩，准臣暫爲借用。容臣一面嚴催各屬速解本年河銀，俟秋杪冬初，照數撥還該府，著令解部還項。

抑臣更有請者，一年錢糧原供一年之用。查從前舊例，每年歲修料物，多係令民間預先辦運來工，量給三分之一，其餘二分直待奏銷之後，方始具領找

---

① 陳家樓，位於桃源縣，"是年（康熙四年）河決桃源之陳家樓，即塞之"（《行水金鑒》卷四七《河水》）。

② 新莊口，位於桃源縣，"是年（康熙十二年）三月，河決桃源新莊口並王家營"（《行水金鑒》卷四七《河水》）。

足。往往因河銀未經解到，報銷稽遲，直至一二年之後始行給發，其辦料人戶不無苦累。邇來徐、邳、宿、桃、清、山、安各州縣險工，所用一切歲修料物。臣因見有大工錢糧，是以或責成府廳，或責成府州縣，或責成佐貳衙官，俱將料價預先全發，然後催令運料來工。或有不及即發者，亦令隨便墊給，隨即赴領補項。數年以來，頗稱便民無擾。

今大工已竣，庫無餘資，不能通融。若因不能通融，而仍令民間先解後給，則恐又生擾累之虞。臣查所屬各州縣應解河銀為數甚微，於各該州縣條鞭計之，不過太倉之一粒耳。合無仰請皇上敕部確議，行令各藩司轉督各州縣，嗣後將一年應解河銀，定限該年三月內，盡行起解完足，注入考成。不得仍循往例，待至夏秋。如此則在解銀各州縣原無所損，而各險工應需料物可以預行購備用，免民間墊銀辦料之繁。河工獲濟，上下均利，莫便於此矣。

臣謹一併題請，伏乞睿鑒，敕部議覆施行。

恭報大工水勢疏

題為題明黃河水勢、大工情形，仰祈睿鑒事。

切照黃河水勢，自上年楊家莊決口龍門漸窄之時，先已長水四尺有奇。迨十二月二十八日閉合龍門之後，適當積凌水發。至本年正月初八止計，又長水五尺二寸，連前共長水九尺有奇。彼時楊家莊上至宿遷縣，計程二十里；下至清河縣，計程一百四十里，盡皆漫灘出漕，一片汪洋。查兩岸遙堤，南岸自白洋河以下至雲梯關外，北岸自清河縣以下至雲梯關外，皆係大修案內動帑興築之工。南岸白洋河以上，北岸清河縣以上，除險工、埽臺、月堤、縷堤之外，其一切遙堤原係民修工程。內桃源縣遙堤一萬餘丈，已經臣鼓舞該縣紳衿督民修竣。惟宿遷縣遙堤甚長，臣雖一律鼓舞而民力不勝，僅有人夫數百名，是以歷時雖久，而築工無多。若全待民力，勢必坐誤。臣萬不得已，將該縣楊家莊以下兩岸堤工八千餘丈，并直河最險工數百丈，以及一切險汛應加築月堤之處，悉皆動帑興舉。於本年正月大漲之時，凡宿、桃二縣創築加幫已經告竣之欽工、民工，堤根雖俱有水三、四、五、六尺不等，而堤頂尚高出水面二、三、四、五尺不等。

惟宿遷北岸楊家莊以上，朱家堂、蕭家渡①一帶民工一千餘丈；并南岸楊家莊以上，小河口②、徐家灣③一帶民工一千餘丈，向因舊堤尚高，是以未及加幫。豈知水漲之際，直平堤頂。臣嚴飭該縣飛撥人夫搶救，業於堤頂之上加築數尺寬小子堤一道。自正月初八以至十三，水勢稍定，不復再漲，方謂可保無虞。正在催夫再加寬厚間，不意正月十四日寅時颶風大作，浪若排山，南岸小河口、徐家灣一帶，悉皆拍堤過水，將宿民搶築未完工程盡行打去。迨至巳時，又加地震，而徐家灣堤工已被漫決一百餘丈矣。

至於楊家莊埽臺，自合龍之後異常折陷。合龍時水深四尺有奇者，至正月望後，竟加深至八九丈不等。原估用套肚埽六層者，竟增至十二三層不等。更加正月二十五日未時，北壩埽臺陡然折陷，深一丈五尺，長二十餘丈，過水甚急。臣心膽皆碎，親督各官弁、兵丁、夫役人等，毋分晝夜，百計搶救。幸賴皇上洪福，得以轉敗爲成。至此工原估銀十八萬九千餘兩，上年二月約計用過銀十二萬有奇。彼時龍門僅餘九丈，臣方喜此工不過再費銀二三萬兩，尚可節存銀三四萬兩。不意桃汛大漲，於二月二十五日走埽一十二路。及臣從新辦料，百計設法採柳調丁，更調山東額夫一併協助償工。至合龍之日，約略所費適與原估相當。計其鑲套壓土之資，不過再費萬金而止。孰知河底日陷，壩臺日折。自正月初至二月杪，除額兵之外，每日仍用募夫五、六、七千名不等，草、柳、䕳、椿不能悉數約計，又多費至三萬餘金。以有限一定之錢糧，多方遠購之料物，而填此無窮巨壑。臣目擊心傷，寸衷如刺。直至今三月初間，埽臺始獲堅固。然楊家莊以下，多年久淤之河，則又一時衝刷不深。見在之河，雖有深三尺以上之處，而亦有止深一丈有奇之處，第他處河身即不能刷深者，

---

① 蕭家渡，位於江蘇省宿遷縣，爲清代黃河下游險工之一。"（康熙十八年）六月河決宿遷縣蕭家渡"（《行水金鑒》卷四九《河水》）。康熙二十一年（1682），河決蕭家渡，"現在蕭家渡決口九十餘丈，宿遷、沭陽等處，田地淹沒，黃河不歸故道"（《清聖祖實錄》卷一百五，康熙二十一年十月丙戌條）。

② 小河口，即小河口舖，位於宿遷縣治南十里（萬曆《宿遷縣志》卷二《建置志》）。

③ 徐家灣，位於宿遷縣，"（康熙十八年）五月河決宿遷縣徐家灣，塞之"（《行水金鑒》卷四九《河水》）。

亦必刷寬。而清河縣地方之上下腰舖、白馬墩①、曹家窰、龍王廟②前等五處，既不能刷深，又不能刷寬，以致河流到此，陡生湍急之勢，而無暢注之情。

又楊家莊、毛家宅、白洋河等處，歷年共挑引河九道。原深一丈及一丈二、三、四、五尺不等者，大溜行經兩月有奇而仍然如故，亦未加深，以致漫灘之外久不歸漕。臣因思江南河道，凡一切黃、運、河、湖堤堰、閘壩、欽工、民工，合淮、揚、徐、鳳四府州所屬之徐、蕭、沛、豐、碭、邳、睢、靈、宿、桃、清、山、安、盱、寶、高、江、儀、泰等十九州縣兩岸計之，將及三千里之遠。前此未常一齊修治，止淤堵決濟運而零星動帑，每年約用銀三、四、五十萬兩不等。然係逐漸請撥，是以不覺其多。臣自奉命督河已經五載矣，以所用帑金分年牽算，亦止每年五十餘萬。因係一次彙請二百五十餘萬，是以祗覺其費。

今幸賴皇上如天之福，楊家莊業已鞏固，各工亦俱漸完。即有徐家灣漫口，然沿邊之水僅深二尺有奇，臣見在調兵集夫就淺越築，不難剋期堵斷。但河身不能即刷寬深，在春月而情形若此，將來伏秋異漲，其何以堪！臣愁思萬狀，實屬寤寐皆憂者也。總之，微臣一介愚庸，蒙皇上優拔總河之職，彼時遠近之人皆稱此河斷乎難治，即治亦徒糜國帑斷乎不成，而海運、陸運紛紛起議。臣彼時目擊河道敗壞不堪，若不急為大修，則運道中阻，輸輓不前，勢必循海運、陸運之説。而海運之險，陸運之擾，殆有不可勝言者。臣身任總河，一籌莫展，聽其阻運殃民，即自膺重譴，固不足惜，其如民生、國計何哉！因而再四思維，念昔賢有云：「人定可以勝天。」臣惟竭蹶經營，不存絲毫偷安苟且之念，則仰賴皇上之洪福，敬藉皇上之威靈，斷無難治之理。於是一力肩任，請帑大修。又恐浮議之搖阻，屬員之因循，故復請定三年嚴限，以期必成。

至於大修一案，先據各屬估計需銀四百餘萬。而臣力排衆議，謬出己見，止估銀二百五十餘萬。及廷議允估之後，復欲於中節省銀數十萬兩，併修原疏未估各工。

此臣區區之愚，自謂受恩深重，雖肝腦塗地，不足仰報萬分之一。當此河

---

① 白馬墩，"（清河縣）治西四里許，屬吳城鄉"（萬曆《淮安府志》卷三《建置志》）。

② 龍王廟，"在運河南岸五孔閘西，乾隆四十年，高宗南巡御賜匾額並玉如意一枝"（光緒《清河縣志》卷三《建置》）。

道壞極之後，惟有力求必治，以抒聖明南顧之憂。且軍興之際，需餉正殷，若請帑太多，則過煩司農仰屋，又豈臣心所安！是以魂夢之中，惟以竭蹶肩承，力圖節省爲事，而不自覺其蹈於輕忽也。壩臺務期於平穩而愈益折深，河身自望其寬深而偏不刷動。言念及此，不禁槌心泣血，向來以能盡人力，自可回天，而不知治河之難，每出意料之外如此也。除修防保固事宜，臣見於另疏題請并徐家灣漫缺去處，見在興工堵築，勒限斷流。一面照例查取各官職名，俟詳至另疏題參外，所有黃河水勢、大工情形，臣謹特疏題報，貼黃難盡。伏乞皇上睿鑒全覽施行。

恭請欽差閱工疏

題爲恭請欽差大臣勘閱工程事。

竊照微臣奉命大修江南河道，業已漸次告完。先因康熙十七、十八年分所築堤工兩遭大水，殘損甚多。不得不嚴督原經手各官，著令各集原夫逐一修補。又減水瓴石各壩僱匠艱難，尚有零星未竣，約在三月方完。是以於恭報楊家莊大工閉合龍門日期疏內題明，容臣一面力督各官疾僝餘工，一面備造工程錢糧清冊，完日恭請欽差大臣臨工查勘等因。經議政王等會議覆允，奉有依議之旨，欽遵在案。

查此番大修工程約有三千里之遠，臣雖時常往來，然工程未竣，不過順便僝催，觀其大略。今工完報銷，必須逐段勘明，而求其逐段勘明，非兩三月工夫不能遍及。計臣拜發楊家莊合龍之疏，乃本年正月初二日也。彼時原擬三五日之間，大工壓土堅固，臣隨親履各工，將長短、闊狹、淺深、高寬、丈尺備細勘核，不過三月可以勘完。工程既經勘完，則按工程以核錢糧便非難事。不意正月初五日起，楊家莊龍門一帶黃流從埽底透過，翻花大溜洶湧異常，埽臺陡折甚深。所幸存料尚多，臣即親駐壩臺之上，嚴督各官弁、兵丁、夫役人等毋分晝夜，鑲套搶救。而隨套隨折，臣亦隨折隨套。本工存料用盡，又將各歲修工所備之料盡行運來，直至二月十五日方始折定，三月初六日方斷黃流。計此兩月有奇，臣惟親駐楊家莊調度催督，不敢一刻輕離，以致各處工程未得親行勘核。今三月已將半矣，若必俟臣逐處勘明，方行題請欽差，則適當伏秋異漲之際，彼時處處出漕，工程盡被水占，欽差到來從何詳核？臣反覆思維，惟有一面題請欽差，一面速行遍勘。比至欽差將到之時，臣已逐一核定，隨將工程長短、闊狹、深淺、高寬、段落備造清冊，一送欽差大臣覆勘，一送部臣查核，庶乎妥便。

至臣前疏所稱未竣餘工，并另疏加幫宿、桃二縣遥堤工程，以及徐家灣漫決去處，俱在飛星疾償。迨至欽差臨工，俱可全完，不致有誤勘閲也。

臣謹恭疏題請，伏乞皇上睿鑒，俯賜特差大臣臨工勘閲施行。

詳陳臆説疏

題爲詳陳臆説欺罔矛盾情由，仰祈睿鑒事。

竊臣隨一面陪欽差勘工大臣、科道沿途查勘工程，一面將崔維雅①所著《河防芻議》與《兩河治略》二書閲其大略。迨勘工完畢，於八月二十七日行至徐州。九月初三日，欽差大臣等傳臣與維雅同至公所會議恭進《河防議略》一案。而維雅又另出一册，内開條議二十四款。臣與欽差大臣等公同閲明，臣隨云："你説減水壩不好，我説減水壩極好。若不虧各壩減水，高家堰并運河堤工如何承受？"維雅云："一個減水壩將來就是一個決口。"臣云："黄河各壩雖未開放，而堰堤、漕堤業已試效，兩年來見不成決。"臣又問："見今運河深一二丈，人所共知，你如何還要挑呢？"維雅云："也有淺處。"臣又問云："你説還有淺處，是那一處淺，我如今與你各差一人前往探水。其水最淺有一丈，如有七八尺深水之處，就算我輸，如何？"維雅不答。

維雅云："歸仁堤必要從新修過，三教堂清水出不來，必要開胡家溝②引清水出黄河。"臣云："地有高低，水是平的，三教堂與胡家溝相去不遠，若

---

① 崔維雅，字大醇，直隸大名人，順治三年（1646）舉人，歷任濬縣教諭，儀封知縣，開封南河同知，河南道副使，河南按察使，湖南、廣西布政使等職，"維雅治河主疏導引河，使水有所歸，故屢有功而後不爲患。當靳輔興大工時，維雅奏上所著《河防芻議》《兩河治略》，並詆諆輔所行諸法，列二十四事難之。輔疏辨謂維雅説不可行，寢其議"（《清史稿》卷二七九《崔維雅傳》）。

② 胡家溝，位於宿遷縣，"宿遷縣境内尚有白洋河、朱家溝、周家溝、胡家溝，俱係宣洩埠子諸湖入泗之路"（光緒《睢寧縣志》卷四《山川志》）。

目前河高地窪，三教堂怕黄河內灌，則胡家溝也怕內灌。若日後黄河刷深，胡家溝清水出得來，則三教堂也出得來。何苦不就省，反要多費？"維雅云："我不駁你，你到駁起我來。我也是欽差。"臣云："誰説你不是欽差？就是欽差也要論理，難道祇憑你説，不容我説麼？"隨經欽差大臣等口稱："你兩人所辯，亦不足爲憑。崔布政司既有條議二十四款，靳總河也登答二十四款來。"臣隨帶回冊至臣寓，逐款登答明白，移覆欽差大臣等。

於本月初九日復集公所，臣問維雅云："你要與決口上源起挑挖引河直至清口，若依你興挑，就從節省，估計也要費銀八十八萬兩。況你議挑之河止寬十丈，深二丈，而你條議內又稱見在之河寬二三十丈，深一二丈。既有此見在寬深之河，何故又要挑，徒爲糜費呢？"維雅云："要不挑就不挑罷。"並不答明，其餘各款亦俱不能答。但向臣云"總之，我不該上這本，如今悔不及了。我並無不好心腸"等語，一面隨口説誓，又云："你原是舊上司，官又比我大，我原該讓你。"臣答云："你這話説錯了。凡事祇要論理，那裏論得官職大小？當仁不讓於師。那裏論得上司？我與你不過是個朋友。公事公言，祇要有理，何必説官大小？"臣隨又問云："你所著《河防芻議》第六卷内説'自李化龍①開泇河②之後，徐州運道已廢。故明崇禎八年東河水淺，運復由徐參議徐標③於徐洪上流創開月河，與運河相連，運得無滯，國朝漕運因之'等語。查國朝漕運俱由董口進泇河，並未走徐州月河④。你這話是那裏來的？"

---

① 李化龍，字於田，長垣人，萬曆二年（1574）進士，歷任嵩縣知縣、南京工部主事、遼東總兵、兵部右侍郎等職，"（萬曆）三十一年四月，起工部右侍郎，總理河道，與淮揚巡撫李三才奏開泇河，由直河入泇口，抵夏鎮二百六十里，避黄河吕梁之險"（《明史》卷二二八《李化龍傳》）。

② 泇河，"有東、西二源，東泇水自費縣箕山下發源，南流入蘭山縣界，逕卞莊，滙入郯城縣境之芙蓉湖，又南入江南邳州界，逕大道口，至三合村，受陽明河水……又與西泇水會。西泇水自費縣抱犢山下瀑布水發源，東南流逕崖頭洞，入邳州界，至三合村會東泇水，又南合於武河，至泇口入運河"（雍正《山東通志》卷六《山川》）。

③ 徐標，字準明，濟寧人，天啓五年（1625）進士，崇禎時歷官淮徐道參議（《明史》卷二六七《馬世奇傳》）。

④ 月河，即裏洪，"（徐州）州城東南二里許，巨石盤踞，巉崿齟齬，汴、泗經流其上，衝激怒號，驚濤奔浪迅疾而下，舟行艱險，少不戒即破壞漂溺，害與洪水等，故名曰'洪'。其形象川字。有三道焉，中曰'中洪'、西曰'外洪'、東曰'月河'。月河即今裏洪"（嘉靖《徐州志》卷七《人事志》）。

維雅云：「這是《河防一覽》上有的。」臣又云：「《河防一覽》是故明萬曆年間總河潘季馴的書，徐州月河係故明崇禎八年徐標開的。彼時難道潘季馴又活轉來麼？」維雅隨云：「不是《河防一覽》，想必是淮安志書。」隨令伊家人取書來看究竟，伊家人亦未取書來。臣反復詰問，彼時維雅舉止張皇，語無倫次，遂云：「如今紙上談兵，哄朝廷的人要多少，豈止我麼？」

本月十二日復集公所，欽差大臣等向臣與維雅問云：「你兩人所議二十四款，還有畫一之處麼？」臣答云：「別無可畫一，就是加幫堤工可以畫一。但崔藩司要一概加，我必照水跡加，亦微有不同處。」隨據維雅答云：「第二款挑引河之說，總河既云費錢糧多，我與總河畫一罷。」臣隨問云：「你前日取淮安志書，查徐州月河怎麼說？」維雅云：「我說的徐洪上流就是泇河。」臣隨云：「這話愈說錯了，泇河在山東，離徐甚遠。你還不曉得就著書麼？」維雅云：「我怎不曉得，若我不曉得，我怎麼著書呢？」又向臣云：「你不要怪我，我是朝廷叫我來的，朝廷面分付我說：『你去著實看看，該說的去處你俱實說。』我所以不得不說。」臣隨云：「誰嗔你？說的有理去處儘你說，我斷無不依你的。今黃、運兩河全賴減水壩保全河道，你盡議拆毀，叫我怎麼依你呢？」維雅又云：「你還不知道哩，不但我說你的減水壩不好，就是京裏、江南在位大人也有說你減水壩不好的。他們對我說『你去好生看看，說說那些減水壩，把我們江南的地都淹壞了』等語。」臣隨云：「你這話更說錯了。你是皇上差出來的，怎說在位大人？況且我未建減水壩之前，淮、揚七州縣田地一片汪洋，就如大海一般，倒說不淹；如今處處耕種，遍地禾苗，反說淹了，顛倒是非，有這理麼？」維雅無詞以答，惟支吾設誓而已。此皆臣於欽差大臣、科道諸臣之前，與維雅三面問答之言也。

伏念臣以庸愚之資，謬荷鉅艱之任，如蚉負山，刻虞隕越。祇以君恩深重，不敢不竭蹶圖維，期於得當，以仰報主恩於萬分之一。是以不論官民士庶，凡有言及河工者，莫不虛心採訪，求其盡言，以期克濟。況維雅曾經兩任河官，而又著書立說，其為諳練留心，似無可疑。是以微臣初准部文之時，私心竊喜，以為必可得其相助為理。及細閱其先著之書，與後呈之條議二十四款，乃知其不過逞臆說，以為欺罔也。查維雅所奏恭進《河防議略》，仰祈睿鑒，以備採擇事。奉旨：「這所奏修河事宜，著差往勘閱河工大臣將崔維雅帶去會同總河確議具奏，書并發該部知道，欽此。」是維雅《河防芻議》《兩河治略》二書內所載之言，應聽勘工大臣會同微臣確議者也。

乃維雅自知二書內所載各條，多係勦襲陳腐之言，不合見在機宜。於是另作條議二十四款，堅稱二書所載各條即在此二十四款之內，不必另議，不令臣等會議奉旨確議之案，而令議其另作私書，其欺罔者一也。

又查維雅恭進《河防議略》疏內稱，臣於康熙十三年九月間，將前後親身閱歷者，詳考規制，確酌時宜，繪圖著說，輯成《河防芻議》一書。彼時即欲繕寫進呈，以身任外吏無由上達等因，而《河防芻議》第三卷"周橋、翟壩圖說條"內稱"丁巳秋謹識"等語。夫丁巳乃康熙十六年，即微臣奉命督河到任之年也。維雅將該年著成之書，而捏稱康熙十三年九月輯成，此不肖官吏有所規避營私而倒提年月之故智，維雅於對君之際公然行之，而不自知其矛盾，其欺罔者二也。

又查《河防芻議》第四卷"寢開新河條"內稱"宿、桃、清三縣地方，通共長一萬三千一百四十餘丈。康熙十三年冬月勘明詳請"等因。卷查康熙十二年間，前任河臣王光裕爲緊急運道事，檄行原任淮徐道戴聖聰，著令會同管河濟寧各道，夏鎮、中河兩分司親往宿遷確勘宿遷以東可否另開運河，接山東之水直至清河縣出黃河等因，隨經該道戴聖聰勘明詳覆，內稱"量得宿、桃、清三縣挑河築堤，去處共長二萬三千一百四十七丈六尺，估銀六十三萬八千八百七十三兩七錢六分。本道策騎奔馳，一一荒度，躬親閱歷，反覆籌畫。惟慮河決致有難成之悔，不如仍舊河施幫築之工，事半功倍"等語。隨經前河臣王光裕照議批允，卷案見在，此康熙十二年十二月二十一日淮徐道戴聖聰之詳也。彼時維雅係河南管河道，亦在會同之列，故得有淮徐道詳稿。今將淮徐道原詳之文更改數字，且將量明共長二萬三千一百四十餘丈者，改爲一萬三千一百四十餘丈。原係康熙十二年十二月詳覆者，改爲康熙十三年冬月詳請。竊人之能，以爲己能，於同僚之間，不過無恥；而以此書進呈，實則誑君，其欺罔者三也。

又查維雅《河防芻議》第四卷"淮揚疏築條"內開"黃河倒灌，雲梯關上下淤墊幾成平陸"等語；第六卷"或問辨惑條"內一開"雲梯關爲入海之路，向來寬三二百丈不等，今爲黃河沙淤，僅五六丈餘"等語；一開"維雅屢勘桃、清大工，周視相度，稔知清口、雲梯關上下數百里，河身沙墊高至二丈三丈不等，河渠全沒"等語；而《兩河治略》小引內開"宿遷楊家莊五年不塞，是以下流勢緩沙停，桃、清淤高，雲梯關、海口僅若行潦"等語。夫《河防芻議》係維雅於康熙十六年以前之書，業已將清口、雲梯關淤墊情形三爲申說。是楊家莊未決之前，下流久已淤墊之明驗矣。而《兩河治略》引內，則強歸其咎於不塞楊家莊所致。同日進呈之書，而其說不同。在維雅，祇圖吹求微臣之短，而不自知其自相矛盾於君父之前也，其欺罔者四也。

又查維雅《河防芻議》第六卷内稱"故明崇禎八年，參議徐標於徐洪上流刱開月河，與運河相連，運得無滯，國朝漕運因之"等語；又《兩河治略》"皁河新渠難成議條"内稱"故明清、黃交會，則在茶城①前建二閘，後添一閘，當年頗稱利涉，不可倣而行之乎"等語。查故明漕運原由茶城，彼時河深水落，是以清水得出黃河。今自河底屢墊以來，黃河之水高於内地丈餘不等。若仍於此處行運，則運艘未必可通，而濟寧以南之運道全皆汙沒矣。臣題奉諭旨創開皁河，業已行運兩載。現今時方秋杪而駱馬湖沿邊一帶盡成平陸，人馬通行。若非預開皁河一工，則此時運之狀，當不知如何拮據矣。維雅不特不知皁河，并不知董口，更不知駱馬湖情形，而遽謂臣興無益之工，糜無益之費，勞民傷財等語。不識皁河不開，則漕運將從何路上達。以必不能行之茶城，而維雅諄諄言之；以見在濟運之皁河，而維雅故稱無益，是誠何心？且維雅《兩河治略》引内，將前人紛紛各議，俱以爲揣摩無稽之浮言，非閱歷諳習之確見等語，今維雅於茶城、皁河、董口、駱馬湖之孰高孰低、孰通孰阻全然不知，浮言乎？確見乎？閱歷諳習乎？揣摩無稽乎？臣實不能爲之曲解矣。其欺罔者五也。

又查維雅《河防芻議》第四卷"減水石壩條"内稱"挑濬難施之處，宜倣崔鎮②等壩之例而推行之，將見石壩既設，遇有滔漲，開放分流，會漕濟民"等語，又稱"自中州以至淮、徐沿河兩岸，隨地相度，或數十頃，或數百頃，共建石壩一座。俟伏水大漲，放水使行，薄瘠變爲膏腴，民生有濟，國稅可充，利賴非細"等語；又"淮揚疏築條"内開"芒稻河閘口不過十丈，安能洩二三十里泛漲之水"等語；又《兩河治略》"確理漕堤條"内開"宜相度地勢，酌建閘壩蓄洩得宜，運道民生攸賴"等語；又"多建石閘條"内開"必於漕堤一帶，多建石閘。原設大小閘座，除已經修造外，或照原閘再加深闊。或原閘不足，更多添建，尤保固漕堤善後之遠計"等語。夫維雅於進呈睿鑒書内，業將黃、運兩河減水閘應改深改闊、添建多建等因，諄諄申說，不啻至再至三矣。及至工所，目擊微臣已建多壩，無可指摘，於是另作二十四款抹煞進呈之書，將臣已建多壩，盡議拆毀填塞，與進呈書内諄諄申說之言自相水

---

① 茶城，即茶城河，"在銅山縣北，一作垞城，爲運道所經。明嘉靖末。黃河北徙，茶城爲漕、黃交會之衝道。本朝乾隆二十一年挑濬，二十五年、二十九年屢決"（嘉慶《大清一統志》卷一百《徐州府》）。

② 崔鎮，位於桃源縣，"去治西北二十里"（萬曆《淮安府志》卷三《建置志》）。

火。其欺罔者六也。

以上諸條，皆係維雅進呈書內所載，其矛盾情由歷歷見在。與欽差大臣、科道諸臣公同會議時，臣與維雅問答之言，皆係確有憑據者。臣是以敢於陳明，若維雅作威作福，得之屬員口傳，而非臣親經目擊者，臣俱不敢敘入。

總之，微臣無識無才，原不足以當督河之寄，先失於易視河工，繼失於走埽逾限。凡此不職之狀，皆足以招物議之來。況督、撫、藩、臬諸臣職在安民，而臣職在勞民，尤易啟謗，無怪乎維雅之斥臣爲勞民傷財矣。然維雅若止於斥臣，即使甚至辱臣、詈臣無所不致，臣亦能容而不較。至於臣歷年建築如許工程，乃係節次題奉俞綸而興舉者，目下見有成效，將來賴以安瀾。而維雅一旦盡欲拆毀，從新另修，據其所議，不下費銀五六百萬兩。且拆毀各壩宣洩無資，則決黃河、決高堰、決漕堤、淤清口、墊運河之患，不久即見矣。糜費紛更，隳工僨事。以淺近而論，則微臣之身家性命所關；以遠大而言，則國家之運道民生攸繫。在臣之身命顧不足惜，而運道中阻，民生墊溺，其爲將來後患者，尚可勝言耶？臣中心恐懼，寤寐驚憂，反覆思維，有斷不敢不據實逐一直陳，以備睿覽者也。

貼黃難盡，伏乞皇上俯賜全覽施行。

恭報進京疏

題爲恭報微臣起程赴京日程，并料理緊要工程緣由，仰祈睿鑒事。

竊臣一面分行各屬上緊防守料理工程，一面捧佩敕印，於本月二十二日起程。訖惟是目前最要緊者，莫如堵塞宿遷縣蕭家渡決口，并挑宿遷縣楊家莊，桃源縣白洋河，清河縣大王廟①、曹家窰②、安東縣蓮花菴③等處引河五道。

蓋楊家莊以下一百四五十里，河身必待蕭家渡合龍之水，方能刷成。而蕭

---

① 大王廟，在清河縣治東百步許（光緒《清河縣志》卷二《建置》）。

② 曹家窰，"自河流順軌以來，河底日深，然尚有礓砂三處爲河之梗，不可不及暇以圖之。三砂者，桃源之古城、清河之曹家窰、安東之蓮花菴也"（《行水金鑒》卷五一《河水》）。

③ 蓮花菴，有蓮花菴壩，康熙二十年築（《行水金鑒》卷一三四《運河水》）。

家渡一工，必須冬杪春初早堵完固，俾其逐漸衝刷，始克成河。至此引河五道，乃係保運、固工至要之務，尤須於蕭家渡未堵之前，及早挑完。若遲過冬春水涸之候，難以施工，則勢必又誤一年矣。但河庫已罄，募夫、買料實無見銀。臣再四籌維，一面見在確估，另請錢糧；一面分行東、豫二省，并江南附近州縣，設法賒購料物，暫撥民夫，乘時償工，許其俟請到錢糧之日，照數發還各該州縣。令各該州縣代民完解緊餉，庶乎可以無誤。此臣見在舉行之事，誠恐各州縣因臣奉命赴京，不無遷延觀望，以致坐誤之虞，臣是以不得不特疏題明嚴行責成，以免其推諉貽誤者也。

臣謹具題，伏乞睿鑒施行。

請帑修蕭渡工疏

題為請帑堵築蕭家渡要工，以期黃河早歸故道事。

切照微臣奉命大修江南河道，所有題請過興舉各工方幸告竣。而復有蕭家渡民堤坐陷一事，以致黃河又復旁決。此實臣智短才疏，綢繆不善所致。臣雖萬死，何足贖辜？乃蒙皇上不將臣從重治罪，而特免責賠，仍令臣領帑加修，且天語諄諄，訓誨備至，臣感泣無地，伏思自古聖君使過之仁，未有如皇上之至寬至厚者。臣雖肝腦塗地、粉身碎骨，不能仰報洪慈於萬一。嗣今以往，惟有欽遵聖諭，益加慎重小心，以期河工之必成，以盡微臣之職掌而已。

至於自堵塞以及善後各工，臣前約略估計需銀一百二十萬兩。其中緩急分為三等：第一等最急之工，乃係挑楊家莊、白洋河、曹家窰三處引河，共二千五百餘丈，并設法加鑿攔馬河減水壩內外岡土十餘方，以及堵蕭家渡決口九十餘丈，共約需銀十五萬兩。第二等次急之工，乃係將黃河、邳宿運河欽修、民修，并原應民修而尚未加修之一切堤工，止高出本年大漲水跡二尺內外者，約有六萬餘丈，俱加至高出大漲水跡六尺為度；并添築黃河各減水壩尾三和土五千餘方，共約需銀三十八萬兩。第三等可緩之工，乃係將黃河、邳宿運河欽修、民修一切堤工，高出本年大漲水跡三四五尺不等者，共十四萬餘丈，俱一律加至高出大漲水跡六尺為度，并高家堰、高良澗、翟家壩一帶堰堤一萬五千餘丈，普例加幫餞堤頂寬一尺五丈不等，底寬二三丈不等，高八尺至一丈六七尺不等；又添建翟家壩并南北運河，共減水壩三座；加挑大王廟、蓮花菴二處引河共二千餘丈；黃河堤近河身積水汕擊，并運河堤根終年漫泡水內之處，應築做椿笆工二萬餘丈，共約需銀六十七萬兩。

以上三等共需銀一百二十萬兩。第一等最急之工，必須飛星疾償，定於春分節前，將蕭家渡閉合龍門，使黃河盡歸故道，不致再決。第二等次急之工，必須及早興舉，以待來年伏秋。第三等可緩之工，亦當乘時修築，以為善後永保河堤之計。今臣躬承皇上面諭，命臣細心採訪，臣敢不其慎其重。所有次急、可緩等工，容臣回至工所，與所屬各官再加詳酌，隨即另疏具題。若夫最急之工，誠屬刻不容緩，伏乞皇上睿鑒，敕部先撥附近山東、河南見銀一十五萬兩，俾臣得以如期疾償。必於春分節前，將蕭家渡合龍完固，以期無負皇上教誨天語；務使黃河全歸故道，不復再生他患，以贖臣罪於萬一也。

臣謹先疏題請，伏乞睿鑒施行。

恭報回工疏

題為恭報微臣到工日期，并陳見在挑築情形，仰祈睿鑒事。

竊照微臣奉旨赴闕，蒙皇上不加嚴譴而仍令臣領帑竣工。自臣面承聖諭之後，於十一月十九日又蒙皇上再傳聖誨，以治河原屬極難之務，而臣失之孟浪，憫臣之愚昧，念臣之迂拙，戒臣之輕浮。

臣跪聽之下，感激無地。伏思自古人君之使過，未有如我皇上之寬厚仁慈。自古人君之誨臣，未有如我皇上之諄切備至。臣雖草木而躬被天高地厚之恩，欲求仰報萬分之一，不知何以為報，惟有益加小心、益加慎重，時切凜畏，將皇上至訓鐫鏤臟腑，永矢欽遵而已。

今臣於十一月二十日出京城門，二十一日長行道過濟寧衙署，繕拜慶賀本章。至十二月十一日，抵江南宿遷縣蕭家渡工所。查此工原寬九十餘丈，而從外越築約長一百一十餘丈。臣先於十月內，委陞任宿桃同知佟國聘、見任宿桃同知李燦分管兩壩進埽。今臣到工之日，已築過五十餘丈，中泓尚謄五十六丈，見在嚴催疾償。至於合龍之期，必俟挑河完竣，方可閉合。

臣先於十月初間檄行附近州縣借撥民夫，限令歲內挑完三處引河，是以擬於正月內閉合蕭家渡龍門。及續接所司申報，知十一月初旬而人夫尚未到工，各屬既觀望遲延，則挑河之役非正月杪、二月初不能告竣。挑工既遲，則合龍自不敢早，臣是以於請帑疏內聲明春分節前方可合龍也。今全黃水勢，仰賴皇上洪福，已有一半歸正河，尚有一半歸決口。臣見在嚴催急償，不遺餘力，凜遵皇上慎重小心之戒，百計籌維，以期早合龍門，不致再決。

所有微臣到工日期，并見在挑築情形，臣謹恭疏題報，伏乞皇上睿鑒施行。

加修善後工程疏

題為謹請加修善後工程，以期永保河防事。

竊照江南河道加修善後工程，臣原估銀一百二十萬兩，乃從永遠保固起見，誠屬必須之項也。今部議前後共止准撥銀九十六萬兩，其餘二十四萬兩，因臣先曾題借過江蘇藩庫銀十萬兩，漕項銀三萬八千餘兩，并大修案內曾動過河庫銀十萬餘兩，是以將此二十四萬一併扣除。臣何敢復為置議？但微臣原係按工程而請錢糧，則必得將錢糧撥足，然後工程可以如估告竣。若扣帑二十四萬兩，則勢必不能照估償工矣。如謂臣前此曾經多費，是以必須扣除，則臣前此節省頗多，其實未嘗多費，又不敢不將原估、續估工程，并實用錢糧數目逐一備陳於皇上之前也。

查康熙十六年間，微臣奉命督河，彼時江南河道四分五裂，水行地上，堤不成堤，河不成河，田地沉淹，民生墊溺。所屬管河司、道、廳等官凡稍知河工者皆曰"河道壞至今日，修治最難。若照冀尚書等所估工程，必須銀五六百萬兩方可告竣"等語。臣以軍興需餉，安有如許錢糧？隨嚴行各官加意節省，共估銀四百餘萬。然止於南岸自白洋河起，北岸自清河縣起，各至雲梯關為止。其南岸白洋河以上，北岸清河縣以上，并南、北兩岸自雲梯關以下至於海口，俱未估及。臣念南、北兩岸白洋河、清河縣以上若不加修，則下流雖費銀四百餘萬，而上流難保。雲梯關以下若不加修，則河流散漫海口，不能衝闖，水壅不行，上流尤屬難保。是以自徐州起至海口，盡行估築堤工。不照各官估計，另出己見，止共估銀二百五十一萬七千六百餘兩，且將一切憫臣、勸臣可危、可懼之言全然不顧，力任其事而不敢稍有游移也。

但此所估錢糧，乃係築徐州以下黃河兩岸堤工，并高家堰至翟家壩一帶幫堤堵決，大挑山、清、高、寶四州縣運河，挑爛泥淺淤泥、堵運河清水潭等各口，黃河桃、清、山、安四縣各口，造濬船二百九十六隻等工也。至於築徐州州城以上徐、蕭、豐、碭四州縣堤工，堵楊家莊大決口，堵花山決口，大修歸仁堤并邳、宿兩州縣運河之堵決、挑河、築堤、建壩，清河縣運河之酌改運口等工，以及湖堰、運河之添建減水各壩，添造汛船等項，皆在原估之外。內徐州州城以上估銀十萬兩，堵花山決口估銀一萬九千四百餘兩，大修歸仁堤估銀十四萬八千七百餘兩，堵楊家莊決口估銀十八萬九千三百餘兩，邳宿運河估銀十五萬九千三百餘兩，酌改運口兩次估銀六萬餘兩，添建湖堰、運河減水壩十四座共銀七萬七千餘兩。又添估造船銀一萬餘兩，并十九年大水後補葺工程五萬餘兩。以上各工皆續估之工，統計需銀八十一萬餘兩。再加原估各工二百五十一萬兩，是前後共估銀三百三十三萬餘兩。

查再陳經理河工第一疏未盡事宜等事案內，省築堤工、改建黃河減水壩，經臣題定於建減水壩之外，可以再節省銀三十萬兩，今亦作數扣除。計前後各工，共估銀三百三十三萬餘兩者，實該用銀三百零三萬餘兩。今臣工完核算，實止用銀二百七十六萬餘兩，較之原估、續估除題明節省之外，又節省銀二十七萬餘兩。此皆歷歷有卷，見在工部可考者。臣故曰："臣節省頗多，其實未嘗多費也。"況部臣扣除二十四萬之內，有河庫銀十萬餘兩，乃係微臣屢次題明應動之款，尤屬不應扣除。

查臣估計堵塞楊家莊決口疏內開有"除動節省錢糧之外，尚缺銀三萬八千一百六十餘兩，擬多用捐栽柳枝，或仍有不敷，則於河庫內通融動支"等語。今此工除用捐栽官柳之外，尚多費銀三萬五千四百一十兩有奇，則此原缺之三萬八千一百六十餘兩，自應動河庫錢糧。又亟請併修河北運河疏內，臣原估需銀十五萬九千三百餘兩，內開將河庫近年節存約可抵十分之四等因，題明在案。查此工照原估十分之四科算，該動河庫銀六萬三千七百四十餘兩。二項合算，共應動河庫銀一十萬一千九百餘兩。今臣所用河庫十萬餘兩，適合原題之數，無可扣除者也。

至所借江蘇藩庫銀十萬兩，并漕項銀三萬八千四百餘兩，實係照估做過工程，竝非分外多費，亦俱無庸扣除。如部臣必欲補還，亦止可陸續於河庫內逐年節省扣解，此時萬難預扣，以致誤工也。伏乞皇上俯念河工關係重大，剗當全黃歸故，加修不可洩忽之時，敕下部臣將所扣銀二十四萬兩急爲撥發，俾臣得以及時償工，務期保固。其前此借過江藩庫并漕項銀共十三萬八千四百四兩有奇，容臣力行各屬，將逐年歲修工程百計節省。自康熙二十四年爲始，每年扣銀一萬四千兩，附東、豫二省藩司隨便解交戶部，限十年扣解全完。如此一轉移間，則目前既可不誤工程，而十年之間仍可全還户部，以充國用也。

臣謹具題，伏乞皇上睿鑒，敕部議覆施行。

請添河員疏

題爲兩河汛險、工長、官少，不能兼顧，謹請酌調添設，以保永固事。

竊惟修防河堤，有堤矮漫溢之患，有風浪擊堤之患，有鼠獾穴隙滲水之患，有堤被浸久忽然坐陷之患，有大溜奔注塌崖坍堤、頂衝掃灣、上堤下坐、遷變非常、危險莫測之患。凡此五者，雖爲害有重輕之不同，而皆足潰堤成决，阻運殃民，是以修防必期縝密而不宜稍有疏忽也。至於修防之法，全賴料物、人夫，固不待言矣。然欲料之速集來工，有夫之不致逃曠，則非能幹多員駐工調度、威惠並行，不可得也。

本年自蕭家渡合龍、黄河歸故之後，三、四兩月止於宿、桃二縣，黄水漫漲。及臣設法疏濬，百計防守，五月業已歸漕。豈知一經小暑，霪雨數月，黄、淮交漲之後，又益以山東諸泉，大水横發？凡臣奉旨加修之堤，有易於取土，五月以前告完者，堤頂高出水面四尺有奇不等。其取土艱難，加以六月後連陰數月，畚鍤難施，未經告竣者，堤頂出水一二尺不等，甚至僅存數寸。自七月二十一日起，至八月初二日止，旬有二日之間，河流異常泛漲。碭山北岸之盤龍集，南岸之毛城舖、定國寺；蕭縣之北辰集；徐州南岸之護城石堤、楊家窪①、房村②、北岸之李道③、華樓④、子房山；靈璧南岸之雙溝集⑤；睢寧

---

① 楊家窪，即楊家窪砦，位於徐州城東南五十里，"就河堤築"（同治《徐州府志》卷一六《建置考》）。

② 房村，駐有南岸主簿，"南岸主簿署在房村舊州判署"（乾隆《江南通志》卷二三《輿地志》）。

③ 李道，位於豐縣，"案徐州以上北岸，康熙二十年創築縷堤，自東省交界起，至豐縣李道、華家樓止，長一萬三千二百七十四丈"（同治《徐州府志》卷一三《河防考》）。

④ 華樓，即華家樓，位於豐縣。

⑤ 雙溝集，"管河主簿署在雙溝集"（乾隆《江南通志》卷二四《輿地志》）。

南岸之余家堂、戴家樓①；邳州北岸之鯉魚山②、羊山寺、董家堂③、沈家堂、青墩營；宿遷南岸之蔡家樓、朱衣城，毛家宅，北岸之直河岔路口、炭渚、西門外、二郎廟④等處，約有一二萬丈，皆堤頂止高出水面三五寸、七八寸不等。

  彼時內係久雨積水二、三、四尺不等，既已無處取土，而外則大溜奔騰幾平堤頂。加之以霪雨不時，既憂漫溢，又慮坐陷，更恐大風汕擊獾穴狼窩，穿隙過水。臣晝夜無寧，憂慮惶懼，力督一切官弁各各多募人夫，購辦草料，百計搶救。幸賴皇上洪福齊天，旬餘之內並無大風，而八月初三河水陡落尺餘，得以無恙。及水勢稍落而河流愈急，一切險汛搜刷堤根，處處危急。臣挪東補西，飛運料物，隨機下埽抵禦，直至九月初間，方能保定。除該管大小官弁員駐工，并臣標效用等弁盡行差遍外，臣又添委見在加修大工之監理、分管等官一百餘員，分地協防搶救，方得無虞。臣因而展轉籌維，防險必須官多，庶可分地責成，各圖鞏固。本年之得以無恙者，賴有見在加修大工之諳練監理、分管等官一百餘員，協助該管廳營印河官弁分地防守也。

  然此等各官大工一竣，即應他補，不能恃爲久常。臣若不預畫萬全之計，勢必臨事無人，貽誤匪細。臣萬不得已，擬請將汛長工遠之處，酌量添官。內凡就近有見任官員可用者，即令兼管河工。就近無見任官員可用者，方爲添設分管。至於文武官弁，互相表裏。凡有欽工之處，設一武弁，即應設一文職。蓋武弁專管兵丁栽柳蓄草，填補獾穴狼窩，下埽簽樁等務。其購辦料物、動用錢糧以及督管歲修人夫，皆係文職之事。如一武即有一文，則有首尾之應、手足之孚，彼此同舟，盡力相濟。如兩武弁汛地而止一文官督管夫料，未免顧此失彼，每有奔馳不及，倉卒貽誤之虞。

  查淮、揚、徐三府州屬見在設立七河廳、七河營，內除徐屬邳睢、靈璧、山清外，河山、安山、清、盱眙、揚河等六廳營汛地工程俱各相當，即有多寡

---

  ① 戴家樓，駐有邳睢河營千總一員（乾隆《江南通志》卷九三《武備志》）。

  ② 鯉魚山，"大黃山，在睢寧縣西北七十里，山高而長。舊志云'爲邑中河北諸山之宗'。南二里爲鯉魚山，以其形似游泳於河上也"（乾隆《江南通志》卷一四《輿地志》）。

  ③ 董家堂，駐有邳睢河營千總一員（乾隆《江南通志》卷九三《武備志》）。

  ④ 二郎廟，即崇寧真君廟，"俗呼'二郎廟'，元延祐六年，伯顏建"（同治《宿遷縣志》卷一五《古跡志》）。

亦相去不遠，無庸更議外，惟宿桃廳營黃河兩岸除月堤不計外，共有縴堤五萬餘丈，更有運河兩岸并歸仁堤工二萬餘丈。加以險汛如林，在宿遷則有蔡家樓雞嘴壩、蔡家樓下灣、彭家堡、蕭家渡、徐家灣、楊家莊、白洋河等新舊大險七處。在桃源則有九里崗、烟墩、劉家莊、上渡口、龍窩、雞嘴壩、七里溝、李家口、三岔①等新舊大險九處。尚有時下雖未修防，而將來勢必成險之工，并一切搶修次險工程不可勝計。更有運河、清、黃交會之處，不時下閘啟閉，以及濬淺、挑淤，約計宿、桃兩縣工程之多倍於別汛，而僅有一同知、一守備，萬萬不能分身料理。

本年伏秋異漲，新險危急之時，同知李燦駐桃源三岔工所，守備劉文道駐桃源九里崗工所，督夫集料，下埽搶救，頃刻不敢遠離。然該汛除此二工之外，桃源尚有七險，宿遷亦有七險，加以運河與各未竣堤工，處處有漫溢之勢。臣另委監理同知劉沛引、原任宿遷縣知縣胡天龍②，督率分管該管各官弁專防宿遷運河工程。又委監理知縣尚登岸、趙良臣③，督率分管該管各官弁分防宿遷攔馬河、西門外、二郎廟、蕭家渡一帶工程。又委監理候補知府佟國聘，督率分管該管各官弁專防楊家莊、白洋河一帶工程。又委監理候補同知黃道弘，督率分管該管各官弁專防宿、桃交界古城一帶工程。又委監理知縣沈仲寅④，督率分管該管各官弁專防桃源南岸工程。又委監理知縣吳世貢⑤，督率分管該管各官弁專防桃源北岸工程。又委桃源見任知縣何勳⑥分頭購辦草料，催督人夫。

統計宿桃一汛除見任知縣不計外，其專司河務者，同知、守備二官，并臣

---

① 三岔，即三岔口，"三義鎮巡檢署在縣三岔口"（乾隆《江南通志》卷二三《輿地志》）。

② 胡天龍，"遼東人，護衛，（康熙）二十一年任，英敏有爲"（同治《宿遷縣志》卷四《職官表》）。

③ 趙良臣，"遼東人，貢監，康熙十九年任縣事，宅心慈祥而廉明夙著，養士恤民，有官清民自安之誦"（同治《宿遷縣志》卷一六《宦績傳》）。

④ 沈仲寅，"餘杭人，進士，康熙十一年任（桃源知縣）"（乾隆《江南通志》卷一〇八《職官志》）。

⑤ 吳世貢，"浙江人，恩貢，康熙十九年任（桃源知縣）"（乾隆《江南通志》卷一〇八《職官志》）。

⑥ 何勳，"福清人，（康熙）二十一年任（桃源知縣）"（光緒《淮安府志》卷一三《職官表五》）。

又另委監理官八員督率大工分管，并見任各官弁共相協助，始克保固無虞。夫以本年見用監理廳備十員協力保固之工，而將來僅有一廳一備兩員，欲其處處周到，不生意外之變，誠屬鞭長不及，勢必貽誤者也。今臣請將宿桃一汛，添設同知一員、守備一員。將一汛分爲兩汛，令見任宿桃同知李燦專管宿遷黃、運兩河，并宿、虹兩縣；歸仁堤工改爲分管宿虹河務同知；見任宿桃河營守備劉文道改爲分管江南江北宿虹河營守備；添設分管桃源河務同知一員、桃源河營守備一員。

又宿遷運河向設主簿一員、把總一員，兼管黃河堤工。今查運河兩岸原有堤一萬餘丈，近又加挑新河一道，計長三千餘丈，連黃河堤工統計，共長二萬餘丈。且清、黃交會，漕艘咽喉之區，汛廣工長，一主簿、一把總萬難遍及。查該縣有劉馬莊巡檢一員，應令兼管駱馬湖以上黃河新河工程，并調撥把總一員協同料理。其見在運河主簿、把總，應令專管石礮以內運河兩岸堤工，并皂河攔黃壩工。又宿遷縣北有攔馬河減水壩五座，與黃河堤工隔遠，見在主簿、把總不能兼顧，應令宿遷縣典史就近兼管。

又邳州北岸堤工長一百餘里，武職見有把總二員，而文職止有州判一員，不能兼顧。查該州有直河巡檢一員，應令兼管河工，與該州判分管黃河堤工。又邳州運河堤工一萬餘丈，應調撥把總一員協助州同修防。又徐州北岸堤工計長一百餘里，武職見有千把總三員，應裁去千總一員，止留把總二員。文職止有北岸州判一員，實難遍顧。查該州北岸見在有呂梁巡檢一員，應令兼管河工，與北岸州判分汛防守。又邳州運河欽工一萬餘丈，業已設官設兵協力修防。但黃林莊①以下徐塘口②一帶，尚有運河六七十里，雖原無堤工，不用特設文武防守，而向來每歲有民夫挑淺之役，亦應有一文職專督之。查該州見有新安巡檢一員，駐劄頗近，應令新安巡檢專管徐塘口上下挑淺工程。

又睢寧縣黃河南岸除遙、月堤之外，止算縷堤，計有一萬六千餘丈。且有戴家樓、韓家莊③二處極大險工，更有搶修工程不一而足。查該汛武職見有千

---

① 黃林莊，即黃林莊砦，位於邳州，"城西少北三十七里，砦西接嶧縣界，東北至岔河砦二十五里"（同治《徐州府志》卷一六《建置考》）。

② 徐塘口，位於邳州，"受艾山湖、倚宿湖之水曰徐塘口"（同治《徐州府志》卷一三《河防考》）。

③ 韓家莊，即韓家莊砦，"（蕭縣）城西北二十里"（同治《徐州府志》卷一六《建置考》）。

把總二員，而文職止有主簿一員，實難兼顧。查睢寧縣並無縣丞，臣請添設睢寧縣管河縣丞一員，與主簿分汛防守。又安東縣黃河北岸堤工二萬三千餘丈，又山陽北岸有堤工三千餘丈，而安東南岸亦有堤工。臣已令彼此交換，將安東南岸堤工交山陽管河官弁，專管其山陽北岸堤工，換交安東管河官弁專管，庶無隔河遠顧之難。是安東北岸將及二萬七千丈，此二萬七千丈之內，武職設千把總四員，而文職止有該縣主簿并五港司巡檢二員，應裁去千把總一員，添設安東縣管河縣丞一員，共計文武官各三員，以便協力防守。

又山陽外河南岸，自季家淺至雲梯關，通長三萬一千餘丈，見在武職有千把總四員，而文職亦止外河主簿、馬邏司巡檢二員。應裁去把總一員，添設山陽外河縣丞一員，與外河主簿等分汛防守。又高家堰當全湖之衝，必須官品稍大之能員防守，而見在係一大使，官品太微，應裁去大使，改設高堰主簿一員。又雲梯關外黃河兩岸堤工綿遠，武職見有千把總二員，而文職止有羊寨司巡檢一員，亦難隔河兼顧，應令羊寨司巡檢駐劄薛家套，專管雲梯關外北岸堤工，并將所裁高堰大使著令駐劄大套，分管雲梯關外黃河南岸堤工。

又清河縣運口，亦係漕艘咽喉，且大溜奔湍，經年險急，最爲緊要。今該縣縣丞既管運河工程，又管黃河南岸堤工，顧此失彼，實有貽誤之虞。查該縣見有馬頭司巡檢一員，應令馬頭司巡檢管黃河南岸，俾縣丞專管運河，庶免貽誤。又山陽運河一百餘里，乃係水陸要衝，修防最密。見在武職有千把總二員，而文職止有該縣裏河主簿一員，實難兼顧。查該縣見有縣丞一員，應令兼管裏河與主簿分汛防守。

又揚州府屬高、寶、江三州縣運河，上自山陽縣交界黃浦起，下自江都縣灣頭①并芒稻河②止，通長二百四十餘里，合東西兩岸計之不下四百餘里。其間樁工、石工、埽工、閘座、減水壩等工多如林，除通判守備之外，武職尚有千把總五員，而文職僅有一州判、兩主簿，共三員，實有鞭長難及之虞。查高

---

① 灣頭，即彎頭鎮，又名茱萸灣、灣口，"《(太平)寰宇記》作'茱萸溝'，漢吳王濞開此通海陵倉，隋仁壽四年復開以通漕，今爲運鹽河。《寰宇記》云：'茱萸灣在縣東北十里，從合瀆渠東，過茱萸埭七十里，至岱石湖，又西四里對張綱溝，入海陵界。阮昇之記云：'北有茱萸村，以村立名。'"（乾隆《江都縣志》卷四《山川》）

② 芒稻河，"在城東北，自灣頭入運鹽河東十里，曰'芒稻河'，南通大江，西北接金家灣，通邵伯湖，一名蟒導河。河能受而注江捷，爲宣洩上流汛溢之要道"（乾隆《江都縣志》卷四《山川》）。

郵州見有州同一員，寶應縣見有縣丞一員，應俱令兼管河工，與州判、主簿分汛防守。

又江都河道長一百二十里，見在主簿一員，僅堪管理芒稻河灣頭以上各欽工、堤壩、閘座。其灣頭以下，歷郡城至瓜州尚有河道六十里。其間雖無欽工，而亦有民夫挑淺之役，主簿不能兼顧。查該縣見有縣丞一員，應令兼管灣頭起，至瓜洲①止一帶河道，以便主簿專管灣頭以上一切緊要欽工。

又儀徵縣河道長七十里，雖無欽工堤岸而亦有挑淺之工。查該縣原無管河專官，見有縣丞一員，應令該縣丞就近兼管河道。又盱眙縣主簿與山陽縣高良澗主簿汛地相接，而盱眙主簿所管盱眙堤工不過十餘里，山陽主簿所管山陽堤工計長七十餘里，應令山陽主簿止管至周橋爲止，其周橋以南古溝、唐埂一帶，雖係山陽地方，應交盱眙縣主簿管理，將盱眙主簿改爲山盱管堤主簿。

又山陽雲梯關外海口一帶，有近年新淤無主葦草灘地。臣前委効用千總劉淳駐彼清查，數年以來前後共查得新淤灘地六百餘頃，從前已採過葦草一百餘萬束。臣見在通行各工查明收過葦數，一面題報，一面入康熙二十一年分歲報冊內開銷。至此項葦灘，將來歲歲可得葦草百餘萬束，大有益於河工。但地廣柴多，必須特設千總一員督管河兵，專司採綑之事。其所設千總歸山安河營管轄，支領俸餉。

以上淮、揚、徐三府州屬黃、運、河、湖一切堤工，除用附近見任官員兼管河工，并各營千把總或裁或添，仍係彼此調撥者不計外，通計實添設同知一員、守備一員、縣丞三員、主簿一員。此皆微臣再三斟酌妥當，方敢陳請。

倘蒙皇上俯念河道攸關重大，特賜俞允，則將來何處堤工俱有專責官弁，修防自密，永可無誤。其有裨運道民生實非淺鮮也。至於應添官員，俟奉有俞旨之日，容臣於見在工所各官之內，擇人地相宜、勤勞最著者，另疏保舉具題。并各官弁各管某某工程段落丈尺，各應駐劄某某地方，以及各營千把總應裁應添，作何調撥之處，另造清冊送部，以專責成，俾爲永遠定例外，臣謹一併題明，伏乞皇上睿鑒，敕部議覆施行。

---

① 瓜洲，位於江都縣，"在縣城南四十五里，即今瓜洲鎮。江中積沙爲洲，形如瓜，故名。又云漕河至此分爲三支，形如瓜字。《名勝志》云瓜洲渡昔爲瓜洲村，揚子江之沙磧也。沙漸長，接連揚子江口，民居其上，唐爲鎮，今有城"（乾隆《江都縣志》卷四《山川》）。

恭報兩河險工官員疏

題爲兩河汛險工長等事。

今將淮、揚、徐三府州分管黃、運二河併湖堤各同知、通判、州同、州判、縣丞、主簿、巡檢、典史、大使等官駐劄地方，修防汛地起止，理合造冊施行。須至冊者計開：

徐屬河務同知一員，駐劄徐州，所屬河官八員：徐州州同駐劄州城，修防黃河南岸汛地，上自蕭縣界王家堂起，下至青田止。南岸州判駐劄房村驛，修防黃河南岸汛地，上自青田起，下至靈璧縣界止。北岸州判駐劄河北館驛門，修防黃河北岸汛地，上自大谷山起，下至王家山止。呂梁巡檢駐劄呂梁，修防黃河北岸汛地，上自狄家山起，下至邳州界止。蕭縣主簿駐劄郝家集，修防本縣黃河汛地。碭山縣主簿駐劄縣城，修防黃河南岸汛地。豐碭主簿駐劄盤龍集，修防豐縣黃河及碭山縣黃河北岸汛地。沛縣主簿駐劄夏鎮①，修防本縣運河汛地。

分管邳、睢、靈璧河務同知一員，駐劄邳州，所屬河官七員：邳州州判駐劄州城，修防黃河汛地，上自徐州界起，下至馬船幫止。直河司巡檢駐劄州城，修防黃河汛地，上自馬船幫起，下至宿遷縣界止。州同駐劄貓兒窩，修防運河汛地，上自徐塘口起，下至宿遷縣界止，并唐宋山②堤工。新安司巡檢駐劄泇口③，修防運河汛地，上自山東嶧縣界起，下至徐塘口止。靈璧縣主簿駐劄雙溝集，修防本縣黃河汛地。睢寧縣縣丞駐劄姚家集④，修防黃河汛地，上

---

① 夏鎮，"在（沛）縣治東北四十里，新河西岸。萬曆中，工部主事楊信、徐繼善築，門四，各有樓。城外有濠，西南有護城堤"（乾隆《江南通志》卷二〇《輿地志》）。

② 唐宋山，位於邳州，"薛家砦，城南六十里，南五里爲唐宋山"（同治《徐州府志》卷一六《建置考》）。

③ 泇口，即泇口集，位於邳州，"運河岸，有新安巡檢及把總駐守，有汛、有倉"（咸豐《邳州志》卷三《建置》）。

④ 姚家集，即姚家集砦，"（睢寧）城西北四十里，東北至鐵牛砦五里，又東北至黃漢營十三里。舊有主簿駐此，分防王家堂河工，河徙官廢"（同治《徐州府志》卷一六《建置考》）。

自靈璧縣界起，下至戴家樓止。主簿駐劄魏家集①，修防黃河汛地，上自戴家樓起，下至宿遷縣界止。

分管宿虹河務同知一員，駐劄白洋河，所屬河官七員：宿遷縣縣丞駐劄縣城，修防黃河南岸汛地，上自睢寧縣界起，下至小古城②止。南岸主簿駐劄白洋河，修防黃河南岸汛地，上自小古城起，下至桃源縣界止。北岸主簿駐劄縣城，修防黃河北岸汛地，上自縣西門起，下至桃源縣界止。劉馬莊巡檢駐劄皂河集③，修防黃河北岸汛地，上自邳州界起，下至張莊運口④止；并新運河上自皂河口起，下至運口止。運河主簿駐劄皂河集，修防運河汛地，上自邳州界起，至皂河口止。歸仁司巡檢駐劄歸仁集，修防宿、虹二縣歸仁堤汛地。典史駐劄縣城，修防攔馬河減水各壩。

分管桃源河務同知一員，駐劄桃源縣，所屬河官四員：桃源縣縣丞駐劄縣城，修防黃河南岸汛地，上自宿遷縣界起，下至烟墩止。南岸主簿駐劄縣城，修防黃河南岸汛地，上自烟墩起，下至清河縣止。北岸主簿駐劄衆興集⑤，修防黃河北岸汛地，上自宿遷縣界起，下至上渡口止。三義鎮巡檢駐劄三岔，修防黃河北岸汛地，上自上渡口起，下至清河縣界止。

分管山清外河同知一員，駐劄清江浦，所屬河官五員：清河縣主簿駐劄縣城，修防本縣黃河北岸汛地。馬頭司巡檢駐劄甘羅城，修防本縣黃河南岸汛地。山陽縣外縣丞駐劄清江浦，修防黃河南岸汛地，上自清河縣界起，下至朱家嘴止。外河主簿駐劄蘇家嘴，修防黃河南岸汛地，上自朱家嘴起，下至童

---

① 魏家集，即魏家砦，"（睢寧）城東南四十里"（同治《徐州府志》卷一六《建置考》）。

② 小古城，位於宿遷縣，"一宿遷縣境民便河一道，係洩本境民田積水，自黃河南岸小古城、李家莊下注，匯蔡家河入安河，歸洪澤湖"（同治《宿遷縣志》卷八《山川志》）。

③ 皂河集，位於宿遷縣，"查宿邑西北四十里皂河集，其地溝渠斷續，有舊淤河形一道"（乾隆《江南通志》卷六〇《河渠志》）。

④ 張莊運口，位於宿遷縣，"張莊運口爲皂河之尾閭，東通駱馬湖甚近。若不閉，則皂河之水與湖水必半從此入黃，中河之水必弱矣"（《清經世文編》卷九八《工政四》）。

⑤ 衆興集，位於桃源縣，"桃園驛，運河北衆興集，距城五里"（光緒《淮安府志》卷四《城池》）。

家營①止。馬邏司巡檢駐劄盧舖，修防黃河南岸汛地，上自童家營起，下至陳家社止。

分管山安河務同知一員，駐劄安東縣，所屬河官五員：安東縣縣丞駐劄縣城，修防黃河汛地，上自清河縣界起，下至縣東門止。主簿駐劄夏村營②，修防黃河汛地，上自縣東門起，下至彭家灘止。五港司巡檢駐劄佃湖③，修防黃河汛地，上自彭家灘起，下至雲梯關止。山陽縣羊寨司巡檢駐劄薛家套，修防黃河北岸汛地，上自雲梯關起，下至泗汾港止。山陽縣大套大使駐劄大套，修防黃河南岸汛地，上自雲梯關對岸陳家社起，下至陸家社止。

分管山清盱眙河務同知一員，駐劄淮安府，所屬河官六員：清河縣縣丞駐劄甘羅城，修防運河汛地，上自甘羅城西南角起，下至山陽縣界橫堤頭止。山陽縣裏河縣丞駐劄府城，修防運河汛地，上自府城西南角樓起，下至寶應縣界止。裏河主簿駐劄府城，修防運河汛地，上自清河縣界起，下至府城西南角樓止。高家堰主簿駐劄高家堰，修防湖堤汛地，上自石工頭起，下至清河縣界橫堤頭止。高良澗主簿駐劄周家橋，修防湖堤汛地，上自周家橋起，下至石工頭止。山盱主簿駐劄翟家壩，修防湖堤汛地，上自翟家壩起，至周家橋止。

揚屬河務通判一員，駐劄高郵州，所屬河官七員：寶應縣縣丞駐劄縣城，修防運河汛地，上自山陽縣界起，下至劉家堡止。主簿駐劄縣城，修防運河汛地，上自劉家堡起，下至高郵州界止。高郵州州同駐劄州城，修防運河汛地，上自永安河④尾起，下自江都縣界止。州判駐劄州城，修防運河汛地，上自寶應縣界起，下至永安河止。江都縣縣丞駐劄府城，修防運河汛地，上自灣頭閘起，下至瓜洲止。主簿駐劄府城，修防運河汛地，上自高郵州界起，下至灣頭閘止。儀徵縣縣丞駐劄縣城，修防本縣運河汛地。

---

① 童家營，位於山陽縣，駐有海防山安南岸同知署（乾隆《江南通志》卷二三《輿地志》）。

② 夏村營，位於山陽縣，"安東縣東三十里，至夏村營黃河山陽縣界"（乾隆《江南通志》卷十《輿地志》）。

③ 佃湖，"（桃源縣）治西南六十里"（光緒《淮安府志》卷七《阜寧縣河防》）。

④ 永安河，"（康熙）十七年，靳輔築江都漕堤，以高郵清水潭決口深不可築，更於湖中繞迴開河一道，改築東、西堤與舊堤相屬，河成，名曰永安河"（乾隆《江南通志》卷六〇《河渠志》）。

謹請加修疏

題爲謹請加修善後工程，以期永保河防事。

竊臣奉命大修江南河道，共計動帑創築、幫築過黃河兩岸堤工十八萬一千餘丈。又督徐、蕭、碭、豐、沛、靈、睢、宿、桃、清十州縣民夫，加幫過不動錢糧黃河兩岸堤工四萬五千餘丈，共已修築過堤二十四萬八千餘丈。此等堤工雖已告竣，然凡於康熙十九年未逢大雨以前築竣者，未免稍矮。至十九年大雨異漲之後築竣者，則皆增高。今欲求久遠安瀾之計，必須一概加至高出大漲六尺爲度，方稱萬全。

臣於康熙二十一年六七月間伏水大發，黃河交漲之時，逐處接量，得此堤二十四萬八千餘丈之內，凡堤頂高出水面五尺六七寸至六尺以上，並未水到堤根，俱不必再加者，共約長六萬六千餘丈；水浸堤根，而堤頂高出水面三尺以上至四五尺不等，可以稍緩加幫者，共長十四萬餘丈；水漫堤根，而堤頂止高出水面二尺上下，急需加幫者，共長四萬二千餘丈。

又徐州北岸未幫民堤，水未到堤根，不必加幫外。尚有睢、宿兩縣未幫民堤一萬八千餘丈，亦係水浸堤根，堤頂止高出水尺餘、二尺不等，兼之堤頂窄狹，外無坦坡，更覺危急，尤須一併動帑，及早加幫。統計急工六萬餘丈，應加高三四尺不等，並將陡坡改爲稍坦，每丈牽用土三十四方，每方一錢五分。又陰雨食米、夯蓆、麻等項，並水工取土艱遠，加增工食等項，每牽丈需銀五兩五錢，共約需銀三十三萬兩。

又緩工十四萬餘丈，應加高一二尺有奇不等，亦改陡坡爲稍坦坡，並緊要大路分外加寬，每丈牽用土一十九方，每方一錢五分，連陰雨等項約需銀三兩一錢，共約需銀四十三萬四千兩。又各減水壩急需築做三和土五千餘方，厚薄不等；並添做朱家堂、西王家營兩壩石磯心；又增建南北運河湖堰減水壩共三座，共約需銀八萬兩。

又邳宿運河最窪之處，堤根浸於水內，終年不得乾涸。並黃河堤工離河太近，以及堤外積水成湖，風浪不時刷汕之處，共計約有二萬丈，必須添築樁笆工，方可保固經久。每丈料物、匠工約需銀四兩，共需銀八萬兩。又高家堰臨湖石工，連堵決口埽工，共長五千九百三十三丈八尺。見在頂寬二丈者，應加至頂寬三丈；見在頂寬二丈五尺者，應加至頂寬三丈五尺。每丈牽用土三十餘方，必須設法於離堤二三十丈外水內築堰攔水，挑運料小河一道，即以挑河之土築成堤工。每方約需銀三錢，計每丈需土方夫工銀十兩，共需銀五萬九千兩。

又高良一帶樁埽連堵決之處，并武家墩幫堤堵決之處，以及翟家壩堵決築堤，共長九千七百二十三丈三尺，應幫至頂寬三丈，每丈約需土二十方。亦於離堤二三十丈外挑運料小河一道，每方牽給銀一錢八分，計每丈需土方夫工銀三兩六錢，共約需銀三萬五千兩。又清河縣大王廟前，加挑引河一道，長六百餘丈，挑深一丈五尺。每丈約需銀十八兩，計需銀一萬二千兩。

以上各工，臣先於上年九月內傳集所屬各監理等官，再三斟酌，必得如此加修，方可待將來異漲。今臣復至工所，細心採訪，與各官詳加復勘，委無更改。又先因安東縣蓮花菴有難刷淺工一千四百丈，前此亦估加挑。今與該管道廳等官詳加酌議，目擊水勢漸趨南岸，誠恐挑河未成，有鼓衝難竣之患。今改議停挑此道引河，將南岸緊要堤工幫寬丈餘，待水至堤根之時，下埽裏護。再於大茭陵①迤東起，直接馬邏，添築大遙堤約長三千丈，以為重門之障。共約需銀二萬餘兩。

以上通共需銀一百零五萬餘兩，內工程雖有緩急之分，然必及早如估加修，庶將來或遇奇雨異漲，亦可恃其修防，不致復生他患也。伏念臣奉命治河歷五年之久，除原估銀二百五十一萬七千餘兩，并二次借地丁、漕項銀十三萬八千餘兩，俱經用完。又用過河庫銀十餘萬兩，而今兩次請銀一百二十萬兩，臣非妄議費帑也，內中如堵蕭家渡決口，加挑緊要引河，加幫原應係民夫修築之工，計長一萬八千丈，均屬必不可緩。又皁河為漕運咽喉之地，雖目今深通無阻，而兩岸堤工終年浸於水內，一有疏虞，關係甚大，斷須火速加幫，以期永固。

又微臣新築與民夫幫過堤工，內止高出上年六月內大漲水跡二尺左右者，約計四萬二千餘丈，必須速為再加。其餘各工雖尚屬可遲，然蕭家渡堵塞之後，黃、淮二瀆若止照康熙十七、十八、二十、二十一等四年之水，足以保固無慮。或再如康熙十九年奇雨數月，遍地江湖，則見在工程尚屬單薄，必得及早預為鞏固之計，以待大水，方稱至穩至安之著。

至臣前此估計一切堤工，止估高五、六、八尺不等。今則自五尺起，築至高一丈四五尺不等，而猶議再行加高。蓋臣初任之時，適當軍興需餉之候，是

---

① 大茭陵，即大茭陵鎮，位於山陽縣（同治《重修山陽縣志》卷二《建置》）。

以逐工俱從極省估計，曾將俟工完之時，另議撥夫協助河兵加幫高厚等因題明在案。今河兵修防險要，東撥西調，刻無寧居，而民夫又不能濟急，幫丁又尚未定制。臣雖欲俟工完之後逐漸加幫，但黃、淮二瀆之水消長無常，卒然漲發，每令人措手莫及。此皆臣愚昧無知，偏心於曲求節省，而不覺智慮短淺，一至於此。以今日而追憶前言，不禁慚愧無地、汗流浹背者矣。

今臣添估各工，凡緊要去處，俱係悉心籌畫。倘蒙皇上允行，可爲永遠安瀾之計。其所需銀兩，查河工於康熙十三年以前原有捐納事例。今海宇清平，各省事例俱經停止，合無將河工事例較前稍寬，其途倣江南賑饑之例，聽各處官民捐納以濟其事。惟是捐輸銀兩不能刻期應手，而工程緊急，難以緩待。除臣先具請帑堵築蕭家渡要工等事一疏內，已蒙皇上敕部撥發山東省地丁銀十五萬兩見俱解到外，伏乞敕部再撥山東、河南二省地丁銀一百五萬兩，俾臣火速乘時及早興舉，俟收事例銀補還。其康熙二十年借過江蘇撫臣所屬地丁銀十萬兩，康熙二十一年借過漕項銀三萬八千餘兩，亦俟收事例銀補還。如此則河道永保安瀾，善後良圖莫過於此矣。

至黃河情勢變遷靡常，或其間稍有應損益增減之處，容臣遵照敬陳經理河工八疏內議政臣等定議，事小者准臣竟行，事大者另疏題明之例，遵奉而行以期確當。

臣謹具題，伏乞皇上睿鑒，敕部議覆施行。

靳文襄公奏疏卷四終

卷五　治河題稿

【靳文襄公奏疏目錄】

恭報蕭渡合龍疏、全河歸故疏、請加堤岸疏、置造汛船土車疏、減糧增兵疏、購辦柳束疏康熙二十三年、課程堡夫疏、衛河水勢疏、大挑月河疏高郵州、恭謝天恩疏謝賜清慎勤、善後事宜疏請錢糧、欽奉上諭疏勘工河南起程日期、兩河水勢疏、欽奉上諭疏蘭儀等處添官

男治豫編次
孫樹德校正
曾孫光烈、文仝校字

靳文襄公奏疏卷五　治河題稿

總督河道、提督軍務、太子太保、
兵部尚書兼都察院右副都御史臣靳輔

恭報蕭渡合龍疏

題爲恭報蕭家渡閉合龍門日期，仰祈睿鑒事。

竊照微臣奉旨挑挖引河，堵塞蕭家渡決口，限春分節前完工，臣駐宿工所，百計儧督。續因欽遵諭旨，會議漕船遲誤並造船式樣二案，於二月初四日自工起行赴淮①，會同欽差侍郎臣宜昌阿②，副都御史臣色克德③、馬世濟④

---

① 淮，即淮安府，時爲河道總督駐地。河道總督，"順治元年，置總河，駐濟寧。康熙十六年，移駐清江浦"（《清史稿》卷一十一《職官三》）。

② 宜昌阿，歷任吏部郎中、國子監祭酒等職，康熙二十一年（1682），"調刑部右侍郎宜昌阿爲户部右侍郎"（《清聖祖實録》卷一百一，康熙二十一年二月壬辰條）。

③ 色克德，《清聖祖實録》《清史稿》俱作"塞克德"。康熙二十一年（1682），"命左副都御史塞克德、馬世濟督造漕船"（《清聖祖實録》卷一百六，康熙二十一年十一月己巳條）。

④ 馬世濟，字元愷，漢軍鑲紅旗人，歷任大理少卿、光禄寺卿，康熙二十一年（1682），"壬戌，擢左副都御史，督巡四省漕船於江南，酌經費以核便運，歸報稱職"（《北京圖書館藏中國歷代石刻拓本彙編》之《馬世濟及妻董氏連氏合葬志》）。

等,並漕臣邵甘①、江南江西督臣于成龍②、江蘇撫臣余國柱③、安徽撫臣徐國相。會議完畢,於十五日自淮起行,十七日仍抵工所。

查蕭家渡決口,先於二月十五日業已合龍。因臣於赴淮之日,諄諄叮囑在工官弁,務必節省料物,毋或靡費。各官弁見水勢平緩,因臣節省之囑,少用蔴繩。迨龍門已合,正河之水積高五六尺,水勢猛勇,繩少不能挽留,將龍門埽衝去。龍門埽既去,撤動大溜,更帶卸旁埽三層。幸而正河深通,壩臺隨即保住。臣於次日抵工,詢知原委,深悔欲求節省反致遲延費料。於是從新調度,分外多加蔴繩,並將所衝埽料拆取應用,毋分晝夜,飛星疾償。仰賴皇上洪福齊天,於三月初一日未時閉合龍門,訖計春分節前之限,實逾九日。除一切善後事宜,容臣另疏具題外,所有蕭家渡閉合龍門日期,臣謹恭疏題報,伏乞皇上睿鑒施行。

全河歸故疏

題為全河歸故之後,險汛日漸加增,謹請撥足額編河道錢糧,以便辦料修防,永圖保固事。

竊惟黃河發源最遠,合千枝萬派之水而來,其勢浩瀚,其力勇猛,其行如疾雷飛電,卒然而至,每令人措手不及。苟非百計為未雨之謀、籌防捍之策,斷難免不測之患也。若夫未雨修防之法大略有五:一則加高堤堰,以禦漫溢;一則多用樁埽,以抵風浪;一則巡查罅隙,以杜潰決;一則堅修減壩,以資宣

---

① 邵甘,正黃旗人,康熙二十年(1681),"以督捕左侍郎邵甘為漕運總督"(《清聖祖實錄》卷九十六,康熙二十年五月辛未條)。

② 于成龍,"漢軍鑲紅旗人,康熙七年由廕生授直隸樂亭知縣,八年署灤州知州……十八年擢通州知州。二十一年,直隸巡撫于成龍遷兩江總督,疏薦其可大用。尋又請敕廷推清操久著與相類者為江寧知府,上即擢成龍任之。二十三年十月,上南巡至江寧,傳諭曰:'朕在京師,聞爾居官廉潔,今臨幸此地,確加咨訪,與所聞無異,用賜親書手卷以嘉爾清操。'十一月擢安徽按察使"(《八旗通志》卷二〇四《于成龍傳》)。

③ 余國柱,字兩石,湖北大冶人,順治九年(1652)進士,歷任兗州推官、戶部主事等職,"(康熙)二十年,擢左副都御史,旋授江寧巡撫"(《清史稿》卷二六八《余國柱傳》)。

洩；一則緊守險汛，以防奪河。

　　以上五條，如第一條慮水漲漫溢，臣已借到東、豫藩庫錢糧，見在多委監理、分管等官分頭廣募人夫，飛星齊舉，將卑矮堤工一律加幫高厚，比至伏秋，俱有頭緒，足保無虞。第二條慮風浪汕堤，臣見在多方購買椿料，或做排椿，或下順埽，隨機防護，亦可無虞。第三條慮獾、狼穿堤爲穴，臣已嚴著弁兵兼委各監理、分管等官逐日巡查，凡遇獾穴狼窩，立即填塞堅實，亦可無患。第四條慮減水壩一有不堅，大水驟下，勢必浮椿卸石，釀成後患，臣見在添做三和土，相機開放，亦屬無虞。

　　惟防險一事，最爲艱難，往往倉卒之間立成大險。如桃源北岸七里溝一工，向來河離堤根有百餘丈之遠，本年正、二月內雖經逐漸坍塌，然尚有五十餘丈。乃蕭家渡合龍之後大溜直下，三月初八、初九兩日之間坍去四十餘丈，僅存十二丈矣。此處堤內係舊決口數丈深潭，一有疏虞，立成奪河之患，臣必心膽俱碎。所幸蕭家渡尚有防守伏秋未用料物，臣隨即遍差標弁，挪緩就急，不分晝夜，飛星押運赴彼，於上流磯嘴壩尾立下大埽十餘個，挑水往南，一面加幫七里溝壩臺，挑漕下埽裏護，日來方始無患。

　　又清河縣玉皇閣①一工，向來離堤五六十丈。今於本年正、二月間逐漸塌坍，僅存河崖三丈。此工先曾預備，今見在下埽抵敵洪流亦可無慮。但自合龍以來，已歷兩旬，雖河道刷寬，水勢稍定，然似此險汛日漸加增。臣驚憂惶惶，魂夢罔釋，展轉思維，別無他法。惟有多備夫料，使人力勝水，隨機搶救，以期克保無虞，不使再決而已。人夫一項，除架船裝料、舖埽、簽椿、收放揪頭繩纜，栽柳、修柳，巡查堤岸，看守料物，修補水溝，填塞狼窩獾穴等一切緊要諸務，俱有河兵力作，僅僅足用。至於縛綆打纜、搬運草柳、拉埽擡梯、挑土幫修埽臺等一切雜作，則用歲修人夫。查往例歲修工程，從無募夫之例，皆係酌撥附近民夫，資其力役，是以黃河險工奏銷冊內止開料物價值，而無募夫工食錢糧。江南、河南、山東三省處處皆然。後河南一省經前河南撫

---

① 玉皇閣，"在（清河縣）城東北五里，宋慶曆間建，本朝順治八年改建"（光緒《清河縣志》卷三《建置》）。又"玉皇閣埽工，在舊縣前，康熙二十二年建，乾隆四十一年開陶莊新河，工閉後復出。按乾隆《志》又有石人溝舊埽工，久廢"（光緒《清河縣志》卷六《川瀆下》）。

臣佟鳳彩①，因每年所用歲修人夫太多，且不特附近州縣，而迤裏隔遠州縣亦行概撥，人夫不無遠涉之苦，於是具題請令各州縣按地畝加徵，歲修人夫、錢糧於就近僱募，免其遠撥。部議不准加徵，令勤裁賸裁扣銀兩僱夫應用。至於江南、山東則俱仍舊。

今康熙二十二年，山東曹、單二縣黃河工程，除用額夫之外，照例酌撥附近州縣民夫，協助額夫力作。江南徐州除郭家嘴、長樊大壩、小店②等舊險工三處外，又加楊家窐新險工一處，并加修徐州護城石堤。臣共酌撥徐屬歲修夫一千名，協助河兵力作。邳州原有董家堂、五工頭等舊險二處，近年又加塘池大壩③、鯉魚山等新險工二處，本年增添羊山寺新生大險一處，并運河亦有零星險汛。臣共酌撥該州歲修夫一千二百名，協助河兵通融往來力作。

睢寧縣向無舊險，近生韓家莊、戴家樓大險工二處。本年又加孟家灣④接連戴家樓險工一處，俱係極大工程。臣共酌撥該縣歲修夫一千二百名，協助河兵力作。宿遷縣舊有蔡家樓、彭家堡險工二處，近增白洋河一險，并更有零星險汛。臣共酌撥該縣歲修夫八百名，協助河兵力作。桃源縣舊有烟墩、龍窩、上渡口、雞嘴壩、李家口等險工五處，本年又增七里溝大險一處，又古城、三岔二處將來亦有大險。臣共酌撥該縣歲修夫一千三百名，協助河兵力作。清河

---

① 佟鳳彩，漢軍正藍旗人，歷任國史院副理事官、香河知縣、河南督糧道、廣西布政使、江西布政使、四川巡撫、貴州巡撫等職，"（康熙）十一年七月起爲河南巡撫兼理河道"（《八旗通志》卷二〇七《佟鳳彩傳》）。

② 小店，即小店砦，"城東南六十里，就河堤築"（同治《徐州府志》卷一六《建置考》）。

③ 塘池大壩，"清水河即舊黃河也，順治初塘池壩塞，始由今河，而清河猶存。其蹟在護城堤南，董家堂北"（咸豐《邳州志》卷四《山川》）。

④ 孟家灣，"（康熙元年）是年河決孟家灣口"（《行水金鑒》卷四七《河水》）。

縣舊有甘羅城、運口二工，近又增惠濟祠①一險，本年更增玉皇閣險工一處。臣共酌撥該縣歲修夫八百名，協助河兵力作。山陽縣近有湯董莊②、潘家窪、高家莊、上張莊、真武廟、周家渡、唐家堡、小茭陵、何家莊、大茭陵、沈家圍等險工十一處，本年又增左家口險工一處。臣共酌撥該縣歲修夫一千四百名，協助河兵通融調撥力作。安東縣近有蓮花菴、南門外險工二處，本年又增二舖、茆良口等險工二處，其餘尚屬未定。臣酌撥該縣歲修夫八百名，協助河兵相機力作。又寶應縣堤工甚多單薄，臣亦酌撥該縣歲修夫三百名，協助河兵加幫力作。

此臣循照往例，見在舉行之事，各州縣亦深知險汛攸關重大，俱經循例撥夫，陸續上工。是人夫一項，已覺稍有頭緒。惟是淮、徐兩府州險汛林立，其本年應估歲修工程者，共有四十餘處。而黃河搶修，與邳、宿、山、清、高、寶、江七州縣運河歲修、搶修，以及高家堰一帶臨湖險汛修防尚在此外。臣略計之，共需柳七十餘萬束，草一千二百餘萬束，海葦二百餘萬束，湖蘆一百餘萬束，蔴蔴一百餘萬觔；杉木除黃河兩岸并宿遷運河內，排樁俱經估入大修外，其各歲修工約需木五萬餘株。加以黃河之天妃壩、王公堤，運河之一切閘座甎石等工，需用木、石、甎、灰、米、鐵等項，統計所需料值不下銀十五六萬兩。

康熙二十一年以前，河庫餘賸之銀，俱經於大修案內支用全完。訖康熙二十二年，分五直省額徵河道錢糧，止有一十八萬餘兩。內直隸、河南、山東三省之夫食歲修料價以及通融湊給七河營官兵俸餉，約去十萬兩。其可留濟江南歲修之用者，不過八萬餘兩。以必需十五六萬兩之工料，而止實有銀八萬兩，

---

① 惠濟祠，"在運口。乾隆《志》云：即天妃廟，在新莊閘口。明正德三年建，武宗南巡駐驛祠下。嘉靖初，章聖皇太后水殿渡河，賜黃香、白金，額曰'惠濟'。雍正五年，敕賜天后聖母碧霞元君。《南河祀典》則云：明嘉靖二十七年建，國朝康熙中累封天后，乾隆十六年改稱惠濟祠。二說不同。咸豐《志》按，劉良卿有《惠濟祠碑》，嘉靖二十七年立。碑云：正德初道士袁洞明卜地河滸，建太山行祠，及章聖太后有黃香、白金之賜，改名惠濟。是明嘉靖中，止祀太山之神，未嘗祀天后也。本朝即其舊宇崇祀天后，遂稱天妃廟。乾隆中復改稱惠濟祠，具祀典者，祇見有嘉靖二十七年碑文，遂以立碑之目爲建廟之年。又不知有始祀太山，今祀天后之異，通合爲一，故致牴牾云爾。廟有鐵鼓，又名鐵鼓祠。邑人汪之藻有《天后廟賦》"（光緒《清河縣志》卷三《建置》）。

② 湯董莊，"山陽縣外河千總一員，駐劄湯董莊，修防黃河。汛地上自清河縣界起，下至朱家嘴止"（《行水金鑒》卷一六七《官司》）。

是僅有一半料物。人力不能勝水，水力強於人力，當其奔騰浩瀚之時，勢必束手無策，付之無可奈何而已。從此一有疏虞，臣死固不足惜，而前此大修數百萬金錢盡化烏有，阻運殃民，迨無底止矣。

臣憂心如焚，反覆籌計。查五直省河道錢糧原額係二十六萬餘兩，後因除去蠲荒七萬餘兩，是以止有一十八萬餘兩。若將五直省原額蠲除荒災之款，照驛站錢糧之例，逐一撥補足額，俾得多購料物，預先堆貯，使人力足以勝水，方爲萬全之策。又河道錢糧較之兵餉更急，蓋兵餉止須按月給散，而河工料物必須預先購備也。臣先於康熙二十一年三月內，具謹陳康熙二十一年歲修等事一疏，請將五直省河道錢糧限三月內解足，以濟工用等因，部覆不准，奉有依議之旨，欽遵在案。臣何敢復爲瀆請，但河庫已罄，而購料刻不可緩，必得將河銀及早預解，庶乎有濟。

伏乞皇上俯念河道關係重大，全黃業已歸故，若綢繆稍有疏忽，則必盡棄前工，立釀後患。特賜乾斷，敕部將五直省河道錢糧，凡每年應徵并應蠲除荒災之數，俱令各該州縣全照原額，務於每年三月內盡行解足。其各該州縣該年應蠲除荒災之數，聽各州縣於應解藩司別項錢糧款內扣除。如此則在各州縣毫無所損，而河工無掣肘之虞。工程允可永固，運道允可永通，民生亦漸可永遂矣。

臣謹特疏題請，伏乞皇上睿鑒，敕部迅賜議覆施行。

請加堤岸疏

題爲請加上流堤岸，以保河道萬全事。

竊維江南河道雖上年大修已竣，而尚屬卑矮，是以蒙皇上撥帑加修。今臣見在廣募人夫，分頭疾儹，更將原估加至高出上年大漲水跡六尺者，今酌量地勢，寧再加高一尺，以高出水跡七尺爲度。此臣欽承皇上軫念運道、民生，毋令再決之聖諭，是以不敢不加慎加詳也。

今自蕭家渡合龍之後，已歷兩月有奇，雖漫漲之水未盡歸漕，而較之合龍之時，已消尺許。臣遍委官弁，分頭儹築，即令儹築之員分頭防護，加以遍修減水壩尾，并設法施濬淤底河身。仰賴皇上洪福，或可不至又生他患，此就江南而言也。江南之上，更有山東、河南堤工。其在山東者，不過兗州府屬之曹、單兩縣，統計約長二萬餘丈。臣已飛調山東額設人夫，并酌撥附近州縣民夫，嚴著道廳印河各官竭力飛償，以求保固。惟河南開、歸兩府堤工通長一千餘里，向來附近州縣原有歲修人夫出自民間，年年加修，頗稱鞏固。自前任撫臣佟鳳彩題歸官僱之後，民既漠然罔顧，而官復畏難不言，以致工程損削不堪。

自康熙二十一年以前，江南決口未堵，撤溜甚緊，上流不致十分壅滯。今江南決口全堵，除減水壩之外，更無旁洩之途。而河南堤工當風吹雨淋，人畜踐踏。多年未修之後，有雖高而薄者，有雖闊而低者，有旁若鋸齒者，有頂似劍脊者，種種不堪之情。臣雖未親歷其地，而行據管河道臣祖文明之報文，并撫臣王日藻之移覆閱之，不禁心悸。念江南河道費過國家如許金錢，甫有頭緒，設或河南一有疏失，則前功盡棄，固不待言，而阻運殃民，更無底止。

爲今之計，斷當綢繆於未雨之前及早加修，以保萬全者也。惟是道里綿長，工程浩大，若遽議動帑，恐司農仰屋維艱；若因循不修，有慮坐釀大患。臣反覆籌維，寤寐憂懼，祇以身在江南料理加修大工，不能親赴豫省遍爲查勘。所幸撫臣王日藻曾爲豫省河道，深知豫省河情。伏乞皇上敕下該撫臣，將開、歸兩岸堤工，即日親行遍勘。某處堤工高厚堅寬，可以不修；某處堤工卑矮窄薄，斷須加修。某係極險，某係次險，或仍照往例撥歲修人夫興築，或必照近例動帑募夫興築。一面勘明確估具題，一面作何廣集多夫，飛星速償，使雖遇異漲，而人力勝水，足保無虞。如此則上流既可保無虞，庶下流河道得以刷深，不致仍前散漫，方爲運道民生萬全之計也。

臣謹特疏具題，伏乞皇上睿鑒，敕部迅賜議覆施行。

置造汛船土車疏

題爲奏銷置造船車、鐵掃帚等項器具錢糧事。

竊照黃河水勢無常，變遷莫定，隨機疏濬，斷不可弛。然濬河之法，非船不行。至於鐵掃帚一項，則亦必需之器具也。臣先於康熙十六年七月內，具敬陳經理河工事宜疏內題明，應造船二百九十六隻，需銀一萬兩，并每船一隻懸鐵掃帚二枚等因。續於康熙十七年六月內，恐船隻不敷，又具題明經理河工第一疏內未盡事宜事一疏，將必須再添造三百餘隻，約需銀一萬餘兩等因，復經題明。又初興大工之時，各夫俱以夯硪之法太嚴，用力多而工食少，紛紛告苦，募僱不前。臣隨設法置造土車，每夫十名，給車一輛，以期稍省人力，俾其樂趨，亦經題明各在案。

今臣行據淮揚道多弘安造具成造過船隻、土車、鐵掃尋等器用過錢糧清冊前來。查濬船一項，除目前奉旨加修堤工案內宿遷運河東岸三千餘丈，西岸一千餘丈，兩面皆水，無處取土，必須船裝遠運。并黃河兩岸低窪去處創建排椿工程，往來搬料需船甚繁，舊船實不足用。見在添造一百二十隻，俟加修工完，另冊報銷外，其在康熙二十一年九月以前，共造過船隻五百三十二隻，大小不等，共用過銀一萬八千五百二十二兩四錢一分二釐四毫六絲。內河南管河道所造四十隻，每隻牽費銀七十六兩有奇，較原估每隻多費銀四十二兩有奇。蓋此船原係爲黃河運柳成造之船，是以船隻甚大，所費較多。其餘四百九十二隻，俱比原估各有節省。其船固用以濬淺，而運土之日更多。清水潭、高家堰等工，全賴此船運土，方能築成。目今亦俱見在運土、運料，并濬河也。

土車一項，除淮陽道多弘安於前任山清盱眙同知任內自造土車七百輛，爲高堰、高良潤一帶之用，已於工程冊內開造者不計外，其各州縣共造過土車二千二百五十輛，共用過銀一千零一十二兩五錢。此等車輛俱於各工通融調用，是以不造入各工項下而彙冊報銷。

至鐵掃尋一項，共置二千個，共重二萬二千九百八十二觔。每觔銀五分三釐，共用過銀一千二百一十八兩零四分四釐。

三項通共用過銀二萬零七百五十二兩九錢五分六釐四毫六絲。

除冊揭送工部查核外，臣謹具題，伏乞皇上睿鑒，敕部核銷施行。

減糧增兵疏

題爲題明減糧增兵，以鞏河防事。

竊照朝廷之上，惟期運道安瀾，民生樂業，是以不惜帑金，特設河臣，修治河道。然民生情愚昧，往往不顧國家大計，而惟求利其私圖。有堤外之民，一經水漲，則室廬田畝未免沉淹，於是惟願堤開水洩，以遂其居者。有堤內之地，卑瘠無收，人力莫措，於是惟願決堤內灌，淤成沃土，以遂其耕者。更有天時亢旱者，思決水以溉其田疇；求害仇家者，思決水以淹其人畜。每以一己之利，便即欲傷難築之工程。雖律典煌煌，定有盜決之罪，然不能確執其人而誅之。

臣是以請設防河兵丁，立勸懲之法，以鼓舞而儆惕之。俾各工俱有專心保全河道之人，則姦徒盜決之計無所施，而工程凡有罅隙，即可立刻飛傳，集衆搶救，是設兵一事，誠河防至要之著也。臣先於敬陳經理河工事宜疏內，題設戰、守兵五千八百六十名；續於題明經理河工第七疏未盡事宜疏內，題請添兵五百餘名。二共實應設兵六千四百餘名，此皆康熙十七年以前題奉俞綸之案也。

迨康熙十八年間，續增大修歸仁堤，并挑築邳、宿運河兩工，添堤將及三萬丈，而未議添兵。臣雖於亟請併修河北運河等事疏內，減高堰湖堤之兵，防守運河，然臣彼時乃未經大風大浪之前，是以妄爲此冒昧孟浪之見。究竟高家堰一帶刻刻須防，惟慮兵少，斷不能撤爲他工之用。查歷年以來，七河營奏銷兵數，有六千三四五百餘名不等，良以工長兵少，未經設立一定之數之所致也。今臣再三核酌，必須再添設兵丁七百餘名，共設兵七千二百名，方可足用。然添兵七百餘名，即應添餉一萬有奇，而庫帑有限，歲修尚慮不敷，安能又添此項？

臣百計籌維，而得減糧、增兵之法，不敢不急爲上陳也。查七河營題定額兵六千四百餘名，內應設戰兵六百餘名，守兵五千八百餘名。此戰、守兵六千四百餘名，每名月應給米三斗，經臣題准，每月給米折銀三錢三分。今臣復爲斟酌，當年因米價湧貴，是以請給三錢三分。嗣後米價亦有賤時，況防河兵丁終年力作、寢食泥塗之中，與汛守地方之綠旗兵丁，必須置買韡帽、修整器械，每多盤費者不同，其米折銀兩可以量減，期於足以餬口而止。今臣擬將原給米折銀每月三錢三分者，酌減三分之一，改爲每兵一名，每月止給米折銀二錢二分。又原題每兵十名，設戰兵一名，今酌改爲每守兵五十名，方設戰兵一名；其有該汛兵丁不足五十名，僅止四十名左右者，亦設戰兵一名。以上二項，每歲共可節省銀一萬餘兩。以此節省之資，爲添募守兵七百餘名之用。在國家每年給餉，仍照歷年之數，並無多給分毫，而河工實增兵七百餘名，得其終年力作之益，計無利於此者矣。

除臣見行各道廳營官弁，自本年七月初一日爲始，兵丁米折銀兩概減三分之一，照二錢二分支給，一面以節省之數，添募兵丁力作。俟兵丁募足，工程分定，另造細冊送部外。緣係減糧、添兵事宜，相應特疏題明。

伏乞睿鑒，敕部施行。

購辦柳束疏 康熙二十三年

　　題爲題明分購康熙二十三年歲修柳束，并請回空順帶，以保全河事。

　　竊照黃河變遷不定，掃刷無常，若非預備多料，隨機搶救，斷難免衝潰奪河之患也。本年自三月初一日蕭家渡合龍，全黃歸故之後，忽生桃源北岸七里溝、清河北岸玉皇閣等新險，勢甚危急。臣隨嚴督各官弁飛星運料，分頭搶救。幸七里溝一工下埽不多，而水勢隨緩，費料有限。至玉皇閣一工，或上提，或內陷，自三月至今二百餘日之間，終朝下埽，費料極多。此猶微臣於本年三月內具全河歸故等事一疏內題明之工也。

　　迨四五月間，臣愚以爲除增此二險之外，餘不過防其漫溢及風浪汕擊而已。然慮其漫堤也，業已請到錢糧，惟有竭力償工，加高束水；慮其風浪汕堤也，見在多方購草、購木，或簽排椿，或下順埽，二者俱可無患，則本年伏秋似可不至十分拮據。豈知一交六月水漲溜急，先將桃源北岸九里崗迤上大河離堤二百餘丈之處，不兩旬而坍至堤根。臣飛督各官弁毋分晝夜，運料搶救。九里崗正在十分危急之時，而三岔地方大河離堤六七十丈之處，亦即塌至堤根。未幾，劉家莊大河離堤七八十丈之處，又復塌至堤根。又未幾，而山陽南岸老壩口地方大河離堤二三百丈之處，亦隨塌至堤根。更未幾，而宿遷南岸蔡家樓、下灣，從來平緩之處，亦復塌至堤根矣。他如安東南門舊埽工以下，直至東門，山陽南岸唐家堡舊埽工上下，大茭陵舊埽工上下，沈家圍舊埽工上下，以及馬邏一帶新增險汛，或數十丈，或數百丈者不一而足，報險報急、請夫請料之文，盈几疊架。

　　臣驚憂惶懼，膽裂心摧，所備料物無多，而東撥西調，不啻如桂如金也！臣日不能終食，夜不能終寢。羽書一至，隨即飛行，或令肩挑，或令驢馳，或船裝，或車載，處處差員，節節償運。除該管官弁之外，凡附近監理、分管等官，以及臣標一切効用弁員，差委迨盡。臣復宣揚皇上之洪恩，鼓之以優敘之足榮，曉諭功令之森嚴，儆之以處分之可畏，各官弁亦俱勉力奮往。自小暑以至於今，百有餘日之間，無分晴雨，晝夜奔馳。幸賴皇上洪福齊天，得以安全無恙。

　　今值霜降節氣，水勢漸消，水力漸緩，本年堤岸險工已可保固無慮矣。

但各工所積柳料悉皆用罄無餘，而來年桃伏轉瞬即至，若不預爲購備，則臨期束手，惟有坐視決裂。臣就今年危險之形，以衡來歲需料之數。如蔪、草、椿、蘆尚可就近設法。至於柳枝一項，新栽者既嫩小，未堪採取，而舊柳又已用完，實所謂赤手空拳，百無一有，誠不禁膽慄心寒，夢魂憂怖者也。臣再四思維，惟有倣大工協購之例，令隣省隣郡暫爲協購一次，俟保過康熙二十三年伏秋，則險汛稍定。而臣歷年來督令河兵所栽堤柳，與屬員所捐栽園柳，俱可量採濟用。即或不敷，於江南附近地方設法採購，可不煩隣省之遠協也。

伏念康熙二十二年，臣原估約需柳七十餘萬。今約略計之業已出估，計康熙二十三年歲修必須柳一百萬束，始可保全。今臣擬令河南開封府協柳二十萬束，歸德府協柳十萬束；山東東昌府屬協柳十萬束，兗州府屬協柳十五萬束，濟南府屬之德陵、平禹等近河州縣共協柳五萬束，直隸天津以南河間、廣平、大名三府屬近河各州縣協柳十二萬束，江南揚州府屬除高、寶、興三州縣見在協草外，其餘六州縣共協柳六萬束，江寧府屬協柳六萬束，鎮江府屬協柳三萬束，太平府屬協柳三萬束，常州府屬協柳五萬束，鳳陽府屬除盱、泗、天、靈、虹五州縣見在協草外，著令鳳陽等近河各州縣共協柳五萬束。

以上四直省近河州縣，共協柳一百萬束。庶康熙二十三年雖有奇險，亦可保固無患。設或來年水不甚大，得於此中節省二三十萬，以爲二十四年防守之需。則二十四年分賴此膡柳，再加堤園可採之柳，足以資用，可以不至再煩隣省協濟。迨至康熙二十五年之後，則臣歷年督栽、勸栽之柳盡皆長成，用之不竭，從此歲歲加栽，永無協柳之事矣。

至於採辦柳枝，從來爲歲修之用者，每束給銀三分；爲大工之用者，每束給銀四分五釐。蓋歲修用柳少，止於附近採取，是以止給柳價；大工用柳多，必須隣省遠購，是以又增運腳銀一分五釐也。今令隣省協柳，似應照大工給價，但歲修柳枝從無開銷四分五釐一束之例，且河庫匱絀，即欲加增，亦無可動之項。相應仍照歲修三分一束之例給發各州縣採運來工，以便銷算。若夫直隸、山東一線運河，止有糧船、差船經過，萬不能僱船裝柳。臣請將節次裝載旋旅赴京之回空兵船，先儘裝柳。其不敷者，用康熙二十三年分八月以前過津之回空糧艘，順便帶裝。計其一裝一卸不過耽遲數日，斷不敢有誤康熙二十四年新運也。

臣非不知隔省協柳事屬艱難，但黃河業已歸故，而修防尤屬難弛。倘若柳料不能接濟，一經水漲異常，束手無策。臣雖以身填水，亦屬徒然。彼時一有決裂，則從前費過數百萬帑金盡歸烏有，而運道、民生俱付之不可問矣。臣百計熟籌，萬不得已爲此隣省協柳之請，伏乞皇上俯念河道攸關重大，特賜俞允，敕部速行各撫臣轉飭近河各州縣，乘本年冬至節界柳滋含蓄之時，飛星採貯。俟來春一經凍解，火速裝船，全解來工，以濟康熙二十三年伏秋防守之資。其協柳各地方官，并督催之道府，俱請照協辦大工柳束之例，准與議敘，以鼓舞其速運濟工。如有遲誤者，題參議處。如此則堤工可固，河道幸甚，國計民生俱幸甚矣。

伏乞皇上睿鑒，敕部速賜議覆施行。

課程堡夫疏

題爲開、歸堡夫課程疲累已極，仰懇皇仁特賜矜豁事。

該臣看得開、歸堡夫一項，河南撫臣王日藻灼知堡夫困苦，是以特疏題豁。部議柳、蔴等物關係河工，應否豁免，及免課程，豫省河務有無貽誤之處，請旨行臣會同詳議具題。臣欽遵備檄河南管河道確議通詳去後，今據該道祖文明詳覆前來，臣復加細訪。查此等夫役每歲所領工食有限，止宜責令守堤墊、探水、積土、灌溉柳株、修補貛穴狼窩，庶職掌輕而盡力亦易。自著令辦納課程料物，而各夫殆不免於苦累矣。況所辦料物，即於本處支用猶可也。殊不知辦料之地，竝非用料之地，竭各夫之筋力，貯料於風日之下，用之不無遠運之煩，不用又有朽壞之慮。迨經年累月，既朽既壞，而別工忽然取用，不得不從新另賠。於是苦累至極，勢必相率逃亡，究竟不能全賠，類皆豁免，而各夫困於苦累，反將本等力役日就廢弛，是徒有辦納課程之名，而更失防守工程之實。其益於河務者甚小，而損於河務者頗大也。

伏乞皇上俯照撫臣原題，將開、歸堡夫課程特賜准豁，不特各夫可免重累，而兼得盡力修防，其於豫省河務實有裨益，而竝無貽誤者也。今據該道呈詳前來，臣謹會同河南撫臣王日藻合詞具題，伏乞皇上睿鑒，敕部議覆施行。

衛河①水勢疏

題爲衛河水勢微弱，漕船浮送難前，謹請天語申飭挽水歸河，立濟重運事。

該臣看得堵塞衛水渠口，以濟漕運一案。部覆，奉旨漕運、民田均關緊要，何以使衛水可濟漕運，兼不誤民田灌漑，著臣會同撫臣確議具奏，欽此。欽遵，移咨到臣。准此，臣隨移會直隸、河南兩撫臣，并行直守大名、河南管河、分守河北各道確議去後，又復節次駁催。

今據各該道詳覆前來，除直隸大名府屬之元、大、濬、滑、內黃等五縣，沿河兩岸地高，原無借水之渠，無庸置議外，其河南衛水之源發自輝縣，合懷慶之大、小丹河②，衛輝之淇水③，安陽之洹水④，經直隸、山東境內會流而至臨清，總名衛水，以濟漕運。內輝縣既設五閘以潤禾苗，而安陽又有一閘以溉田畝，兼之河內縣兩岸二十餘里民田需水灌漑，則旁洩在所必然者矣。臣惟重運漕船，行至臨清之北，全賴衛水浮送，庶可早達天庾。乃輝縣、河內、安

---

① 衛河，"舊名御河，源出河南輝縣之蘇門山，東北流會淇、漳諸水，過臨漳分爲二。其一北出，經大名至武邑，以入滹沱。其一東流，經大名東北，出臨清，至直沽會白河入海，長二千餘里，今爲運河。自臨清至直沽，凡五衛、十七州縣，淺一百五十七處。此河自德州而下，漸與海近。河狹地卑，易於衝決，每決輒發丁夫修治。嘉靖十三年議准恩縣、東光、滄州、興濟四處各建減水閘一座，以洩漲溢之水"（《行水金鑒》卷一〇四《運河水》）。

② 丹河，"其源出於山西，穿太行山，由圪坦坡、狄家嶺南注而下，中間分散有十八道小溝渠，民間引爲灌田摠流，南經張店至劉村入沁水，首尾三十餘里。冬春水小，果不爲害，及至夏秋，波濤洶湧，與沁無異，此丹河之全身也。其名爲與衛相通者，係上小溝渠內東流第二道。由清化鎮西稍東流，水涸不通。惟至清化鎮南有金鎗、狗跑泉等水相聚，迤邐而東，經修武縣治南北轉，緊扣城東門外，又東經獲嘉縣治北，相去百餘里許又東，俗名爲蔣河。至新鄉縣西北，名合河店西入小清河，而因以入於衛，相沿凡幾百幾十里，名爲丹之支流，而實非丹水矣"（《天下郡國利病書》）。

③ 淇水，"在輝縣西北，東北流接彰德府林縣界，東南逕彰德府湯陰縣界南流，復入，經淇縣東南入衛"（嘉慶《大清一統志》卷一九九《衛輝府》）。

④ 洹水，一名安陽河，"源自故洹水縣東，至林縣屢伏屢見，流經安陽縣永和鎮入衛河"（《肇域志》卷二八）。

陽三縣，又需此水以溉民田。凡遇三春雨少之年，民田無水，往往引流旁洩，以致運河淺阻，漕艘難行。

案查順治五年前，河臣楊方興①具題議每年二三兩月聽民用水，四月以後即便封貯閘板，堵塞渠口，以濟漕運等因，部覆奉旨欽遵在案。但民田需水之候，四月更甚於三月，是以雖有四月封板塞渠之例，而民間必不能遵。任臣衙門大聲疾呼，終不放水下注。臣萬不得已，復有請敕直、豫兩撫臣，嚴督該管官員火速起板堵渠，不使衛水旁洩之疏，蓋原從速漕起見也。今部覆奉旨漕運、民田均關緊要，何以使衛水可濟漕運，兼不誤民田灌溉，著臣會同撫臣確議具奏，欽此。欽遵。仰見我皇上愛民至意，必期上下均利，誠堯舜之用心矣。

臣雖愚昧，敢不仰體皇仁酌議妥確乎？今據河南省各道府詳稱輝、安、河內等三縣農務在於每年之三四兩月，而漕船盡數抵臨之期大約在於五月。今議四月之前，聽民取水溉田；自五月初一日為始，封貯閘板，堵塞渠口，以濟漕運。倘該管各官漫不遵奉，聽臣等會疏糾參等因，會詳前來。臣按其所議，誠為妥協，於我皇上使衛水可濟漕運，兼不誤民田灌溉之恩綸，足稱不悖矣。

惟是各省漕船不下五六千隻，即過臨極速，亦得兩月之期。如輝、安、河內等三縣，恪遵五月初一日封起塞渠之議，則不出五日，衛水自即至臨。七月之內，尾幫可盡抵通，回空可無遲誤。倘因循積習，仍前陽奉陰違，則誤漕之事，勢所不免。為今之計，惟有嚴定處分之例，如五月初一日不封板塞渠，以致五月初十日以內衛水尚不暢注。臣等即將該管道、府、廳印河官特疏題參到部，必得部臣將陽奉陰違之該管各官，從重處分。庶各官知所儆畏，不至因循錮習也。伏乞皇上睿鑒，俯念漕運關係緊要，敕部將五月初一日封板堵渠之議著為定例，并嚴定不遵官員處分則例，以便永遠遵奉。

臣謹會同河南撫臣王日藻合詞俱題，伏乞敕部議覆施行。

---

① 楊方興，字浡然，漢軍鑲白旗人，"順治元年從入關，七月授河道總督"（《清史稿》卷二七八《楊方興傳》）。

大挑月河疏

題爲估計大挑高郵月河工程錢糧事。

據淮揚道多弘安詳據揚州府管河通判聶文魁詳蒙本道牌，蒙臣批，據該廳呈詳，前事蒙批，仰淮揚道再加細核確減冊詳以憑核題繳等因，批道行職。蒙此，該卑職查得高郵州境，自南關至車邏鎮①南一帶河道於大修案內，建有減水壩座，以資宣洩。惟是伏秋暴漲之時，湖水內灌，其勢奔湍，直注東堤各壩，以致往來舟楫掣溜硪橋。不特漕糧船隻關係重大，而一經硪斷橋腳，則陸路飛差驛馬立爲中阻，必須用船擺渡，不無耽遲。蒙本部院再三飭議，是以估將高郵州城西窑港口外臨湖薛家壩東起，迤南超過車邏滾水石壩出運河口止，挑挖月河一道，使上流湖水分洩江都之露觔、邵伯②等湖。而空、重糧艘俱由月河輓運，則伏秋大漲，既不致漫堤衝汕，而舟行亦免於掣溜硪橋。運艘既獲安行，而驛路免於阻滯。

此係至緊要工，所需工料前經造冊詳估。蒙本部院以河帑不敷，萬不能照日給四分之例，止可量給食米、鹽菜，以資各夫食餬口。卑職敢不仰遵，今減而又減，酌調附近各州縣民夫，每名每日止給食米、鹽菜銀二分二釐。各州縣因上關運道，下利民生，莫不鼓舞樂從。然此二分二釐，僅供各夫在工之食用，不能養及家口。若欲於此內再爲酌減，則不特不能養家，并不能餬口，又非憲臺體恤斯民之意矣。

今本工估挑新河，及加挑原舊河形共七段，長二千九百五十七丈五尺；建造木橋八座，并開砌石工裹頭，共該土方、料價、工匠銀七千三百三十八六錢四分九釐。此皆實工實料，難以再減等因呈詳到道。據此，該本道看得高郵州境內自薛家壩東起，至車邏滾壩以下，止挑挖月河一道，不獨可以分洩湖波，免致水漲漫堤之患，而漕運艘由此輓輸，更可避掣溜硪橋之虞，實係至要之工。但河庫無銀，而此工大有利於民生、運道，不得不設法節省。前據該廳詳

---

① 車邏鎮，位於高郵州，"在州治南十五里"（嘉慶《高郵州志》卷一《疆域》）。

② 邵伯湖，位於江都縣治北四十五里，"每春、夏，湖水漲没田，民苦之。晉大傅謝安出鎮廣陵，修築湖埭，隨時蓄洩，田始獲歲。民被其澤者，以比召伯甘棠，因名湖與埭焉"（萬曆《江都縣志》卷七《提封志第一》）。

估，本道駁核再四，每夫一名，止給食米、鹽菜銀二分四釐。茲蒙本部院批道再行確減，隨行該廳復加駁刪，今每夫一名，止給食米、鹽菜銀二分二釐，僅足各州縣所撥人夫餬口之資，更無養家之惠。若於二分二釐之內，再欲節省，則各夫不特無以養家，并不能餬口矣。茲共實估土方工料銀七千三百三十八兩六錢四分九釐等因前來，本道覆核無異，相應轉呈具題等因，冊詳到臣。

　　據此，該臣看得高郵州地居卑下，爲衆水滙歸之區。從前費無限錢糧，動無限民力，砌最堅之石工，築最高之埽壩，而此塞彼衝，竟無寧歲。臣凜奉俞綸，於高郵城南一帶，修建減水甎石壩五座，以資宣洩，數年以來，方保無患。然伏秋暴漲之時，湖水奔騰而來，直趨各壩，湍急非常，以致往來船隻每被溜掣硪橋。一經硪斷橋梁，必須數天修整，不特有傷損漕船之虞，兼之有稽阻飛差之患。臣是以行令該道廳等確議，於該州城南運河之西挑挖月河一道，自薛家壩起，至車邏迆下止，仍歸入大河，使空、重各船由此輓輸，避此數壩溜掣之險，其於運道、民生、河工三者，均有裨益。

　　惟是此工需夫甚多者，照日給四分之例，隨便召募別夫，河帑有限，險汛繁多，歲修辦料尚且不敷，安能於此工多費？臣再四籌維，行令附近州縣酌撥民夫力役。每夫一名，每日止給食米、鹽菜銀二分二釐，用其力而僅免其枵腹之苦，不能更計其養家之需。蓋爲日無多，且原屬保運利民之舉，各州縣亦頗鼓舞爭先也。茲據淮揚道多弘安詳估，挑挖新河及加挑原舊河形共七段，長二千九百五十七丈五尺；建造木橋八座，并開砌石工裹頭，共該土方工料銀七千三百三十八兩六錢四分九釐。駁核已明，無可再減。其做過工程，用過錢糧，俟該道核詳至日奏銷。

　　今據勘估呈詳前來，相應具題，伏乞敕部議覆施行。

恭謝天恩疏

　　奏爲恭謝天恩事。
　　臣惟上古致治之隆，或誕敷文德，或大告武成，或刑期無刑而敷教在寬，或奠平水土而烝民乃粒，或巡行而萬方騰徯后之聲，或端拱而四海戴無名之頌，此堯、舜、禹、湯、文武之治，載在《詩》《書》經傳，爲萬世帝王之極則者也。

今我皇上御極以來，無日不以民瘼爲念，慮天下吏治之風或下也。故首尚清介，立賢無方，獎善懲惡，宥過錄功。且恐久而生怠，又復御書"清、慎、勤"三字頒賜天下各督撫諸臣，俾得朝夕仰瞻，凜然有上帝臨汝之思慮，天下民生之不免於困苦也。

故遇災必蠲，災重必賑。憫竝徵之苦累，而緩其積逋以甦之；知開墾之利民，而遲其陞科以養之。崇節孝，以厚風俗；禁凶暴，以戒姦頑。內而部院，外而督撫諸臣，凡擬議刑名，稍有未合，必奉特旨駁正，期於允協，以至無刑。至於崇正學，黜邪說，講解經書，刊刻頒布，闡列聖仁義道德之蘊，契唐虞危微精一之傳。幸闕里，謁先師孔子，詔行三跪九叩頭禮，尊師重儒，賓禮齒德，以致海外重譯之國不憚數萬里之遠，匍匐來朝，遣子入學。是皇上文德之敷，遍於遐邇，凡有血氣，莫不尊親也。又如逆賊吳三桂等，負恩作亂，擾及數省。我皇上命將出師，授方略於閫內，振威武於遐方，不數載而諸逆全平。即數十年來，從未向化之鄭克塽等，亦皆稽首闕廷，傾心歸命。是皇上武功之烈，冠乎古今，凡在覆載，罔不臣服也。

若夫河道，爲國家血脈，攸關運道民生。皇上憂勤宵旰，銳意平成，不以臣爲不肖，委臣以治河之任。臣感激無地，報恩心切，未及熟慮深思，不覺孟浪易視，遂自限三年告竣，詎料屆期罔效，潰決頻仍。斯時也，不特內外臣民謂臣斷不能治，而臣亦有口莫辯，幾於不可解矣。臣之身命業已置之度外，乃蒙皇上特出乾斷，不加臣以誅戮，召臣赴陛，親賜誡諭，大隆使過之仁，命臣旋工竣事。臣恪遵訓旨，痛悔從前鹵莽之非，百計謹慎圖維，而後兩河得以無恙。是今日河工獲成，實皆皇上至聖至明之肇造；微臣犬馬餘生，實出皇上矜全曲宥之洪賜也。

茲蒙皇上不惜聖躬之勞遠，幸河干，親臨勘閱一切工程。凡臣仰遵聖諭，料理合式者，皇上皆以爲是。其臣料理未周，尚須詳酌者，又荷皇上一一指出。至臣拮据數載，尚未明晰之工，皇上一臨其土，而洞若觀火，是非可否，凡聖諭所及，莫不至確至當，開臣愚昧。又蒙皇上面諭臣云："河工大概雖定，而善後事宜更爲要緊，應作速斟酌行之。"更命臣將治河事宜酌古準今，著書一部，俟河道大成之日，即便進呈，以垂永久。欽此。

及聖駕回至宿遷，蒙賜臣御製五言律詩一首。駕行之後，又蒙賜臣御乘佳哈船一隻，并旗纛、幢幔、舖氈等項俱全。臣俱一一謝恩跪領訖。伏念我皇上文德武功，明刑弼教，莫不駕軼三代，媲美唐虞。更以運道雖通，而田畝尚未盡涸，親臨遍勘，曲計籌維，必不使一夫失所。且鑾輿所到，士民扶老挈幼，持香擁祝，喜覯天顏，踴躍歡忻之聲，亘古未有。是我皇上乃集唐虞三代列聖之大成，誠《詩》《書》所載振古帝王僅一無竝之盛矩也。

至若微臣奉職無狀，救過不遑，幸賴皇上指授方略，河工得以保固。乃蒙皇上於賜詩之內，謂臣已著勤勞。臣跪誦之次，感而欲泣君恩深重，實媿不敢當也。至臣往返隨駕，蒙皇上勉臣、誡臣，天語甚多。臣俱敬鏤骨没世，凜遵矢當，捐糜頂踵，益竭犬馬之愚，悉籌善後之策，俾兩河永奠，不致再有他虞，以仰答聖主洪恩於萬一耳。除河工一切善後之計，容臣次第入告。其治河事宜一書，容臣遵諭著就，進呈睿奪。至蒙皇上賜臣御製詩，命意深遠，書法精妙，臣世世子孫奉為至寶。見在選工勒之貞珉，俟鐫成，另呈御覽。又賜臣佳哈船，製度新奇，安穩神速，誠為難覯之物。臣即照式添造，以濟緊急之用。

臣謹一併恭疏奏謝，字多逾格，伏乞皇上鑒宥施行。

善後事宜疏請錢糧

題為謹陳河工善後事宜，仰祈睿鑒事。

康熙二十三年十一月初十日，皇上臨幸清河縣運口，蒙天語面諭臣云："這運口閘將來水急難行，應再添造一座。"又奉上諭云："今年黃水倒灌運河，不可為訓爾，須酌一至妥之策，務令永不倒灌。欽此。"又本月十二日，臣於宿遷縣，蒙皇上欽賜御製詩句，臣叩頭謝恩。復蒙皇上面諭臣云："如今河道雖大概已成，但善後事宜，爾著實用心籌酌，必期永遠無虞。欽此。"

臣伏思河工雖水土之役，而修治機宜最細、最密，稍有不當，便有差之毫釐，謬以千里之勢。臣以庸劣之資，孟浪輕忽，料理失宜，逾期不竣。及奔走八年之久，甫能粗知大略。其細密之處，昧然難別也。乃皇上方幸河工，而御駕所到，舉凡應興、應改、應增、應慎之處，聖諭一出，而事事精詳確當，瞭如指掌，開臣愚蒙，救臣疏忽。我皇上聰明聖智，誠萬古帝王莫能與京者也。

臣遭逢聖主，敢不益竭犬馬之愚，以求得當。臣隨恪遵上諭，復加細心籌酌。查徐州以上，直至河南滎澤縣之西，河道俱寬數百丈。若遇伏秋異漲，漫灘而上，直抵兩岸堤工，其寬不下數十里。迨至徐州，而北岸係山嘴，南岸係州城，中央河道僅寬六十八丈，將千支萬派、浩浩無涯之水緊緊束住，不能暢流。既難於下達，則自難免上擁，是以明朝二百餘年之間，徐城屢屢潰衝，而徐州迤上南岸之漫溢，迄於今歲歲見告也。

臣先於大修案內，將黃河南岸碭山縣毛城舖地方，創建減水石壩一座。又於黃河北岸徐州大谷山地方，創建減水石壩一座。蓋擬分洩徐城迤上之異漲也。乃康熙二十一、二十二兩年，已賴兩壩宣洩，得以無患。迨至康熙二十三年，河流異漲，兩壩不足宣洩，又復於李道、華樓、十八里屯等高阜無堤之處漫灘而行，且將碭山北岸王家堂堤工漫缺三十餘丈。此徐州州城以上之情形也。

今臣細酌善後之計，在黃河南岸，必須於碭山縣毛城舖地方減水壩之上，再添建減水深底石閘一座。不特分洩異漲，而石閘之水先至壩後，可免建瓴傷壩之慮。又於徐州王家山、十八里屯二處，就山根開鑿減水深底石閘三座。更於徐州北岸大谷山等處，添鑿減水深底石閘二座。統計徐城以上，共添減水石閘六座，遇平常之水，則閉閘束流；遇非常異漲，則啟閘分洩。每閘一座，約可洩水一百方，可殺徐城大河水勢一尺。徐城以上統計添閘六座，共可殺大河水勢六尺。徐城自免潰衝，而徐城以上各堤俱可保固矣。

又河流自徐城下行一百餘里，至睢寧縣鯉魚山地方，北岸係鯉魚山，而南岸一帶爲峰山①、龍虎山②，兩山相峙，夾黃河於中央，河面僅寬百丈，而河底乃係山脚衝刷不深。河流到此又爲一束，以致今年有來字堡之漫缺也。今臣擬於南岸峰山、龍虎山之旁，開鑿天然減水深底石閘四座，以爲隨機分洩之計。又南岸各閘壩減下之水，必由歸仁堤經過。目今止有五堡③減壩一座，并便民閘一座，不足分洩。應於五堡附近添建深底石閘一座，減水大石壩一座，竝將便民閘再行改深五六尺，以資分洩，庶可無虞。

又攔馬河，先後共建減水壩六座，今必須再添建深底石閘一座，使河流由閘先進，積水以養壩尾，俾免傷壩之虞。又南岸各閘壩，不特可以殺黃河怒漲之勢，而淮流微弱之時，又可藉以分別黃河之水，由歸仁堤下注洪澤湖，使助淮流。然洪澤湖週圍數百餘里，所引上流分黃河之水，一時不能灌滿，則仍難

---

① 峰山，位於睢寧縣，"在縣西六十五里，二山相屬。康熙二十四年，河臣靳輔於此鑿爲石閘，名曰天然，一名峰山閘"（同治《徐州府志》卷一一《山川考》）。

② 龍虎山，見"峰山"注。

③ 五堡，位於宿遷縣，"自歸仁集起，至五堡格堤止，石工長三千八十八丈六尺"（同治《宿遷縣志》卷十《河防志》）。

免黄水倒灌運河之患。今必須再於清河縣之西建雙金門大石閘一座，并於閘下挑引河一萬餘丈。如遇黄河十分異漲，則立啟此閘，由引河分洩歸海，則黄、淮會合之處，又可減黄水一二尺，有裨運道最爲吃緊。至於清河縣運口添建石閘一座，更屬保運濟漕至要之工，亦應於運口閘之上，乘時速建者也。

以上各工，除清河縣西引河一萬餘丈，臣擬不動錢糧，調山東額夫，并江南各州縣歲修夫，以及各營稍閑之兵，協力償挑外，至於應開鑿山根天然閘九座，添建石閘五座，大減水石壩一座，并改閘一座，約共需銀一十八萬兩。河庫徵收之銀，僅足爲歲修之用，不能更有餘資。然臣亦不敢更請錢糧，伏乞皇上睿鑒，敕部確議，俯將就近兩淮鹽課錢糧借撥一十八萬兩，俾臣乘時料理。此所借之銀，請照從前借江藩漕項銀十三萬八千兩之例，容臣於逐年歲修工料之内，百計設法節省，并清查新舊河湖灘地，開墾取租還項。自康熙二十五年爲始，分爲十年，每年解還户部銀一萬八千兩。如此一轉移間，而河道永保安瀾，可無意外之患矣。

臣謹俱題，伏乞敕部議覆施行。

欽奉上諭疏勘工河南起程日期

題爲欽奉上諭事。

康熙二十三年冬間，臣恭隨聖駕勘閱河工，蒙皇上面問臣云："河南工程爾都見過麽？"臣回奏云："河南商丘以上堤工，臣俱未見。"隨蒙皇上面諭臣云："爾亦該去看看"等因，欽此。欽遵。今康熙二十四年，桃汛已過。轉瞬伏秋，凡江南黄河一切險汛，臣俱遍爲親勘，相度見在之情形，揣摩將來之變態，嚴行所屬道聽營印管河官弁，并管工監理、分管等官，分頭辦料，畫地責成，著落防守，務期保固外，切慮豫省工程，雖撫臣料理機妥，然臣未經目擊，終屬紙上揣摩。且身任總河之職，而不將全河勘明，臣心殊切怦怦，於以知我皇上命臣往看之意，誠至當不易之理也。

今臣於三月二十四日，自江南起行，由濟寧一帶查勘挑河工程。隨於四月初六日，自濟寧起行，歷歸德、開封二府所屬，抵滎澤縣，將豫省黄河兩岸工程逐一勘明。又抵武陟縣，閱視沁河入黄河之口，於四月二十一日回至濟署。復赴江南督理大工，除豫省應行善後事宜，臣見在會同豫撫臣王日藻勘酌查議，俟酌妥之日另疏具題外，所有微臣奉諭親勘河南省工程日期、緣由，臣謹具疏題明，伏乞睿鑒施行。

兩河水勢疏

題爲恭報兩河水勢情形事。

康熙二十四年七月初九日，欽蒙皇上遣臣子吏部員外郎靳治豫自京馳驛，至清江浦，查問黃河水勢情形等因到臣。臣祗奉君恩，感而欲泣。竊念黃河爲患，自古有之，我皇上不惜經費之繁多，惟冀人民之樂利，屢發帑金，令臣修治。且又屢承聖書指授，下啓愚蒙，實千載一時矣。乃我皇上稟天地化育之心，弘萬物胞與之量，猶恐一夫不獲，必欲盡躋春臺。因京師之久雨，遂深念夫黃河，堯仁舜智，誠萬古帝王之極則也。

臣謹遵，將見在河道情形爲我皇上陳之。查江南淮、揚、徐一帶，自五月二十七日天雨起，連陰三十四日，至七月初一日方晴。此三十四日之中，止有六日無雨，而傾盆大雨如注之日甚多。黃河水勢自徐州至宿遷，比上年伏水大二尺，比上年秋水尚小七寸。駱馬湖受山東久雨大水，比上年伏秋水大二尺。攔馬河減水壩上年止開三座，今年六座全開，內第二座甎壩衝壞幾空，第三、第四兩壩亦有傷損，應俟水消後修補如式。自宿遷縣至清口一帶，黃河比上年伏水大三尺，比上年秋水大一尺。清口至海口，因黃、淮並漲，比上年伏水大五尺，比上年秋水大二尺。高家堰一帶，因洪澤湖水漲非常，堤頂僅存一、二、三尺不等，比上年伏水大六尺，比上年秋水大二尺二寸。

黃河兩岸，一片汪洋，水自南堤直抵北堤堤根，水深二、三、四、五、六尺不等。幸賴加修案內，將堤工逐一加高，又得減水各壩宣洩之力，目今壩頂尚高出水面三、四、五尺不等。雖黃河秋水尚未漲發，然竭力保守，自可無虞。惟高家堰一帶，水既日增，而又屢起西風，將堤頂之土打去約有一半。雖將減水壩開放宣洩，而水勢太大，不能遽退。各官率兵夫寢食工所，刻刻驚心，竭力搶護，期於保固。總賴皇上洪福，俱可無妨。然此工屢次加修，而仍屬單薄。容臣俟水消之後，另圖萬全之策題請遵行。

運河內天妃閘，被上年大水衝損閘牆，見在實閉大修，本年糧運全由七里閘而行。七里閘被今年大水亦經衝損閘牆，亦應俟水退修補，然往來船隻俱可通行。高寶、江都運河水勢，俱與上年相同，可保無患者也。

伏念我皇上備格天之精誠，隆超古之功德，自必河伯效靈，安瀾底定。若臣以庸劣之資，遭逢異數，惟恪遵皇上指授之方略，切諭之極宜，捐頂糜踵，竭心思手足之力，以仰答洪慈於萬分之一而已。

臣謹將兩河水勢情形具疏題報，即令臣子治豫齎捧覆旨。伏乞皇上睿鑒施行，爲此具本謹題。

欽奉上諭疏蘭儀等處添官

題爲欽奉上諭事。

該臣看得豫省河道居江南之上游，豫省河道安，則江南之河道亦安，臣已於另疏陳明矣。惟是河道全資修守，而修防專賴得人，是以州縣管河官員品職雖微，而關係甚重，非年力強壯、熟諳河工者，不足勝任也。即得幹員矣，尤必諒其力所能及者，而責成之，庶不至於貽誤。

今豫省沿河，如蘭陽、儀封、滎澤三縣兩岸均有堤工，俱長數十餘里。乃向來止有管河官一員，不特奔馳難及，而每歲伏秋異漲之時，處處出漕，河面寬數十餘里，且急溜非常，每一過渡，即費窮日工夫，安得作往來修守之計？又如虞城縣堤長百里，而修防僅有一主簿，亦萬難兼顧者也。此四縣者，必須添設河官四員。但增官，勢必增俸，是以臣等行令藩司、河道等官，酌裁可省之員，添設至緊之缺。

今據該藩司郎永清①、該道祖文明等再三酌議前來，查濟源縣原無修防之責，所有額設主簿一員，儘可裁去。又修武、封丘兩縣縣丞，虞城石榴堌②驛驛丞，職掌俱閒，均可裁去。內一議裁濟源縣主簿一員，移設蘭陽，改爲蘭陽管河主簿，與見任蘭陽縣縣丞分管該縣兩岸工程。一議裁修武縣縣丞一員，移設儀封，改爲儀封縣管河縣丞，與見任儀封縣主簿分管該縣兩岸工程。一議裁封丘縣縣丞一員，移設滎澤，改爲滎澤縣管河縣丞，與見任滎澤縣主簿分管該

---

① 郎永清，"奉天人，康熙十三年任河南布政使，護理撫篆，題豁靈寶荒地宿逋，又力請撥協楚米改解折色，民便之"（嘉慶《大清一統志》卷一八五《河南統部表》）。

② 石榴堌，即石榴堌集，距離商邱縣城六十里（康熙《商邱縣志》卷一《沿革》）。

縣兩岸工程。一議裁虞城縣石榴堌驛驛丞一員，另添設虞城縣管河縣丞一員，與見任虞城縣主簿分管該縣工程。又陽武縣主簿止能管北岸工程，其南岸工程，查該縣見有縣丞一員，應歸該縣丞就近管理。又原武南岸有堤六百餘丈，界在鄭州境內，應歸併鄭州見任州判帶管。更查得山東單縣有南岸堤工二千餘丈，錯雜於河南虞城縣堤內，應改歸歸德府管河通判，督虞城縣印河官就近修防。河南考城縣北岸有堤工五千餘丈，界連山東曹縣境內，應換歸兗州府黃河同知，督曹縣印河官就近修防。內考城北岸堤工甚爲殘損，應俟修完更換。如此一轉移間，而繁簡緩急，均得其宜。修防者，足以施其力，則責成既專，自免貽誤之虞矣。

除山東省尚有未盡事宜，容臣會同東撫臣核明另題外，臣謹會同河南撫臣王日藻合詞題請。伏乞皇上睿鑒，敕部議覆施行。

靳文襄公奏疏卷五終

卷六　治河題稿

【靳文襄公奏疏目錄】

欽奉上諭事條陳下河、再報兩河水勢疏、請免課程疏開、歸堡夫、請循定例疏錢糧免其具題、霪霖漫漲疏、恭謝天恩疏鹿脯等件、恭報赴京疏、欽奉上諭疏海口、分添縣治疏、挑築未盡疏挑中河、欽奉上諭疏差看兩河、恭謝天恩疏陳潢職銜

男治豫編次
孫樹德校正
曾孫光烈、文仝校字

靳文襄公奏疏卷六　治河題稿

總督河道、提督軍務、太子太保、
兵部尚書兼都察院右副都御史臣靳輔

欽奉上諭疏條陳下河

題爲欽奉上諭事。

竊臣跪聽畢，再四籌維，寢食俱廢，隨與臣幕客陳潢①曲計，所以仰副我皇上視民如傷至意。陳潢體臣愚忠，欽遵聖主明諭，相度熟籌，因擬一改圖之見與臣商榷。臣細細揣摩，似屬千慮之一得。兹將下河被災原委及改圖情形，謹一一爲我皇上陳之。

查宋元以前，不特下河原無水患，即高郵、寶應諸湖多屬田畝，直至明朝初年始被大水漫淹成湖者也。於康熙十七八等年堵築清水潭之時，於兩堤之中又復深挑河底，以利重運。乃挑出洪武、永樂、洪熙并宋元舊錢，以及各色尋常器皿，不計其數，更有甎井、石街等項，經臣題報在案。念舊錢、器皿，或係舟行遺失，亦未可知。若夫甎井、石街，確係民居證據。夫以清水潭爲高郵最窪、最險之處，尚係民居，則高寶諸湖等處更可知矣。此被水漫淹之明驗也。

---

①　陳潢，"字天一，浙江錢塘人，負才久不遇，過邯鄲呂祖祠，題詩壁間，語豪邁。輔見而異焉，蹤跡得之，引爲幕客，甚相得，凡輔所建白，多自潢發之。康熙二十三年，上巡河問輔："孰爲汝佐？"以潢對。二十六年，輔疏言潢十年佐治勤勞，下部議，授潢僉事道銜。二十七年，郭琇劾輔，辭連潢。輔罷；潢削職銜，逮京師，未入獄，以病卒"（《清史稿》卷二七九《陳潢傳》）。

復思天災霪潦，自古有之，然何至一經漫淹，即便永成大湖之巨浸，且歷二百餘年之久，而又波及下河①，使其受害無底乎？總緣宋元之時，黃河雖南浸而尚未全徙。直至明朝初年，向北之流盡絕，始全徙而南，於是遂經奪淮渠以入於海。淮渠窄小，淮水壅不得下，遂徒長尋丈，先將清河縣原係民居之洪澤村一帶低地漫淹而爲洪澤湖。及洪澤湖不足停蓄，又從高家堰、翟家壩等處旁流東注，將高郵、寶應低地亦俱漫淹，而爲高寶諸湖。推原其故，總因黃奪淮渠，水不得不分流東注，是以成湖之地永不得復田疇之舊，而又移禍於下河也。

　　每年春冬之間，黃、淮不漲，洪澤湖水勢消落，無涓滴洩入高寶諸湖，則下河即受平安之福。無如一到夏秋，二瀆齊漲，洪澤湖之水往往驟漲數尺、丈餘不等。臣屢經測驗，知運河地勢卑於高堰地勢一丈有奇，而運河堤頂亦卑於高堰堤頂一丈有奇。堰堤減洩之水，其奔趨運河也，有建瓴之勢焉。苟不作量入爲出之法，以減洩之，則亦必漫堤而過，下河之被害益深矣。故臣於堰堤之上，則建可以洩水一千方之減水壩；而於運河漕堤之上，則建可以洩水一千二百方之減水壩，使漕堤減水之地，多於堰堤進水之地，則自不至壅積傷堤。所以未增減壩之前，清水潭屢築屢衝；自建一千二百方減壩之後，則歷七年之久，三遭大漲，而安然無恙也。

　　夫高、寶一帶之下河地勢極卑，形如釜底，淺下之水不得不以下河爲壑。所幸下河之東即係大海，則下河之水自當以大海爲壑。其疏濬海口之議，似若可救下河。乃臣必堅主築堤束水，并開一百六十丈大河之説，而不敢專言開海口者，何也？蓋因臣細測地勢，自清江浦南行，至江都縣之茱萸灣②共三百餘里。又折而往東，行一百餘里至泰州，又一百餘里至海安鎮③，過海安則折而

---

① 下河，"淮揚運河東岸州縣曰山陽、寶應、高郵、泰州、興化、東臺、鹽城、阜寧、如皋、泰興、通州，其甘泉、江都城在西岸而地半在東岸，共十三州縣。興化、東臺、鹽城、阜寧及高郵、寶應、山陽之東北鄉爲下河"（《中衢一勺》卷一《下河水利説》）。

② 茱萸灣，即彎頭鎮。

③ 海安鎮，位於泰州，"在城東百二十里，唐景龍二年置海安縣，開元十年省入海陵。明初，徐達攻江北，駐軍海安，尋進圍泰州，使孫興祖留鎮於此，以斷賊援軍。相傳常遇春於此築城。嘉靖時倭亂，巡撫唐順之亦於此築土城，今皆圮"（嘉慶《揚州府志》卷一六《都里志》）。

往北，即范公堤①也。沿范公堤而行，歷安豐、東臺、何垛、丁溪、白駒、劉莊等場②，共計二百餘里而抵鹽城縣，又北行一百餘里而至廟灣場③，復折而往西行一百餘里，至蘇家嘴。又一百餘里，至清江浦。

總而計之，自清江浦起行，沿下河週圍走遍，仍回清江浦，計程千里有奇。內止有廟灣、天妃、石䃮三口④，向係下河洩水入海之處。人馬至此，必登舟過渡，餘皆可以行馬之路也。惟是下河之地，闊三百餘里，長二百餘里，乃卑處於週圍馬路之中。雖有廟灣等口之洩，而存蓄積水，仍然一望汪洋。其釜底之形如此，是以高堰洩下之水，下河不得不爲承受之壑也。且臣測釜底之下河，其形尚卑於沿海之地，誠恐海潮有內灌之患。

故前此猶爲之鰓鰓過計，今亦姑無論海潮之果內灌與否，但止就水性而言，方其奔赴之時，雖有排山倒海之狀，然自近至遠，必隨地形之高卑，盡其平滿之量，然後遞流而前，所謂盈科而後進者也。方淮流盛漲之際，高堰洩水洶湧而來，勢必先盈釜底之科，而後漸達於海。夫以高堰洩下之水，歷此二百餘里釜底之區，地勢遙遠，即使海口卑於內地，然俟其遞流到海之時，釜底之禾苗未有不化爲烏有者也。

---

① 范公堤，"一名捍海岸，縣治東門外一里許，南□泰州、海門，北至本縣仁□沙浦，延袤七百餘里"（萬曆《鹽城縣志》卷一《地理志》）。

② 安豐場，位於東臺縣，"廣七十五里，袤十四里。自場東六十里至沿海馬路，十四里至仇湖莊，南十里接富安界，北四里接梁垛界"（嘉慶《東臺縣志》卷八《疆域》）。東臺場，即東臺縣治，"廣一百五十三里，袤十七里。自場東一百五十里至沿海小龍港，南十二里至烽燧墩接梁垛界，西五里至湯家泊，北二里至鹵溝，皆與何垛界"（嘉慶《東臺縣志》卷八《疆域》）。何垛場，位於東臺縣，"廣一百二十里，袤九里。自場東一百十五里至沿海馬路，西三里至海道口，南三里至東臺，北十里接丁溪界"（嘉慶《東臺縣志》卷八《疆域》）。丁溪場，位於東臺縣，"廣一百十里，舊小海在北，合之袤二十里。自場東一百里至戴家古淤海口，西七里自串場河與興化界，南三里接何垛界，北十五里接草堰界"（嘉慶《東臺縣志》卷八《疆域》）。白駒場，位於興化縣，"（興化縣城）東北到白駒場一百二十里"（萬曆《興化縣志》卷二《地理之紀》）。劉莊場，位於泰州，"海去州治東二百四十里，劉莊場海口去州治東北一百九十三里，爲興化、鹽城二縣界"（乾隆《江南通志》卷五七《河渠志》）。

③ 廟灣場，位於鹽城縣，"縣治東抵海，西接射陽湖，南通興化縣，北沿海，接廟灣場"（萬曆《鹽城縣志》卷一《地理志》）。

④ 石䃮口，位於鹽城縣，"在鹽城之東南，逼近城郭"（萬曆《興化縣新志》卷三《人事之紀》）。

至於淮揚土著之人，又有謂開濬小河，自可導水使出者，殊不知河之貯水，猶器之貯水也。有一石之器，斯受一石之水。若有一石之水，而僅設五斗之器，則水之入器者，止五斗。而此多餘之五斗，必浮溢於器外矣。況下河既成釜底，而今所開之河，勢必亦就釜底中挑挖者也。夫止就釜底挑挖，則徒增釜底之深而已。究竟盈科遞進之勢，斷不能飛越民田以入海，則仍不能救禾苗之淹沒也。且下河地畝如遇乾旱之歲，即不增開海口，亦皆可望其有秋者也。若遇大水之年，其本年苗禾之全遭淹沒，不必言矣。然苟再增開海口，以爲廣洩之計，亦未常無三四分之益也。但其水既大，則退之雖廣且速，亦必須俟之冬底，甚或遲至來春。是民間既失本年收穫之望，而又失及早種麥之期。萬一又如康熙二十三、四兩歲遇頻年之霪潦，則又當如何耶？

臣思皇上之所以治下河者，專爲救此災民耳。若增挑海口之後，而民田仍不免於淹沒，不幾有負我皇上軫念災民之至意乎？是以臣前疏請築堤束水，使淮水之洩下者盡歸堤內，藉堤之高以助其出海之勢，則自無旁溢。而堤外一切高窪之地，皆可耕耘。且開一百六十丈之河，則雖有源之水滔滔而來，而寬河足以有容，自可安瀾出海，則下河之水患庶幾永息，而可不負我皇上軫念災民之至意矣。但慮興工艱難，而所費錢糧浩繁，正在躊躇莫定。今蒙我皇上面諭臣子，問臣作何設法修治，有何意見，臣恨不剜心嘔血，竭此愚誠。因令陳潢曲加籌畫，至十八日之黎明，陳潢向臣云："潢思得今年正月間，廷議閉塞減壩之時，原止議閉運河堤上之壩。時蒙皇上聖諭，謂水源出自高堰壩上，因特諭併閉高堰之壩。潢念水貴探源，誠出自聖明睿見。因想杜患於流，不若杜患於源，則欲治下河，莫如設法徑治高堰之爲得也。今查高堰堤外之直東則爲下河，而高堰堤外之東北則爲清口。今若自翟家壩起，歷唐埂、古溝、周橋閘、高良澗、高家堰等處，於堰堤內東首離堤一百二十丈去處築大重堤一道，束堰堤減下一千方之水，使之北出清口，實爲便利。又念清口爲淮、黃交會之區，若無設法分洩之策，而遽增此一千方之水，則遇二瀆交漲之時，必有水壅之患。今幸黃河北岸新挑濟運中河一道，其寬大足以容受，實可大洩異漲。是清口所受分外之餘水即可於清口左右分洩而去，不致壅積傷堤也。今此一千方之水，應於黃河北岸清河縣之仲家莊①見建輓漕石閘之外，擬再於仲家莊并陶家莊、王家營各建大石閘一座，連見建之閘，共成四座，約可洩水五百方。又從

---

① 仲家莊，"廣濟石閘，在舊縣西三里仲家莊左，原係行漕之口。康熙二十六年建，名仲莊閘，即所謂單金河大閘也"（光緒《淮安府志》卷七《河防》）。

未過水之西王家營大壩，約可洩水三百方。此所洩之八百方，皆可由新挑之濟運中河徑直歸海。

又山陽南岸草灣①以下，向挑運料小河②一道，創建小閘一座。目今工已垂竣，但河小而無堤，不能束水。今應將小河拓寬，俾成大河，并於河之迤南加築大堤，約長四萬五千丈，并一律添建大石閘二座，約可洩水三百方。此三百方，可由黃河南岸運料河內徑直入海。

又鹽河③一道，原借中河之水，以資輓輸者。今應於安東縣亦建大石閘一座，既可大利鹽商，又可分洩去水一百方。此一百方，可由鹽河徑直入海。如此則清口雖增水一千方，而此各河實可洩水一千二百方。寧使洩水之數寬於增水之數，則庶幾可保萬全。

又天長、盱眙山澗之水，遇霪雨之時，約尚有二百方。此則俟高堰重堤竣工之日，引之由人字河④、灣頭閘⑤二處，一經芒稻河入江，一經串場河⑥入海。如此則洪澤湖之水，可以涓滴不侵下河，而下河永免水患，且工程又易，更可大省錢糧。似此謬擬之意見，或可上慰皇上之宵旰於萬一，聽臣再為裁酌

---

① 草灣，即草灣口，"在黃河堤上，南去大關十里。舊例專司稽查盤，康熙四十九年始行徵收錢糧。又二壩地方相離里許，該日分役巡巡查，並不收稅"（光緒《清河縣志》卷九《民賦下》）。

② 運料小河，位於山陽縣，"自高澗禹王廟前，迄周橋順水堤，長三千二百丈五尺，口寬八丈，底寬五丈，康熙三十九年開濬，四十年復濬，六十年又濬"（光緒《淮安府志》卷六《山陽河防》）。

③ 鹽河，位於山陽縣，"魚變河，一名漁濱河，在郡北北運河東岸，由永利閘引水入故沙河東流，為魚變河，經鳳谷村達青溝夾河，注馬家蕩，長百里。明時兩岸皆稻田，號為膏腴。自鹽分司移駐河北掣鹽，於是從故沙河尾西北鑿河一道，抵草灣三壩，名曰鹽河，以過鹽艘"（同治《山陽縣志》卷三《水利》）；"去城西五里，在楊家莊西，至武家墩接連運料二河，昔人運鹽之道也，今民田藉以宣洩盛潦"（光緒《淮安府志》卷六《山陽河防》）。

④ 人字河，"在（揚州）府城北三十五里，即邵伯金灣閘下之新河。自金灣十六里至運鹽河，二里入芒稻河閘，又自芒稻河閘十八里入江，計長二千二百九十三丈"（光緒《增修甘泉縣志》卷二《形勝》）。

⑤ 灣頭閘，位於江都縣，"為運鹽河路兼洩運河之水"（《行水金鑒》卷五二《運河水》）。

⑥ 串場河，即北串場河，"鹽城縣西北三里，其水由汊河分支經新興場上岡鎮，復繞范公堤東北流七十里，至阜寧入射陽湖出海"（《續纂淮關統志》卷三《川原》）。

等語。

　　臣殫心竭慮，酌盡思維，又與潢窮晝夜之力，再三駁詰辯難。至十九日辰刻，似覺愈辯愈確，方始定議。且爲之約略估計，其所築之堤約高一丈七八尺至二丈不等，共長一萬六千丈。連緊要險處防守埽料等項，每丈牽費銀三十兩。一萬六千丈，共需銀四十八萬兩。南岸運料河原極淺窄無堤，今應加拓寬深。即以加拓之土築堤，約四萬五千丈。每丈約費銀五兩，共需銀二十一萬五千兩。石閘六座，約需銀十二萬兩。内除取無用各閘壩舊料湊用外，共添購料物并人工、匠作等費，止約需銀九萬兩。其疏洩天長、盱眙兩處所費有限，應於歲修案内，隨便估題。統計改圖之工，實需銀七十九萬五千兩。

　　而此工一成，則洪澤湖雖遇異漲，而水由高堰兩堤之中北注，不復東淹下河。其下河見在一片汪洋，十餘萬頃之地盡可變成沃産，一善也。且不特下河可免水患，而高寶諸湖俱可涸出田畝數千頃。若一例招人屯墾，則可以裕河庫，而保護堰堤，二善也。至於高堰一帶，原係最險之工，今增此堤便可得重門之障，三善也。洪澤湖廣闊非常，一遇風起，則多覆舟沉溺。今由此堤内之河出入，則避湖險而就安流，有便於商民者甚大，四善也。

　　凡此情形，臣細加揆度，總因新挑黄河北岸行運之中河，可以分洩黄河異漲之故，是以臣可信其意見之不誣也。然臣細思此事，當與部臣孫在豐①、督臣董訥②、漕臣慕天顔、撫臣田雯③會勘公議，但部、督、撫三臣離淮甚遠，一時知會不及。臣子治豫恐復命稽遲，不敢久待。臣念欽蒙皇上有問明來奏之旨，臣今既有此見，何敢不即爲上聞！但臣又不敢以一人之斷遽爾入告，展轉躊躇，因思漕臣慕天顔前任江蘇藩臣之時，即能留心河務。今到任之後，每將下河之事與臣商酌講究。臣將所知情形屢爲陳説，漕臣頗稱有合。又因密邇淮城，理合就近會同參酌。臣是以即日邀請，而漕臣慕天顔隨於二十日清晨至臣

---

①　孫在豐，浙江德清人，康熙九年（1670）進士，歷任國史院編修、翰林院編修、翰林院侍講學士、翰林院掌院學士、工部右侍郎等職位，"孫在豐有才，著發内帑二十萬兩前往督修"（《清聖祖實録》卷一二六，康熙二十五年五月戊午條）。

②　董訥，"字兹重，山東平原人，康熙六年一甲三名進士，授編修，累擢至江南總督。爲政持大體，有惠於民，左遷去江南，民爲立生祠。二十八年上南巡，民執香跪訥生祠前，求復官訥江南。上還躋笑謂訥曰：'汝官江南，惠及民，民爲汝建小廟。'旋以侍讀學士復出，爲漕運總督卒"（《清史稿》卷二七八《董訥傳》）。

③　田雯，"字綸霞，山東德州人，進士，康熙二十六年任"（同治《蘇州府志》卷二二《公署二》）。

寓。臣細細告以改圖之策，是日同往高家堰、清口等處相度情形。漕臣亦辯難良久，乃始點首，謂此改圖甚當，實可以仰答皇上南顧之憂勤等語。是臣得漕臣所見之同，又幸有一印證矣。

茲臣子治豫回京復命，除部、督、漕、撫諸臣會議之日，將此情形再加公同相度，或別有善策，另行酌議具奏外，臣謹欽遵聖諭，將設法修治并改圖之意見，擬合先疏題知。至臣幕客陳潢前於康熙二十三年聖駕閱工之日，蒙皇上以有無得人爲問，臣已將陳潢姓名上達宸聽矣。然前此並未見之章疏，而臣於今日不得不據實奏明者，蓋以此等圖維實出陳潢一人之意見。且因併前創新挑行運中河之議，今始得以分洩黃、淮異漲之水。憶臣治河以來，藉潢之殫瘁經營，盡赤心以佐臣之不逮者不少，是以其間興工之委曲細微，以及將來取必竣工之責，非潢協力區畫不可。念微臣以垂老之軀，兼之多病，萬一即填溝壑，又或病臥，不能馳驅，則繼臣司河者，必得仍令陳潢在幕以佐之，庶可始終，以畢微臣之工，而不致有岐誤矣。此臣十年以來之血誠欲吐而未敢者，而今則不得不預爲陳明者也。

總之，微臣之愚忠，惟願國事有濟，而臣可告無罪，則雖死猶有餘榮。不特居功蔽賢之念所不忍萌，即引嫌避忌之私亦所不敢計也。臣從敬答明問，不敢絲毫隱諱起見，是以據實上聞。爲此具本，即令臣子靳治豫齎捧覆旨，伏乞皇上睿鑒施行。

再報兩河水勢疏

題爲再報兩河水勢情形，仰祈睿鑒事。

竊照康熙二十四年七月初九日，蒙皇上遣臣子吏部員外郎靳治豫馳驛，來至江南查問黃河水勢情形。臣隨於本月十一日，具恭報兩河水勢情形事一疏，即交臣子治豫齎捧覆旨在案。自十一日之後，十二薄暮大雨一時，十三至十六，四日之內俱係晴天。不意十七、十八、十九傾盆大雨三晝夜，至二十一日未止，迨二十二、三、四、五甫晴四日，而二十六、七、八、九又復四晝夜大雨。若七月三十日起，至八月十五日止，十六日之間，雨者十一日，無雨者僅五日。此臣於清江浦日記之陰晴也。其他各處雖稍有不同，而大略亦俱相似。

淮、揚、滁、鳳、兗五府州屬數十州縣霪雨疊災，請蠲求賑之文重疊交至，堆積盈几。或稱平地水長丈餘；或稱岡阜盡皆淹没；或稱牆垣悉圮；或稱廬舍皆衝；或稱屋脊難窺，田禾莫問；或稱雞犬絕響；或稱風浪滔天；或稱西水下奔，海潮上灌；或稱海潮狂嘯，溺死人民；或稱升屋而屋倒於水，棲樹而樹拔於風，乘舟而舟被浪覆，人逐波流，屍隨風濤等因。

臣披閱之次，殊不禁心爲之傷、目爲之慘也。即如微臣清江浦所居衙署，四面皆水，街市深水三、四、五尺不等，幾漫馬背。臣往來閱工，竟由門内乘舟而出，且圍牆半圮，臣之臥榻直與街通。若臣濟寧衙署，則僅存堂屋大屋，其圍牆與群房，莫不傾倒不堪。以臣之公署且然，則小民樓止之居概可見矣。他如寧波衛回空糧船四十九隻，於七月二十八日停泊邢莊閘，被夜間狂風暴雨打壞三十一隻。風息之後，止救岸五隻，其餘二十六隻盡皆打散。總之，今歲奇雨在淮、揚一帶，則與康熙十九年相同，而兗、徐上游則倍於十九年不止。

除各州縣被災情形應聽督撫臣查報外，臣在河言河，所有河道情形臣謹一一爲我皇上陳之。查黄河水勢，自七月十一以後至今，竝未再漲。江南碭、蕭、豐、靈、邳、睢六州縣黄河兩岸堤工俱皆保固，惟徐州南岸牛市口地方堤外積水原深，於七月二十七日被異常大風鼓浪，將堤土頃刻打去。彼時雖搶救有人，而風雨大極，連人打落堤内，有力莫施，不半日而打開堤工二十餘丈。所幸離河甚遠，且黄水竝未出漕。積水兩日流乾，隨即挂口。該管官弁見在挑土填築，不足爲患。

駱馬湖因山東異常大雨，各處山河之水一時下注，全歸駱馬湖内。自七月三十至八月初一，一晝夜之間驟長湖水八尺五寸。水勢如山，突然湧至，毋論平地，橋梁盡皆行水，直至初三方始消落。水消之後，逐一查勘，知攔馬河減水橋壩六座，衝損十之五六，并據報去厰房、住屋二十餘間，草蘆、大甎、烏樟葉、石灰、蓑麻等料甚多。目今水已大落，然秋汛未終，其衝損橋壩必俟霜降以後，方可興工修補。至此處原係山岡且離河亦遠，亦不足爲患也。惟邳、宿兩州縣運河，乃漕運咽喉至要之地。其東、西兩岸堤工，臣於大修、加修案内，節次費過無限錢糧人力。其西堤以内，週圍百餘里數千頃田地，自康熙二十年至今，業已豐收四年矣。本年七月十一日以前，雖運河水面離兩岸堤頂不過二三尺不等，而東堤外駱馬湖水面，離堤頂尚有六七尺不等也。豈期山東各處之水，不論河湖田地普面奔流，以致一晝夜之間駱馬湖水陡長八尺有奇。八月初一日，先從東堤頂上漫灌邳州，將甫離水患、甫收四年之田地數千頃，俱付之波臣矣。此宿遷縣以上黄、運、河、湖之情形也。

至宿遷縣以下，至於清口，亦因駱馬湖水陡漲，雖大半由攔馬河橋壩洩去，而仍有小半歸入黃河，以致最高堤頂止出水一二尺不等，而稍窪之處，河水竟與堤頂相平。各官弁危急羽書絡繹不絕。甚至北岸宿、桃交界之古城鎮街業已過水二三尺，而桃源之曹家嘴堤頂外半邊與水面相平，內半邊忽坐陷寬丈餘者，長百餘丈。此二處離河至近，設有疏失，則立成奪河之患。所幸古城鎮街原係山岡，土性堅硬，方一面過水之時，隨即飛下小埽，挑土搶壓，不二日而保固無虞。其曹家嘴後半邊坐陷之處，乃係遠年虛鬆之舊堤工也。幸加修案內前半邊新加之土夯築堅固，獲免決裂。

由今以思此工之得免大患者，實皇上洞燭機先，發帑加修堤岸，方得保全。否則微臣既不敢請帑，又無力加修，延至今日一壞，而不可復救矣。臣追思往事，殊不禁汗流浹背，感戴君恩於生生世世也。至於溫州廟、古城減水壩二座，因水平橋面，異常衝擊，以致壩底磯心亦多傷損。日來水勢消落，業已堵閉斷流，俟冬初勘明，另議修補。此宿遷以下，清口以上一帶黃河之情形也。

若清口以下，至於海口，黃河水勢與七月十一日以前相倣。惟山陽縣南岸真武廟以上韓家莊堤工，於八月初六日全河大溜南徙，新生險工一百六十餘丈。地土虛鬆，雖見在下埽，而隨下隨衝，不能存立。查此處內有遙堤，足為淮城保障，且險處土雖極鬆，而離險數里即屬膠土，斷無奪河成決之患者，亦不足慮。此清口以下至海口，黃河之情形也。

他如高家堰一帶，洪澤湖水自七月十三日起，至月杪止，業已耗去一尺四寸。今八月半個月內，仍復加長一尺二寸，比前尚少二寸。最可慮者，一起西風，為害不小。臣見在百計設法，作防禦西風大浪之策，以期務保無虞。若夫寶應、高郵、江都三州縣運河水勢，異漲非常，處處皆平堤頂。惟賴高郵城南各減水壩晝夜宣洩，且減壩宣洩不及者，即從旁邊卑窪堅堤之上平漫而過。蓋此處地高土硬，且有閘壩之水相抵，凡從矮堤平漫之水，深不過三四五尺，入冬不久即可涸出，不能為患。不似城北東堤清水潭等處之一決不可復救者比也。此運河湖堰之情形也。

總之，今年奇雨非常之久，以致水勢非常之大。雖工程不無損傷，而損傷之處俱屬易於修補；其緊要危急，幾有奪河成決之患者，幸而保固無虞。此皆我皇上洪齊天之所致也。至於損傷之工，容臣俟水勢消定，確勘情形，隨機修補。其經修、防守各官應否題參之處，亦容臣逐一查明，遵例具題可也。

謹將黃、運河、湖水勢情形再疏題報，伏乞皇上睿鑒施行。

請免課程疏開、歸堡夫

題爲再請豁免堡夫課程柳料，以甦苦累，以固河堤事。

竊照微臣恭蒙聖諭，往看河南工程。臣欽遵於康熙二十四年四月内前赴河南巡歷查勘間，比有民人擁臣馬首悲泣呼號。問其原委，則開、歸二府屬之堡夫劉文盛等，備言身等每年止領工食銀三四兩不等，餬口尚且不敷，不意順治十三年，管河道方副使突然建議，令身等每年辦柳一百束、蔴十觔、芝三十套、纜二十條，名曰"課程"，遂以爲例，血賠多年，皮穿骨盡。前蒙巡撫都院并本部院兩次會題，請免課程，部議不准。今身等田産變完，漸及妻子，身家已竭，姓命難存，叩乞本部院再疏具題豁免身等課程。如或不然，身等情願不領工食，退役歸農等因。

又據開封府南河同知黃錦①、北河同知王興元、歸德府管河通判劉愷、管河道副使祖文明，據各州縣申，據各堡夫哭禀哀求，或免課程，或退工食等因，通詳前來。又准河南撫臣王日藻咨同前事各等因到臣。該臣看得河南開、歸二府屬額設堡夫九百一十四名，計其工食，每名每歲止牽領銀三兩八錢有奇。論其力役而灌溉堤園官柳，修補車道、馬路，填築殘缺水溝、狼窩獾穴，頗不安閑。順治十三年，管河道方大猷議令，每夫每歲辦柳枝一百束、蔴十觔、芝三十套、纜二十條，謂之"課程"。自課程之法立，而堡夫苦累不堪矣。

查課程之繁，莫過於柳。今即以柳論之，每夫一名採青柳八千，綑而貯之附近廠中，不過一月之勞耳，何至於苦？殊不知辦柳非難，看守此柳爲難，而轉運此柳爲尤難。此其所苦累至於不堪矣。蓋堡夫所辦之柳，若隨辦隨用，則堡夫之事自畢矣。然辦柳之時，非用柳之時也。有柳而不即用，勢必仍貯堤旁。堤乃通行人之大道也，損失蹂躪之事，何日無之？此柳一日不交工，堡夫一口不能釋負，此看守之苦也。

---

① 黃錦，"字岵雲，湖廣蒲圻人，舉人，知祥符縣。適採伐柳條協濟江南，負重涉遠，民甚苦之。錦擘畫得法，事集民安。河堤壞，錦親從泥沙中聚役飲食而指授之，不數月工竣，人不苦累。擢本郡南河同知，民勒石以誌不忘"（乾隆《續河南通志》卷四九《職官志》）。

又貯柳之地，非用柳之地也。或數年不用，則數年堆貯堤旁。或一朝取用，則一朝即應運去。需柳之處與貯柳之處，動輒相隔數百里。即由船轉運，而其搬柳上船，往返動經三、四、五、六、七、八十里不等。一夫窮日之力，不能搬柳一束。以一日不能搬柳一束之堡夫，而忽令將一年所辦之一百束，與二三年所辦之二三百束，逐束交船。煢煢夫力，其何以堪此轉運之苦也？不惟是也，竭堡夫之筋力，若柳可適用有益於工尚可也。奈何所辦、所貯之柳，隔一年則枯，隔兩年則朽，三年之後，則寸寸斷落，漸成灰土矣。此等久貯之柳，多年不用，悉皆變成灰土。堡夫以不能再賠控告，委官驗明之後，不容不盡行豁免。竭夫力以辦柳，而不免於盡成灰土。豁免其賠，而不得其用，究何益於工哉！

況堡夫因有此柳之累，反將修補殘缺等力役盡行廢弛，是不惟無益而實則有損矣。且河南工程不比江南。江南歲修全賴長樁大埽抵敵洪流，河南土性極鬆，下埽每難存立，是以水勢近堤。即便豫築月堤以爲重門之障，其必須用埽者，不過如滎澤護城堤等一二工而已。臣因河南課程柳束，久貯不用，盡成灰土，深爲可惜。見在僱覓船隻，將近年堪用之課程柳束運至江南，以爲歲修工用。不意非大工之需，僱船甚難。將江南歲修柳價，每束銀三分盡爲水脚而尚苦不足，則運來亦甚非計。且江南新栽之柳日漸長大，將來斷無舍近圖遠之理，是豫省課程終歸於無用已耳。

總之，此等課程不辦，則可甦小民之累，而亦有益於河堤；仍辦則小民之困愈深，而修補之役愈廢，允當急與除免者也。竊查此案，先於康熙二十二年內經豫撫臣王日藻特題請免，部議行臣查議。臣查明有損無益原委，題請照撫臣原疏豁免，而部覆堡夫每年所輸值銀六千餘兩，仍議不准豁免。此部臣從有用之錢糧起見也，殊不知名爲值銀六千餘兩，究竟大半豁免，有課程之虛名，而無用柳之實濟，反弛堡夫實在之力役，其損良多也。

伏乞皇上睿鑒，俯念堡夫辦輸課程實係有損無益，敕下部臣自康熙二十四年爲始，將原任管河道方大猷條議開、歸二府屬堡夫課程一案，概予除免，將見夫力稍甦，修防不廢，有裨河道民生，良非淺鮮矣。

臣謹會同河南撫臣王日藻合詞題請，伏乞敕部議覆施行。

請循定例疏錢糧免其具題

題爲請循河工定例，以便遵守，以固河防事。

竊照黃、運兩河工不下數千餘里，其間防守機宜有歲修、搶修之別。凡大溜直衝堤根，搜刷堤底，必須長椿大埽抵敵洪流，以免奪河成決之患。且下埽之後，每年自春至冬有時而折陷，有時而衝損，尤須隨折隨套，隨衝隨補，刻刻守護，時時修防。每一工而費帑在五百兩之外，并至數千兩，以及萬餘兩不等，必須逐案預爲題估，俟部議允估，奉有俞旨之後，又復駁查核減造冊奏銷者，謂之歲修。又如石岸、石閘、石壩等項，或數年一修，或一二十年一修。其費俱在數千金或一二萬金之外者，亦應預先題估，工完奏銷者，亦俱謂之歲修。

若河道偶然變遷而未成大險，堤岸閘壩偶被損傷而未至大壞，彼時若稍稍遲慢，則工程漸損而需費愈繁。是以該管廳員一面詳明臣衙門，一面飛星運料，隨機修防。每一工而費帑或數兩，或數十兩，或二、三、四百餘兩，總在五百兩之內者，將用過錢糧冊詳臣衙門確核刪減，造入歲報冊內彙題開銷者，謂之搶修。又如上年原係大險，費過錢糧甚多，而次年忽然平緩，用料無多，計值不出五百兩之數者，亦歸搶修案內銷算。此歷來成例也，

又每年歲修工程俱動河庫錢糧辦料下埽，聞從前專有一班河棍，或自稱木商赴官領銀買木，或自稱草戶，自稱柳戶、蓁戶赴官領銀買草柳、買蓁，究竟領帑到手任意花費，險工立等料物而任催不前，貽誤不可勝言。嗣此而後，椿木一項必確正有身家之木商，方准預給帑銀。然亦不過先給一半，餘俟木株交工完畢，方始找給。即草束、蓁蔴等料，凡有殷實草戶、蓁戶領帑者，亦止先給些須，隨後陸續查找。又柳枝、草束大抵產自民間，凡工程緊急之時，欲求濟急，不得不逕令民間辦交。彼時預發錢糧，每有衙役中飽之弊，於是先收民間之料，計其所值與之抵兌正賦錢糧。此法一行，小民最沾實惠。凡此料價均非當時全給者，此不特歷來成例，亦屬理勢必然。總緣河帑爲保護民生、運道之資，不敢不慎重也。

今部臣於康熙十八年間議覆康熙十四年歲報河道錢糧案內稱，嗣後凡有應給之款，即於該年給發，不得仍前隔年找支等因。自十八年以至於今，六年之內屢駁不休，并令將搶修工程亦俱預爲具題等因。臣竊念部臣爲朝廷上卿，綜

理薄海內外一切錢糧，何等重大！凡臣部所議，皆從重起見，臣自當一一祗遵，何敢故爲違拗？但其間就理有難以必遵部議者，在部臣亦止可得其大綱，而不獲知其細故也。蓋河道額設錢糧爲數有限，而修防黃、運、河、湖上下兩岸數千餘里工程，若非量入爲出，斟酌緩急，刻刻籌算，力圖節省，則發帑最易而收料不前，貽誤匪小。況河庫雖不能充盈，亦當略有見銀存貯，以備不時之需。若不准隔年找支，則勢必當年盡行發完。設或於河庫空虛之候，而忽生意外危急之工，束手無策，豈不立釀大患耶？是以歲修料價銀兩必須仍准隔年找支，方於河工有益。臣所謂難以必遵部議者，此其一也。

至於搶修工程，原係搶救一時，並非終年修守者可比。若必預爲題估，則耽延停閣，貽誤甚大。況歲修工程，每年不過數十件，而一估一銷尚且案牘盈箱。臣核造艱難，年年展限。若搶修工程，每歲不下一二百件，若亦照歲修之例一估一銷，則每歲應添本章三四百件。不特微臣萬萬不能料理，亦斷不敢將些須河帑逐一上瀆宸聰。臣所謂難以必遵部議者，此又其一也。

伏乞皇上俯念河工關係重大，額帑有限，不便盡行濫支；搶修費帑無多，危急之秋不便耽延釀患，敕下部臣准臣仍循往例，應當時給發者，容臣當時即給；應隔年支給者，容臣隔年找支，並一切搶修工程仍免題估，庶省章奏之繁多，而得河工之實濟，有神河防良非淺鮮也。

臣謹特疏具題，伏乞敕部議覆施行。

霪霖漲漫疏

題爲霪霖之漫漲非常，杜患之綢繆貴早，謹請再加善後工程，以期永奠下河、永拯民生事。

竊照高、寶等七州縣下河田畝久被積水沉淹，我皇上聖駕親閱河工，目擊萬頃汪洋情形，特頒上諭不惜經費，命臣等大加修治。其修治事宜，臣見在於欽奉上諭事另疏內具題請旨矣。惟是今歲異常霪雨，各工處處阽危。其阽危情狀臣已節次具疏，題報在案。因思我皇上開濬下河之舉，眞爲拯救災民第一善政，行曠古未行之事也。臣奉命董理斯役，自當竭盡心思、耳目之力，百計綢繆，不留絲毫罅隙，以貽後日之患，庶盡微臣職掌。若臣稍有洩忽，則上負朝廷，下負百姓，臣罪不容誅矣。

今下河一工費帑至二百七十餘萬兩，工完之後必須永無他患，始稱益國利民。若一有旁潰，勢必全功盡棄，為害不可勝言矣。然下河之上則有運河，運河東堤所以攔高寶諸湖之水，不使隨處漫淹下河田畝者也。運河堤工之上，更有高家堰一帶臨湖堤工，所以攔洪澤之水，不使全湖傾注，助高寶諸湖水勢衝斷運河東堤者也。故運河東堤為下河屏翰，而高堰堤工更為運河屏翰，斷須逐一加修，俾無意外之患。庶下河可以永奠，民生亦可永遂也。

查高家堰一帶臨湖堤工，共長一萬五千六百五十餘丈。臣先於加修案內，估每丈加土二十方、三十餘方不等。蓋前此堤根積水不過寬三五十丈，深一、二、三尺。原擬稍晴數月，積水漸消，隨即設法築堰，挑運料小河一道，每丈不過多費銀一二兩，即可取挑河之土，加幫堤工也。不意三年以來，時雨頻降，堤根積水日增，寬至百餘丈、一二百丈不等，深至三、四、五、六尺不等。如欲設法築堰，每丈必須多費銀五兩有奇，方可築成。查此工通共止估銀九萬四千餘兩，每丈止牽估銀六兩有奇。若築堰費去五兩有奇，則所賸之銀不及一兩，安能挑挖如許幫堤土方？故不得不停止挑河，惟作隨機設法取土加幫之計。今已歷兩載有奇，而尚未加幫完竣，且費盡人力。設法加幫之土，而湖水大極，一起西風，每被擊去。今臣再四籌酌，必須於臨湖一面加釘密排椿一路，內下丁頭小埽，與見在堤頂相平，然後於埽上加土三尺，緊壓丁埽，以禦風浪。再於堤內離堤五、七、八十丈地面，另挑運料小河，即取挑河之土築束水堤一道，束大堤內積水於小河之中，以便運料、運土搶救工程，庶風浪大作之時，可以隨便施用人力，不致束手無策，眼見決裂之虞。內應加密椿之工，約計一萬三千丈，用料多寡不等。每丈牽用一尺四五寸圍圓木二十根、柳枝三十束、纜柴二十束、埽柴八十束、紅草六十束，并買毛竹銀一錢，計需料價銀九兩七錢六分，一萬三千丈共需料價銀一十二萬六千八百八十兩。應築束水堤一道，約長一萬一千五百丈，築頂寬二丈，底寬六丈，牽高八尺。每丈用土三十二方，連挑帶築，每方給銀一錢八分，共需土方銀六萬六千二百四十兩。又上自武家墩，下至楊家廟，舊有河形一道，計長四十餘里，儘堪洩減水壩減下之水，祇因內中有數段淤淺之處不能暢注，既不能通舟運料，而又每致旁流，今應挑深一律。查此淤淺之工，約長四千丈，每丈挑寬五丈，深五、六、七尺不等。其挑起之土，儘幫兩岸堤工，約計每丈需夫工銀三兩，共需銀一萬二千兩。

又自楊家廟至寶應湖①邊一帶平灘，計長四千丈，應挑河一道，以引上流減洩之水直達大湖，俾免壅積漫堤之患，且可使裝料之船直抵高家堰一帶，以爲運料之資。其河應挑面寬六丈，底寬四丈，深八尺，每丈挑土四十方，所挑之土運至西岸離河十五丈去處堆築成堤。此工以挑河爲準，每方給銀一錢二分，計需銀一萬九千二百兩。以上四工，共需銀二十二萬四千三百二十兩。如式完工之後，凡高家堰一帶臨湖萬餘丈工程，雖當極險危之時，而料齊土足，隨機修防，足以搪風禦浪，障洪澤湖之水，不使傾注，永爲運河之屏翰也。至運河東堤，自淮安起，歷寶應、高郵至江都之灣頭止，并西堤殘缺應修之工，共約長五萬丈。每丈用土少者十餘方，多者四十餘方，牽算每丈加土二十五方，取土難易不等，給一錢七分一方。每丈需銀四兩二錢五分，五萬丈共需銀二十一萬二千五百兩。

又自高郵湖至邵伯湖，雖舊有小河一道，僅深三四尺不等，寬四五丈不等，是以水漲之際不能宣洩，直待非常大漲則又一片漫淹。又盧港②至蕪城墩③迤北，金灣三閘④至芒稻河，此二處亦俱有小河，而淺窄更甚。今應大爲挑挖，務極寬深，俾水勢小漲之時，即便逐漸宣洩，免致壅積爲患。此三處共約長八千丈，每丈約挑土一百方，運至十五丈之外，堆築成堤。此工亦以挑河爲準，每方給銀一錢二分，計需銀九萬六千兩。以上二工，共需銀三十萬八千五百兩。如式完工之後，凡運河與高寶諸湖之水攔束有資，宣洩有資，可以永保安瀾，無隨處漫缺之患，足爲下河之屏翰者也。

至此疏内共需銀五十三萬二千八百二十兩，臣不敢請費錢糧，擬於下河屯墾額餘官田所收籽粒、佃價等項内銷算。但此等工程内有十分之六，係必不可緩，斷須於一二年內先爲興舉，以待下河完工者。其餘十分之四，應俟下河工竣之時，陸續興舉者。臣請皇上敕部，借撥銀三十萬兩，容臣先將必不可緩之

---

① 寶應湖，即汜光湖，位於寶應縣，"自縣北至槐樓南諸湖皆連，運河所必經，湖之東舊有堤長三十餘里"（《西園聞見錄》卷三八《戶部七》）；"在縣西南十五里，東西長三十里，南北闊十里，東北連清水湖，南會津湖，西通灑火湖"（民國《寶應縣志》卷三《山川志》）。

② 盧港，即油胡盧港，位於鹽城縣，"治西北八十里，其水由西塘河經東塘河至朦朧鎮，入射陽湖"（光緒《淮安府志》卷六《山陽河防》）。

③ 蕪城墩，位於甘泉縣，"在六閘外，運河側，四面皆水，上有文峰院"（光緒《增修甘泉縣志》卷二《山川志》）。

④ 金灣三閘，位於江都縣邵伯鎮南（乾隆《江南通志》卷六五《河渠志》）。

工星飛黌竣，其應陸續興舉之工，俟收得籽粒、佃價，即便陸續興舉。至借撥銀三十萬兩，亦與下河借帑一律俟工完之後，分爲五年解還戶部。蓋此等工程，實爲下河屏翰。臣惟力圖鞏固，爲永奠下河之計，以期工必可成，事必有濟，國賦日增而民生日遂，庶不負我皇上己溺己飢之心、至聖至仁之念也。

臣謹具題，伏乞皇上睿鑒，敕部議覆施行。

恭謝天恩疏 鹿脯等件

奏爲恭謝天恩事。

九月十六日，據臣子靳治豫從京師寄到家信一封，內稱九月初四日，蒙皇上召臣子治豫至乾清宮御榻之前，天顏咫尺，面問臣子河道近日水漲異常，臣家信內有無工程情形言語。臣子治豫照臣家書所有之言，一一回奏。蒙皇上面諭云："朕去年閱工，親看黃河兩岸堤工在爾父人力已盡，無可再加，倘或更有疏虞，亦是異常天災了。今年如此大水，若保得無事，黃河必能加刷寬深，將來就可恃矣等因。欽此。"臣讀畢天語，感極而繼之以泣。伏念臣本一介寒微，才庸質魯，蒙皇上屢次拔擢，授以總河之職，歷任八載有奇。小勤不足以補拙，無勞不足以蓋愆，乃皇上不加譴黜，屢賜優容，臣之感激業已淪肌浹髓，仰報無由矣。

今歲商羊肆虐，奇雨爲災，皇上念切河工，差官查問，即令臣子治豫馳驛前來，俾臣數年不見面之父子忽然聚首，歡忭非常。迨臣子治豫回京復命，又蒙皇上向臣子問臣好否。至於河道情形、災荒景狀，廑聖懷而賜明問者，天語甚多，字字皆憫念兆姓之言，臣俱不敢縷述。又蒙皇上賜飯、賜茶，并親諭一等侍衛宜都額真吳大禪，將伊自己被褥等項讓與臣子治豫住宿，馬匹、弓箭等項讓與臣子治豫乘用，次日跟隨聖駕行圍。夫治豫以無才無學之童稚小臣，而得親瞻聖朝蒐狩之盛，恩榮極矣。迨蒙恩之後，又蒙賜御膳珍品鹿脯、鹿尾、鹿舌等項，治豫郵寄來淮。臣望闕叩首謝恩，亦得親嘗嘉味。凡此鴻恩，皆人臣不易得之異數。臣鐫鏤臟腑，頃刻不忘，實以恩深難報爲懼。

今又蒙皇上謂臣人力已盡無可再加，臣竊思庸劣如臣，不識因何而得邀聖主之寵榮如此其極，憐憫如此其至，此臣之所以感極而繼之以泣也。至於黃河水勢日來業已大定，山陽縣南岸韓家莊缺口內水微流緩，離口百餘丈之外，僅深二三尺，不過一月之內即可斷流。其餘各險如山陽縣之馬邏，安東縣之便益門①，清河縣之玉皇閣，桃源縣之烟墩、龍窩、九里岡，屢報險急，然俱已護定。惟邳州之五工頭②溜抽底埽，險急非常；睢寧縣之武官營大溜南侵，刷去遠灘數百丈，逼近堤根。似此二工，乃目前之至險，然其間應守、應棄，臣見在隨機斟酌而行，期於不至為患。若夫防守河工，原屬微臣職掌，此等危工，本不應上瀆天聽，祇以皇上洞晰河道機宜，刻刻以民生、運道為慮，故敢略陳大概，以備聖明睿察。

至臣家三世受國深恩，而臣與臣子治豫之受恩更深更重，計惟有捐頂糜踵，竭犬馬之心力，仰報皇恩於萬分之一而已。

臣謹恭疏奏謝，謹具奏聞。

恭報赴京疏

題為恭報微臣起程赴京日期事。

該臣除一切河務交與該管官員謹慎看守外，臣即捧佩敕印，率同按察使于成龍，於康熙二十四年十一月初三日，自清江浦起程訖，所有起程日期，臣謹恭疏題報，伏乞睿鑒施行。

欽奉上諭疏海口

題為欽奉上諭事。

該臣看得高、寶、江、興、泰、山、鹽等七州縣下河田畝被積水沉淹者，自明代已然，其患非一日矣。我皇上親幸斯土，目擊黎民昏墊之苦，特沛恩綸

---

① 便益門，"安東險工六，曰二舖口、曰便益門、曰南門、曰東門、曰茆良口、曰佃湖"（乾隆《江南通志》卷五三《河渠志》）。

② 五工頭，"河自睢寧韓家莊折而北擣邳州，五工頭汛稱極險，與董家堂並重"（咸豐《邳州志》卷四《建置》）。

大加修治，既遣臬臣于成龍專管督理，又以微臣任河年久應知挑濬機宜，并命微臣總理其事。此蓋曠古未行之盛舉也。蓋堯舜而後，言治水者不過求其順軌湍行，安流歸海而已。若河道業已疏通，而并欲將從前積水之區，盡使變爲沃壤。凡有一夫不獲，悉皆深廑宸衷。如我皇上今日之至聖至仁，誠遠軼三代直並唐虞者矣。

臣等生逢盛世，身沐洪恩，敢不捐頂糜踵，黽勉奮發，力圖報效，必期有成乎？惟是治之之法，宜握要領，審全局而曲圖節省也。蓋不握要領而漫然施工，則徒糜國帑，功必無成；不審全局而洩然從事，則工雖倖竣，隨必潰壞；不圖節省而循例估費，則需帑太多，終成築舍。此皆不可也。

今淮揚之人多侈言治法矣，究其作何經營，不過執《禹貢》先治下流之説，以爲多挑海口淤沙，洩去内地積水，使汪洋之區涸出乾地，然後查勘舊渠，逐一挑濬等語。言人人同而已，殊不知禹之先治下流，乃因兗州地窪而然也。今此七州縣下河海口高昂，内地低於海潮不下五尺。從前海潮内灌，不可以耕，曾經宋臣范仲淹築堤以障之，堤成而民享其利，名其堤曰"范公堤"，頌之感之，至今不衰。今若循先挑海口之議，則是引潮内侵，與范堤障水之意相悖，不特積水必不能洩，而糜帑殃民將無底止矣。

治之之法全在束水注海。夫内地既卑於海潮五尺，則應於内地築堤高一丈六尺，以高一丈六尺之堤自足束高一丈之水。内水既束高一丈，則高過海潮五尺，其趨海之勢必速，而無留滯之虞矣。堤既高一丈六尺，則堤頂高過水面六尺，其束水之力必堅，而無旁潰之患矣。臣所謂宜握要領者，此也。

築堤束水，固爲握要之計，然運河之新、舊減水閘壩何止數十處？即下河七州縣之河渠、溝、港所以承運河各閘壩之水者，何止數十道？若不盡行築堤，以束各處減下之水，則水仍散亂無收，漫淹田畝。若欲一概興築，則其費數倍，何止需帑千餘萬金？臣再四籌維，查減水壩之最大而多者，莫過高郵城南。今應將高郵城北，并車邏以南、邵伯鎮以北之零星閘壩，俱行閉塞，拆取石料，移於高郵城南、邵伯鎮南二處，改建深底大石閘二座。俾洪澤湖減下之水，並天長、盱眙各山澗之水，由高郵城南之南關大壩、五里、八里、柏家墩①、車邏等壩，并新議建之大石閘内洩去十分之八；邵伯鎮南已建之減水壩，並新議建之大石閘内洩去十分之二。邵伯鎮南所洩之水，半由芒稻河並通州入江，半由串場河入海。高郵城南所洩之水，應自車邏鎮起築大橫堤一道，

---

① 柏家墩，位於高郵城南十五里（嘉慶《高郵州志》卷一《山川》）。

直抵高郵。再自高郵城東起築大堤二道，歷興化縣白駒場至海，束各閘壩洩下之水彙歸一處，直達大洋。且必量入爲出，寧使出水之地寬大於進水之地，使所進之水安流下注，而無擁刷堤工，漫潰決裂之虞。故內地窪區築堤高一丈六尺之河，止寬一百五十丈。海灘高地築堤高一丈之河，必寬一百八十丈也。臣所謂宜審全局者，此也。

至於水工堤堰，艱於取土者，舊例每方給銀三錢，尚有攤鍬夯硪之夫在外。然三錢一分之土，近者不過取於數里之外，遠者不過取於一二十里之外。今此番堤工興築於萬頃汪洋一望無際之中，近者數十里見土，遠者百餘里見土，艱難既數倍於尋常，則其不貲之費從何措處？查難築之水工共長六萬三千丈，牽需土六百零四萬八方。毋論取土之艱數倍常時，即以加價一倍計之，而此六萬三千丈工程即需帑三百六十餘萬兩矣。且夫、船兩難，曠日持久，不知竣工於何日也。

臣百計籌畫，作就近取土之計。其法先定堤基，隨用船裝遠土於水內築成圍埂，其埂出水二尺，中間寬三十丈，長五十丈。圍埂既成，一面用草料防護，一面將埂內之水車乾。然後於離堤基十五丈之外挖土，挑至堤基之上，密加夯硪，築成大堤。其堤應築成頂寬二丈，底寬十丈，高一丈六尺。每堤一丈，用土九十六方。連船裝築埂之土，並車水防埂一切夫工、器具、料物，以及陰雨食米等項，每方止需銀二錢六分，六萬三千丈共止需銀一百五十七萬二千四百八十兩。較之尋常估費者，約省過半。臣所謂曲圖節省者，此也。

司臣于成龍於奉旨任事之後，臣即令其先行相度，各出己見，以資啟發。該司閱歷月餘，其訪採輿論，審量經營之處，頗饒苦心。然亦持先開海口及費帑多而歲月艱難之議。於是臣與該司面爲商酌，作聚米之形，區畫開濬償築諸法，令該司覆加確酌。今據該司冊估前來，更增護堤埽料以爲周詳之計，尤屬允當。至於應舉工程，除水工六萬三千丈需銀一百五十七萬二千四百八十兩之外，其餘一切挑築工程，大略與舊例同。止於築堤者，每方連陰雨食米等項，給銀一錢六分。連挑帶築者，以築成堤土爲準，每方連陰雨食米等項，給銀一錢八分內。一自白駒場至海口，應挑大河二道，共約長二萬四千丈，即以挑河之土築成堤寬二丈，底寬七丈，高一丈之大堤二道。每堤一丈用土四十五方。連挑帶築，每方給銀一錢八分，二萬四千丈共需銀一十九萬四千四百兩。又自白駒場北至廟灣南，歷海安、泰州至芒稻河，約共應築堤十五萬丈。其堤大小不等，用土多寡不等，土方價值一錢六分、一錢八分不等，共需銀七十六萬八千兩。

高郵州邵伯鎮南各建大石閘一座，白駒場南北兩岸亦各建大石閘一座，共建石閘四座。除拆取廢閘石塊外，其添買石塊、轉運舊石，以及椿木、灰、米、錠鍋、夫匠工食等項，並閘旁添建木涵洞二百個分引河流，稍殺閘門内建瓴之勢，共需銀六萬兩。又前工盡完之後，上流湖河之水悉由新築水工大河内入海，涓滴不能旁洩。若遇天旱之年，難免禾苗枯槁。今創建木涵洞二百個，隨時啟閉，以資灌溉，爲永遠裕國利民之計。每個需銀一百兩，共需銀二萬兩。又水工大堤六萬三千丈，地勢最卑而河寬水急，風浪時侵。若不預爲保護之計，則一時風起便有倉皇無備、束手莫措之虞。此堤一有損失，則全功盡棄，爲害非輕。今估將此六萬三千丈工程，盡捲四五尺高順埽，再加丁頭草橫疊鑲護，每堤一丈估用草蘆、椿柳、夫匠工食等項，共計銀二兩四錢三分。六萬三千丈共需銀一十五萬三千零九十兩。又白駒場至海口，共堤二萬四千丈，雖地勢稍高而河寬水急，亦應用草防護。每丈需草價銀六錢，共需銀一萬四千四百兩。以上修治高、寶等七州縣下河工程，共需銀二百七十八萬二千三百七十兩。伏乞皇上敕下部議，將所需前項銀兩先賜撥發一半，以便乘時償工，餘容陸續請撥。其完工限期，請自興工之日爲始，除陰雨、土凍難以畚舖之日不計外，請限三年告竣，庶事無諉卸而可免曠日持久之虞矣。

臣伏念此番經理，蒙皇上如天之仁，有不惜帑金，惟冀民生得所之聖諭，則似乎支費不難。然臣又念國帑自有國用，今請撥至二百七十萬餘兩之多，而不思所以補苴之計，非臣心所敢安也。況若補苴無計，則亦無可如何。今以臣之愚反覆思之，實有可以補苴之法。若臣不力奏請行，尤非臣心所敢安也。今臣擬將此項銀兩，俱作工所暫時之借支，請於工完三年之後，分爲五七年解還户部。其解還之法，又當分爲二項，内如築水工大堤六萬三千丈，海口大堤二萬四千丈並護埽堤料，以及建高郵城南石閘一座、引水灌田木涵洞二百個，共需銀一百九十六萬九千三百七十兩，乃專爲七州縣田畝而舉者也。若北自廟灣起，南至芒稻河止，兩岸堤工十五萬丈，並邵伯鎮南、白駒場兩岸石閘共三座，所需銀八十一萬三千兩，乃係創興各場運鹽之大利者也。何也？蓋水工、海口堤河工竣之後，各減水閘壩之水既盡歸新河入海，則七州縣水淹原額之地畝，必皆盡行涸出，地既涸出則串場河亦涸，而淮南綱鹽一百三四十萬引無從輓運，故必須並築串場河兩岸之堤，再並建邵伯鎮南、白駒場新河兩岸之石閘三座也。臣查見在淮商運鹽之艱有三：一則串場河底高低不一，天氣稍旱，則河稍高之處即便淺澁，而多輓拽之費矣；二則串場河不通運河，凡引鹽出場，必另用小船由漫灘積水湖内盤壩而過，方到運河船上，是又多盤脚僱船之費矣；三則鹽船必經芒稻河，每遇水漲之候，大溜掣船，異常危險，非用數百人增添繩纜設法輓拽不能過溜，是又多催夫之費矣。

以上三費，每鹽一引必須增費二錢不等。若此築堤束水之工一成，則運河大船可以竟至串場河受載，自串場河開行，或過高郵閘，或過邵伯閘，寬河大港，一水直達揚州。既無淺澁之艱，又無盤壩之阻，更免溜掣之險，省費既多而鹽船又得安流，計日可到，故曰創興運鹽之大利也。

臣竊以補帑之法，凡因有利田畝而興築者，則所費之帑應於田畝項下陸續補還；其因有利運鹽而興築者，則所費之帑應於鹽引項下陸續補還。查應於田畝項下陸續還者，計銀一百九十六萬九千三百七十兩。其償還之法，臣遍歷下河七州縣地方，西至運河，東至大海，南至江泰舊河，北至黃遙堤。按其廣袤之遠近，察其積水之淺深，約略科之將來完工之後，除去河湖、城郭、村鎮、墳塋、鹽柴蕩之外，可得田十四五萬頃。而此七州縣《全書》所額田不過十一萬頃，是額外餘田不下三四萬頃矣。以泰州一州而論，地方平衍廣闊，按法而稽應有四五萬頃，今《全書》額田僅有九千二百餘頃。蓋所種實田止有此數，而餘皆沮洳沉沒之區耳。一州如此，他可類推。故曰工完之後，則額田而外可得餘田三四萬頃也。

今臣擬將涸出之地逐一清丈，先將原額數內之田盡行給主。其原額之外者，額餘官田當廣招窮民墾種。然尋常招墾之法，其田率皆荒蕪之土，而所以招徠者，不過給牛種、緩陞科而已。夫土既荒蕪而所給又不敷於農本，則耕者勢難盡其耘耔之力，力既不盡則雖寬緩起科之歲月，而民迫於饑寒，終不能使蒿萊變為沃壤，理勢然也。今臣等擬督廉能之吏，搆草舍、備牛種、給衣食，俾無告之災黎先去饑寒迫身之苦，而有安居得業之樂，自無不子來恐後，盡力開墾矣。初年則倣民間佃戶之例，與之共分籽粒。民以所分之籽粒償本年之衣食，官以所分之籽粒為下年之墾本。如是三年之後，民業漸覺殷足。然民間授受之例，許其納佃價於官，給為永業。此等田地照此式開墾之後，在民間授受，俱值銀一、二、三兩一畝，至瘠者方在一兩之內。今擬地畝肥瘠不等，肥者止取佃價銀一兩二錢，瘠者止取佃價銀六錢，每畝止牽取佃價銀九錢。額餘官田最少亦有三萬頃，可得佃價銀二百七十萬兩，內以一百九十六萬餘兩解交戶部，抵還借支之項。其餘七十餘萬兩，應將高堰臨湖堤工，並山、寶、高、江四州縣運河堤工再加高厚，更將山、清、寶、盱、高、江六州縣境內，凡有關於高寶下河之零星應挑應築工程逐一料理，以期永保無虞，為久奠下河之計。

又此中或有存賸之銀，并二百七十萬兩之外或更有多得佃價銀兩，悉皆戶部充用。蓋高堰運河，并此六州縣零星各工，俱與下河脣齒相依者也。各工安則下河亦安，各工設有不虞則下河亦隨之決裂。今以下河開墾之餘資，爲永安高堰運河等工之計，誠國計民生萬世之利也。其價二百七十萬兩，乃必然可得之數，而將來又出於民情之最願、最樂者，所謂應於田畝項下設法償還者也。

其應於引鹽項下陸續償還者，計銀八十一萬三千兩。查淮南綱鹽每歲一百三四十萬引，河堤告成之後，每年既可省盤剝之費一二錢不等。今止令其於所省之內，每引每年納河堤銀九分，以七年爲率，七年數足之後，免其再納。計每年可得銀十二萬兩，不過七年而此八十一萬金之帑又可補還無欠。此亦必然可得之數，在鹽商量捐費之資而坐享久遠之利，所謂應於引鹽項下陸續補還者也。

至此工地方廣闊，錢糧浩繁且清查屯墾事務冗雜，應暫設廳官六員，專管招徠，鼓舞督墾、開屯及清查地畝、分發錢糧諸務，并暫設州縣佐貳十九員，以分任之。此暫設之廳官、佐貳官，俱俟工完之日另疏請裁。至於挑築堤河二十三萬七千丈，并建大閘門四座、木涵洞四百個，應委監理官五十四員、分管官二百餘員，分頭疾儹，尅期告竣。所委監理、分等官俱係客官，應請照康熙十七年間議政王等議覆微臣敬陳經理河工事宜第六疏事案內之例，於工完之日容臣列名具題，恭請皇上洪恩，准其照見任應陞品級加二級從優即陞。其因公罣誤官員，准其還職。其暫設廳員并州縣佐貳官員，應俟清查地畝、墾屯完畢，將其所費國帑二百七十餘萬兩逐一償還之日，更請皇上洪恩，准其加三級從優即陞。其非正途出身者，俱照正途一例陞轉，以鼓有功勞吏。除應設廳官六員，臣見在繕疏保題外，其應設州縣佐貳十九員，并應委監理官五十四員，容臣等一面遴選續疏具題。至於應委分管官二百餘員，容臣等照大工之例，隨時委用，彙造各官履歷、工程清冊，咨吏、工二部可也。除一切未盡事宜，疏內不能備載。照此前大修工程之例，凡些小事務應竟行者，容臣等籌酌，隨便竟行；重大事務應具題者，亦容臣等商定，不時入告并將估計清冊揭送工部查核外。

臣謹具題，伏乞睿鑒，敕部議覆施行。

分添縣治疏

題爲江南徐、泰、海、山四州縣地廣民刁，安、沭、清、桃等縣河淤土廣，謹陳分併添設縣治事宜，以全國賦，以便民生事。

竊惟從來畫地分官，所以爲親民之計也。國賦以之而充，民生以之而遂。但按其疆域，大州縣不過百十餘里，小州縣不過百里以內不等。官日與民相親，而民亦日與官相習，既無鞭長不及之虞，亦無扞格難操之慮，過是則非宜矣。故自漢唐以來，每有今昔異宜，隨時分併之事，或因其山川之形勢，或因其民物之聚散，而各爲之制焉。考之史冊，無代不有。

微臣奉命督河，前後十有餘載，往來於淮、揚、徐各屬之間者，不啻如織。久知徐州爲南北要地而幅員甚廣，民情亦復刁悍。凡遇催徵，輒多逃避境外，相習成風，恬不知怪。以是地丁、倉糧年年拖欠不完，知州不能兼顧，祇得聽其頑梗，無如之何，不過三二年便即考成罣誤而去。故凡爲徐州者，雖有長才，無從處置，反視官輕一葉，絕無顧戀振刷之心矣。似此因循，則民風何由返正，國賦何由足額耶？臣愚以爲應當割設小縣，以分治之。

又泰州僻處海濱，周圍六百餘里頗稱魚米之鄉，庶而且富，因之事務繁劇，一牧不能兼顧，則刑名、錢穀之事，未免坐此失彼，民情容易爲姦。臣愚以爲亦應割設小縣，以分治之。

又山陽縣介於淮、黃兩河之間，東西三百餘里，南北一百餘里，前經黃水淤墊之後，海口逾遠，寬廣幾至七百餘里，遼闊非常，一令不能兼顧，淤墊膏腴盡被隱占，無計清查。臣愚以爲亦應割設小縣，以分治之。

又海州地方亦屬寬廣，乃明季殘破之後地土拋荒甚多，且與沭陽、安東、清河、桃源、宿遷接壤。所有各州縣沮洳湖蕩，盡爲黃水淤墊，膏腴亦未清查，聽其隱占。臣愚以爲應將海、沭、安、清等縣之中，添設小縣分割而專治之。

以上在徐州而分一縣則呼應自靈，既除從前強悍之習，更可以弭將來意外之萌。在泰州、山陽而各分一縣則地勻而事簡，料理當而民不擾。在海、沭等州縣之中而添一縣，則淤地難欺，貧民即有樂土矣。是皆有益於民生國計者也。

倘蒙皇上特賜舉行，查徐州有呂梁一鎮，請即以呂梁爲徐州之分縣。查泰州有海安一鎮，請即以海安爲泰州之分縣。查山陽有廟灣一鎮，請即以廟灣爲山陽之分縣。再查海、沭等州縣接壤之間，有碩項湖①最大，久已淤成良田，請即以此立治而名爲碩項縣。至此新設碩項一縣，田地有主而欺隱者，免其原罪，即准陞科。或有新淤，以及版荒尚未有主者，廣招四遠窮民隨力開墾，許其五年之後方始陞科。如是各爲分添施設城池、倉庫，官役、俸工不無有費，然亦爲數無多。將見無窮隱地不丈自清，可使千萬貧民鑿井耕田，含哺鼓腹於堯天舜日之中，實於民生國計大有裨益也。臣曩者備員河上早已留心，祇以大工未完，無暇及此，且慮越俎貽譏；今臣病已垂危，歸泉不久，所有此案之愚忠，不敢隱而不言。

如果臣言可採，貼黃難盡。伏祈皇上睿鑒全覽，敕部確議施行。

挑築未盡疏 挑中河

題爲題明挑築未盡事宜，仰祈睿鑒事。

竊惟鞏固河防之法，必須先於黄河北岸纜堤緣由，臣已於聖心愛民已極等事疏内題奉俞旨，見在欽遵舉行矣。臣從慎重籌酌起見，是以前疏内請將凡有應損益增減之處，俱照大修河工案内已行之例，其事之小者，竟自舉行；事之大者，隨時題明等因，聲明在案。今挑築工内未盡事宜，應斟酌增減之處所當亟爲題明者。查臣前疏請自宿遷縣起，歷桃、清、山、安等處纜堤之内，加挑新河一道，即以挑河之土築成遥堤，束各建水壩洩下之水，使之順流而下，盡歸於海等因在案。今臣復加籌酌，此河一成則下自清河縣起，竟可溯流而上，直達宿遷之攔馬河矣。更念本年黄河漕内之水較前異常急溜，以致一切物料轉運萬艱。即如本年重運糧船自清河縣運口，以至宿遷縣張莊運口，計程不過二百餘里，而牽輓兩月有奇，方能進口。此皆急溜阻滯之明驗也。

查臣先謹陳河工善後事宜等事案内，請於清河縣西仲家莊地方，創建雙金

---

① 碩項湖，位於安東縣，"治西北一百二十里，一名大湖，西通沭陽桑墟湖，東南各有小河達於淮，袤四十里，廣八十里，海州、沭陽、安東各得三分之一"（《天下郡國利病書》）。

門石閘一座，以洩黃河之異漲。今將拽水雙金門閘改爲三丈深之單金門大閘一座，又於攔馬河之西，加挑運河二千餘丈，築成兩岸堤工，直接張家運口。並再於遙、縷二堤之中加挑中河一道，上接張莊運口，並駱馬湖之清水，下歷桃源、清河、山陽、安東，以達於海。俾將來重運糧船既出清口之後，於黃河内止行數里，即便由仲家莊閘内進入中河，自中河歷攔馬河直進張莊運口北上。則此閘既洩黃漲，而又能使各船避黃河之險溜，行有縴之穩程，是大有益於轉漕。而各工運料，亦可不至稽誤，誠一舉而三善備焉者。其加挑中河，並攔馬河以上之運河，所需增費容臣總於屯田案内，設處湊用，不復更請錢糧。此未盡之事宜，所當題明者，一也。

又臣於善後案内，將仲家莊閘下議挑引河一萬餘丈，用各處歲修夫、額夫、河兵協力償挑，不動錢糧等因在案。不意康熙二十四年異常大水，各處工程莫不危急，其歲修夫、額夫、河兵搶救本處之要工尚屬不敷，萬難他調。是以此河究未挑挖。今臣總於縷堤内挑築工程案内，一體募夫挑挖，以期速竣，不復更調歲、額等夫，河兵矣。所當題明者，二也。

又海、安二州縣境内，有舊鹽河之淤塞淺涸者，共長二萬餘丈。鹽商轉運艱苦，情願幫資協挑。查此河本不在微臣原估之内，然此河一通則不特有利於商，又能分洩新河減下之水，兼利河道。且上游一切田畝受益，亦非渺小。但河路既長，約估挑濬之費不下十餘萬兩。臣行淮揚道及安東運判查議，隨據詳稱商人程弘基、程長泰等願認協挑銀八萬四千兩，尚有不敷工費。臣亦於屯田案内，設處湊用，是以隨行批允，見在興挑矣。至各商所認之銀，除已經解到二萬六千兩外，餘據各商請於將來四年之内解足。臣亦於善後、屯田兩案内通融，借費償竣。總因此舉既屬商民兩利，又於河道、屯田有裨，是以有不得不曲計籌酌者，所當題明者，三也。

緣係挑築工内損益增減事宜，臣謹照例特疏逐一題明，伏乞皇上睿鑒施行。

欽奉上諭疏差看兩河

題爲欽奉上諭事。

該臣看得江南自河道敝壞之後，蒙皇上不惜帑金，命臣等大加修治，近年以來河歸故道，堤漸可觀，此非我皇上睿照之明，乾斷之確，不能若此也。但江南居河南之下，必河南永保安瀾，斯江南亦可無患。若河南上游有失，則江南河道不旋踵而淤澱矣。臣是以於請加上流堤岸疏內，請敕豫撫臣將河南工程確勘加修，蒙皇上洞悉原委，立賜俞允。今臣凜遵上諭，勘閱河南兩岸工程。凡經豫撫就近加修者，俱皆寬厚，可保無虞。惟是在先年視之尚屬可緩，而據目前形勢確應早爲未雨之謀者，則有考城、儀封、陽武等三縣創築加幫堤工共長七千九百八十九丈。又封丘縣荊隆口①應築大月堤三百三十丈。又滎澤縣應修築埽工二百一十丈，統計共需土方夫工銀二萬七千三百七十八兩五錢二分五釐。然此工既竣之後，不特河南本省足保無虞，而又實可爲江南保障者也。伏乞皇上睿鑒，敕下部臣將考、儀、陽、封、滎等五縣堤壩工程照例，準動裁賸裁扣銀兩即行興築，必於康熙二十五年桃汛之前，一律告竣，以防上流異漲，有裨河防，良非淺矣。

臣謹會同河南撫臣王日藻合詞題請，伏乞敕部議覆施行。

恭謝天恩疏 陳潢職銜

奏爲恭謝天恩事。

竊臣恭設香案，率同陳潢望闕叩首謝恩訖，伏念臣蒙皇上遣臣子治豫驗勘水勢，又蒙皇上軫念下河有作何修治之諭，臣感激奮興，幾廢寢食，與陳潢曲計所以仰體皇仁之策。而陳潢仍從睿算治源之神謨，悟高堰築堤之便計。臣又與陳潢辯論再三，其理愈確，微臣始得下愜愚忠。但臣年老多病，誠恐此工未竣而猝填溝壑。設繼臣司河者稍有歧見，則不特工虧一簣之虞在所不免，而已治之河道、已費之錢糧，恐俱不可復問。臣是以將陳潢歷年之贊襄並今日之籌畫據實上達天聽，並懇皇上准令陳潢無論微臣在任與否，皆得一體在幕贊理，以竣微臣所題之工，庶可始終上慰皇上如天愛民之至意。此微臣犬馬報主之一點血誠也。

茲蒙皇上不以臣爲冒昧，既允微臣之請，令陳潢贊理河工，更特賜陳潢僉

---

① 荊隆口，即荊隆口集，位於祥符縣城西北四十里（順治《祥符縣志》卷一《市集》）。

事道臣之銜，以弘皷舞之典。嗣後陳潢承寵命而贊理河工，更非從前止爲慕客之比。其展佈之間，收效自捷。是皇上之加恩於陳潢，即臣之躬被隆恩也。臣祗承之下，感激無他，惟有督率陳潢，殫心盡力，益竭犬馬之勞，務期早登斯民之稼穡，以仰報皇恩於萬一耳。

臣謹恭疏奏謝。

靳文襄公奏疏卷六終

卷七　治河題稿

【靳文襄公奏疏目錄】

　　中河已竣、霪霖漫漲高堰二十二萬工程、衛河水勢歸漕得運、天心之仁愛已極災異陳言、遵諭敬陳第一疏修省宜堅、遵諭敬陳第二疏乾斷宜勇、遵諭敬陳第三疏苛駁宜禁、遵諭敬陳第四疏專差宜減、遵諭敬陳第五疏酌價免賠、遵諭敬陳第六疏緩征養民、生財裕餉第一疏開水田、生財裕餉第二疏開洋、生財裕餉第三疏毀銅器、條奏應生應節疏

男治豫編次
孫樹德校正
曾孫光烈、文仝校字

靳文襄公奏疏卷七　治河題稿

總督河道、提督軍務、太子太保、
兵部尚書兼都察院右副都御史臣靳輔

中河已竣疏

題爲恭報中河已竣，重運刻期進口事。

竊照康熙二十六年，臣於題明挑築未盡事宜等事疏内，請自宿遷、桃源、清河等處黃河北岸一帶遥、縷二堤之中，加挑中河一道，俾將來重運既出清口，即於黃河截流，徑渡北岸，由仲家莊閘進入中河，歷攔馬河直達北運河，則各省重運永得避黃河之險溜，而行有絟之穩途等因具題，奉有俞旨在案。查前疏内題估平旺河以下堤工雖並係緊要，然較之上流稍緩。況中河早成，可以輓漕速運，避險就安。臣因併力加挑中河，晝夜疾儧，務令本年重運得以早達天庾。今據監理揚河通判馮佑呈報完工。

臣又恐初開之河地勢高窪不同，水流淺深不一，復令再加挑濬。節據該監理呈報，已經挑濬深通，漕船於三月內可徑由仲家莊閘内進中河北上。查從前重運糧船自清口至張莊運口歷黃河不過二百里，而急溜險程，每遇風浪，幾及兩月方得進口。今免此險道，自兹而後，各省重運糧艘可早抵通，而回空亦永無守凍之虞矣。但臣前疏估題遥堤，惟以可防救民田爲主，原估止高八尺。今念運道關係重大，尚遇伏秋霪漲如二十四年之水，則見築之堤勢不能禦。一有疏虞，前功盡棄，必得再加高一、二、三、四、五、六尺餘不等，比縷堤更高，方可保固永久。而伏秋之水，斷須於本年伏秋之前防禦加幫，方爲萬全之策。所有加幫工費，原題於屯墾内取息濟工，但以前屯麥業經題明變價還部，而目下工程緊要，刻不可待。臣通融挪動，飛儧濟工。總俟各工全完之日，一併彙造清冊，送部核銷。

相應一併題明，伏乞皇上睿鑒施行。

霪霖漫漲疏高堰二十二萬工程

題爲霪霖之漫漲非常，杜患之綢繆貴早，謹請再加善後工程，以期永奠下河、永拯民生事。

竊臣惟高家堰一帶臨湖堤工，爲運河與下河之屏翰，臣前疏已備陳之矣。今安徽按察使臣多弘安條奏稱，高堰一工不特爲下河屏翰，而實有關乎黃河之內灌、運道之通塞等因。誠一定不易之論，臣知之最確，而前疏止陳下河情形，未曾併及，疏忽之愆，臣實無以自解也。

茲蒙皇上將廷臣議覆微臣前疏，并臬臣多弘安條奏之疏，一併敕臣確議。臣欽遵之下，敢不分別緩急，力籌萬全之策，以仰答皇上保運安民之至意乎？竊查微臣前疏，請將高家堰一帶臨湖堤工約長一萬三千丈，估加密排椿內下丁頭小埽；又於堤裏加築束水堤，約長一萬一千五百丈；又挑濬武家墩以下淤淺工約四千丈；并楊家廟以下平灘工約長四千丈，四共估銀二十二萬四千三百二十兩等因。今臣再四籌維，此四工雖原爲下河而請舉，今下河暫停，似乎當緩。但高堰堤工攸關運道、民生，至重至大，上年異漲之際，危險非常，雖幸獲無恙，然臣不敢不仰請皇上發帑興修，以保萬全者也。

至山、寶、高、江四州縣加高運河堤工約五萬丈，并高、江兩州縣湖內加挑大河約八千丈，二共估銀三十萬八千五百兩。內臣於上年因新建減壩之水無路宣洩，已動歲修錢糧六千五百餘兩，量挑過金灣三閘迤東小河二千餘丈。其餘工程尚需銀三十萬餘兩，專爲下河而舉。原無關於運道，今下河暫停，理應一併停止者也。

至於高堰一帶工程，倘蒙皇上允行，請敕部臣速撥錢糧二十二萬四千三百二十兩，以便乘此青黃不接，僱夫易得之際作速發。此銀二十二萬餘兩，亦可於黃河北岸新淤之侍邱、蒼頡等湖①，銅盆、龍窩等蕩②屯墾利息内還項，應俟本案所借之五十萬兩七年還完之後，將此二十二萬餘兩再分爲三年解還户部。

又臬臣多弘安條奏内稱"排椿内皆灌碎石"等語。查貯碎石於排椿之内果可禦浪，但止可酌量灌高一二尺。若太高則其勢重，恐有敲椿之患。容臣隨便覓石，相機加灌，所費錢糧總在二十二萬四千餘兩内銷算。又高堰舊石工五千餘丈，多年未修，被去年異常風浪擊卸二千二百九十七丈。其未卸者，亦俱動搖殘缺，若今年再被風浪，勢必盡卸湖中。臣見督山清盱眙同知劉暄購料僱匠，普面加修，其需用錢糧，應於歲修内另疏題估者也。

臣謹一併題明，伏乞皇上睿鑒，敕部議覆施行。

衛河水勢疏歸漕得運

題爲衛河水勢微弱，漕船浮送難前，謹請天語申飭輓水歸河，立濟重運事。

竊照重運漕船自進瓜儀閘③口之後，在清河運口以南，則賴淮水浮送；清河運口以北，至於阜河，則賴黃水浮送；阜河迤北至濟寧州之南旺④，則

---

① 侍邱湖，"在宿遷縣東五十里，一名東湖，饒魚蝦之產。又縣東南有茅滋湖，受侍邱之水入於運河"（乾隆《江南通志》卷一四《輿地志》）。

② 銅盆蕩，位於海州治南三十里（嘉慶《海州直隸州志》卷一二《山川二》）。龍窩蕩，位於海州，駐有葦蕩左營守備署（嘉慶《海州直隸州志》卷一四《建置》）。

③ 瓜儀閘，"淮水注江之路有三，一由高郵、邵伯、白馬、草子諸湖，從瓜儀閘入江"（光緒《淮安府志》卷五《河防》）。

④ 南旺湖，位於汶上縣，"在運河西岸，周廻九十三里，圈堤長一萬五千六百餘丈，湖之東堤當分水口，有斗門八座，減水入湖，以時放水南北濟運。北有關家壩、五里舖壩二口，南有十字河閘，雍正四年加修湖堤，添設八斗門閘板，將關家壩、五里壩改建石閘"（雍正《山東通志》卷一九《山川上》）。

賴汶水①之分流南下者浮送；南旺迤北至臨清州，則賴汶水之分流北注者浮送；臨清閘②口以北至天津，則賴衛水浮送。我國家數百萬漕糧、數千隻運艘，惟恃此淮、黃、汶、衛四水，得以早送天庾。今淮、黃盡歸故道，江南處處深通。雖春來雨少，汶河水弱，而各閘蓄水灌塘，不過略遲時日，即可償過。惟衛河水勢微緩異常，兼之並無閘座，不能蓄儲。

今據濟寧道副使董安國等詳稱，三春久旱，汶水既少，而衛河弱極，臨北一帶淺處甚多，且閘河③無接濟之資。一經起閘，則建瓴之勢將閘河灌蓄之水頃刻洩盡，不特閘內易涸，而重運漕船從閘門乘高放下，萬分危險。請飭河南道府各官速啟五閘之板，堵塞旁洩渠口，輓水下濟漕運等因。臣查衛水發源於河南衛輝府輝縣之蘇門山④，其泉頗大，更有洹、淇等水併流入衛，儘足濟漕。祇以自衛至臨相隔五百餘里，沿途居民往往私洩為灌田之計，是以下注會汶者甚少。臣雖嚴行該管道、府、廳、縣各官，將所有仁、義、禮、智、信五閘之板盡行取起，幷各洩水渠口盡行堵塞，而牢不可破之積習，每每陽奉陰違，直待時雨頻沛，河水大發，而後重運方得暢行，此歷年皆然也。但從前漕艘過淮甚遲，及至稽阻臨北，乃在五六月之間。彼時入夏已深，去伏不遠，雖經暫阻而時雨可期，故或阻數日而得水，或阻一二十日而得水。

若本年漕艘賴各督撫臣疾儥嚴催，加以漕臣親行驅督，過淮極早，三月甫半而出清河運口入黃河者，將及五千餘隻。其過濟寧者，已逾三千，見今銜尾而北，俱阻於濟北、臨南一帶。若照往年故事，必待衛河時水漲發，方得浮送北上，則臨南、濟北之船，必得守候兩三月之久。是過淮雖早，而回空仍復遲誤，彼時雖將沿河各官從重處分，亦無及矣。

---

① 汶水，"汶水爲會通河。元至元間，自安民山開渠，導汶絕濟，直抵臨清，建牐三十有一。度地高下遠近，以節蓄洩。自行海運，河廢。明永永樂九年用濟寧同知潘叔正議，命尚書宋禮、都督周長發山東丁夫六十萬五千濬而通之，以罷海運"（康熙《臨清州志》卷一《河渠》）；"古汶會濟，東北入海，乃其故道。今雖屈注南旺，而溢流仍入大清河，故繫之北條以別於南汶云"（雍正《山東通志》卷六《山川志》）。

② 臨清閘，"在臨清州城西南會通河北流，永樂、天順間開修"（嘉靖《山東通志》卷一四《橋樑》）。

③ 閘河，即汶河，"一名會通河，亦即本省直北運河"（民國《臨清州志》卷六《疆域志》）。

④ 蘇門山，位於輝縣西北七里，"一名百門，山巔有大方石，存'仙人跡'三字"（嘉靖《輝縣志》卷一《建置沿革》）。

除臣見在嚴行河北、大名兩道，并衛輝、大名兩府，著令將五閘閘板取起封貯，兩岸洩水渠口盡行堵塞，輓流歸衛，以濟重運外。但臣遠在江南，呼應不靈，鞭長莫及，誠恐沿河官民狃於積習，陽奉陰違仍前，阻水不下，貽誤匪輕。伏乞皇上特賜天語，敕令直隸、河南兩撫臣嚴著該管道、府、廳印等官，火速盡啟閘板，盡堵渠口，務使衛河之水涓滴不致旁洩，全歸運河，以濟漕運。如再仍前膜視，容臣會同撫臣嚴參重處。俟指日漕船盡行北上，或將來河水盈漕之候，聽民照舊分洩，以滋灌溉。如此則無傷於民田，而漕運克濟，可免阻滯回空之虞矣。

臣謹特疏題請，伏乞皇上睿鑒，敕部迅賜議覆施行。

天心之仁愛已極疏 災異陳言

題為天心之仁愛已極，王德之修省惟誠，臣謹竭悃陳言，以備睿明採擇事。

臣惟天人感召之理，雖甚微而實著。帝王致治之道，苟力行則無難。是故古來朝廷之上，禮樂刑政措施偶有未當，上天每殷殷告儆，以冀君心之悔悟。人主統御寰區，苟上天垂戒之殷，於是充其固有之仁，動合應行之義，守之以信，而決之以勇，法度明，紀綱立，風行草偃，俾無一夫之不獲，自可駕軼三代，比隆唐虞。故災異之見實安危治亂之機，不可不至謹至勉，以仰答極仁極愛之天心也。我皇上天縱聰明，弘胞與之量，一以仁民愛物為本，凡政教施令罔不皆然，宜乎日就昇平，漸臻至治矣。乃邊陲尚有未寧，田畝反增荒蕪，小民之供億愈繁，而司農之仰屋日甚，其故何耶？良由內外臣工不能體皇上堯舜之心，共求治理，以致上干天和，地震之變譴告非常耳。

今皇上特頒上諭，實圖修省，將應行應革事宜，令部院、科道、督撫諸臣明白條奏，直言無隱。并令在京三品以上堂官，及在外督撫、提鎮據實自陳，毋得浮泛塞責。臣跪請之下，不勝感激。除將臣不職情由另疏自陳外，伏念古者一國之君，以一言之善，即可弭災，況我皇上以天下之主，當地震之異，上諭屢頒，修身之切與求治之勤至於如此。將見上行下效，皇上一人興起於上，內外臣工竭勉於下，君責難於臣，臣責難於君，都俞喜起之象，聲溢溥天；恊和於變之風,麻傳萬禩。臣雖自分庸劣,而躬逢至仁之主,敢不勉竭臣愚,敬陳一得,以仰佐皇上被格之化於萬一耶!事各有類,是用列爲六疏。其間有關軍機者,仍行密進。

臣謹具題,伏乞皇上睿覽,採擇施行。

遵諭敬陳第一疏修省宜堅

題爲遵諭敬陳修省宜堅,永保至德第一疏事。

竊惟致治之道力行無難,與災異之見爲國家治亂安危之機,臣首疏已敬陳之矣,惟是力行無難之道,不敢不復進其説,以備皇上去亂遠危、久安長治之助也。夫修身敷政,既在力行,而尤貴勿替。若夫上行下效之風,則又捷於枹鼓焉。我皇上勵精求治,實欲痛除積習,使德禮政刑施行各當,紀綱法度煥然一新。推皇上之心,同堯舜精一執中之心,即天地覆載萬物之心也。臣愚以爲皇上宜堅持此心,永保聖德。一日之内,雖有萬幾,然兵農禮樂、用人行政之事,皇上必親加詳覽,與宰執大臣討論得失,務期合乎公正,然後見之施行。仍令近臣將逐日行過事宜摘敘略節,彙造一册,皇上萬幾之暇,不時取覽,而詳繹之。其間或有已行而未當者,不妨隨時酌改。左右侍衛之臣,必擇小心勤慎、廉幹儉約之人,以供使令。設有狎邪儇佻、諂佞奢靡,與善爲鄭衛之音,能作奇技淫巧之飾,以惑聖聰者,悉屏去之。臺省諸臣,宜寬其譴責,以養其敢言之氣。邇來風聞既不得入告,而所告失實則有降謫之愆,是以雖有讜言,未敢直達。今皇上切諭諸臣,俱令直言無隱,則謇諤之風,行見廣歌殿陛矣。但失實處分,若不稍爲區别,則終有疑畏不前之弊。臣請嗣今以後,凡諫臣有假公濟私、顛倒曲直、結黨招搖、示威求賕者,仍行從重處分外。其有論朝政而切中時弊,因風聞而糾核奇貪,雖或至於失實,并禮樂兵農、用人行政諸務在廟堂原無未協,皇上原非過舉而諫臣堅執己見,據理執法,極言廷諍,骨鯁具在,廉介可風者,俱概爲優容,而免其處分,使遠近貪婪之吏有所忌憚,且朝廷政治得失,諸臣從此皆盡心講究,日漸可益經濟之才,以備不次之用也。

伏候上裁。

遵諭敬陳第二疏 乾斷宜勇

題爲遵諭敬陳乾斷宜勇，以除弊竇第二疏事。

臣伏讀皇上續頒上諭，令諸臣洗心滌慮，實意爲國爲民，并御製民生困苦已極等六條，備悉臣工不職感召災眚之實，更諭以事雖有異而原則同。諸臣不職情狀，皇上非不素知，但以正在用兵之際，每示寬宥等語。臣跪讀之下，歡忭靡涯，伏念皇上自御極以來，無刻不以堯舜之心爲心。今因災異警戒，而數日之間又復頻頒上諭，其中敬謹憂勤，深切備極。有君如此，則凡在臣工自莫不洗心滌慮，實意爲國爲民，唐虞之治不難再邁於今日。此臣所以歡忭靡涯也。

其逐條飭禁緣由，廷臣已有定議，臣何敢越俎置喙！第臣重荷君恩未由圖報，當皇上力求直言之際，臣無知則已，既有一得之愚，敢不併陳備採！伏思皇上恐會推徇私，則用非其才，官方敝壞，是以諄諄戒飭。

然臣愚以爲此等弊竇似易剔除，查國家於在京大小官員、在外督撫有六年京察之典，於在外文職司道以下有三年大計、兩年舉劾之典，內外武職有五年軍政之典。其間凡賢能清正之官，俱有事實卷案可考。嗣後會推選擇之時，將應推與列官員從前行過事實逐一核查，其所行美蹟之多寡大小，而品其賢能廉幹之實。每推一缺，查取三員備開事實，一併呈覽，以備皇上選用。如該管衙門或將美蹟多與大小之官匿不查開，反取美蹟少而小之官先行妄列者，作何定例從重處分。至此後京察等典，內而部院堂上官，外而督撫等官，必將所屬各官之事實才品據實查開，尤須於平時漸察，而不宜於臨事方查。

如屬員之中，凡有朝夕孜孜黽勉辦事，不好外務，牘鮮積滯者，勤也。斷大獄、決大疑，律例精明，議論公確，隨到隨行，案無留牘者，才也。無鑽營之跡，有儉約之風，門少投竿之人，室無私語之客，安靜供職而諸務一一不廢者，廉也。刻刻以國是民瘼爲念，不避嫌怨、不憚辛勞，遇事求當而剖決如神，吏胥上下之手無所施，勢要干求之情莫能達，行事正直、心術光明者，才品兼優、賢能俱備之品也。以此進賢用備選拔，則賢才愈出，而徇私之弊自除矣。

若夫臣工不職，皇上非不素知，但正在用兵，每示寬宥，仰見我皇上因寇賊未靖，民難未抒而并寬及大小臣工也。但其間有過失故犯之分，似宜仍爲區别。查本朝《大清律》一书，寬嚴各當，總不外"宥過無大，刑故無小"八字。蓋無心而誤蹈者謂之過，有意而故犯者謂之故。其間繫人心風俗，良非渺小，是以過必宥，而故必刑也。我皇上敬天勤民，每歲刑名先熱審後秋審，復別情實、可矜、可疑三項，其慎其詳無非欲明刑弼教，刑期無刑也。然刑名未協，不過一人之寃；用人失宜，實爲一方之害。臣愚以爲處分官員亦應分別過、故，凡干連呈誤，情有可原者，酌量從寬，以勉其後效；若明知故犯，情罪可惡者，必照定例處分。雖在軍興之際，皇上仍勇於乾斷，不稍姑容，如此則貪惡之徒雖欲倖免，而伎倆莫施，將見賢者益勸，而不肖者日儆，吏風丕變，政治平明，大法小廉，民生日遂，即有邊隅小寇，不久投戈歸命，無煩更事用兵矣。

伏候上裁。

遵諭敬陳第三疏苛駁宜禁

題爲遵諭敬陳苛駁宜禁，以杜私派第三疏事。

臣惟錢糧應銷與否，自有一定。款項如原未動用而捏款報銷，與所用本少而開銷甚多，希圖侵蝕肥己者，自是難容國法。若實支實用，並無捏款朦報、用少開多之情，則斷不宜屢行苛駁，以啟科派部費之弊也。

查邇來各省銷算錢糧科抄到部，承議司官雖不乏從公議允之案，然偶值一事，或執一己之偏見，或信部胥之唆使，任意吹求苛駁無已。錢糧數目繁瑣，頭緒牽雜，非精於核算、洞悉款項、熟知卷案者，萬難得其要領。司官專司其事，除貓鼠同眠者不必言外，其實心奉公之員，設或稍欠精詳，便爲吏胥朦蔽。況堂上官不過總其大概，止據說堂數言，安能備知底裏？加以從慎重錢糧起見，自是一照司議，由是而部胥之權重矣。部胥之權既重，則經用錢糧之官不得不行賄以求之，所謂"部費"也。此項部費官無神輸之術，勢必問之於民。若清廉之官費一斂一，民猶不至大困；一遇貪劣不肖之官借此居奇，或費一斂二，或費一斂三，甚至斂四、斂五、斂十，均不可定，而民困滋甚矣。國家受聚斂之名，而部胥得婪賄之實，有司多一分之費，而百姓出數倍之資，其害可勝言哉！

嗟嗟！此出資之百姓若與國家無涉，又何足論？殊不知此百姓者，乃國家之元氣，日夕勤耕力織，闢地土，生貨財，出賦稅，以奉朝廷者也。安可今日剝之，明日削之？使之不得其所，拋田土，逋額賦，以至上下交困乎？

臣前任安徽巡撫之時，知有江、安兩藩司積案一件，動用錢糧數百萬兩，而部駁不准開銷，暑往寒來，歷十餘年而始得清結。今臣帶管漕務，知邳、宿等州縣康熙元、二、三、四、五、六年分民欠漕項錢糧三萬餘兩，業已屢奉恩蠲。經漕、撫兩臣數次題請蠲豁，而部議堅執不允，坐以明係官侵之名而嚴著追比。臣據司道各官痛切呈詳，已經具題請豁在案。

又部議裁減運軍耗贈銀米一案，臣帶管漕務，據各屬屢詳，灼知斷不可裁之故，是以仍請照給。昨閱邸抄部議，又復不准，且稱此項銀米從前原無，皆係順治六、九等年添給之項等語。殊不知順治六、九等年添給此項銀米，彼時原非得已，祇因旗軍費用不敷，往往勒索里民，兼之盜賣漕糧，拖欠甚多，公私交困，是以議加銀米。且此所加之銀米皆係里民求免勒索，是以樂於輸將，原非動公家之物以給軍也。自此銀米一加，而軍民兩安，國儲不欠，已歷多年。今部臣若必欲議裁，勢必仍蹈前轍，里民遭勒索之苦，漕糧多盜賣之弊，豈國家之益耶？

況錢糧自有定額，其地方官民因時制宜，另爲調劑之項，原在額外。惟因恐涉私派之嫌，是以不得不爲題明。要之，原非司農之項也，在司農總會計之權，止當稽其額徵，不宜收及額外。若將里民自顧樂輸、求免勒索之項，而又裁歸司農，則里民既已出資而仍遭勒索，恐亦司農之所不忍聞也。諸如此類，臣聊舉三案，其他可知。伏乞皇上嚴飭部臣，嗣後一切錢糧，如有不肖官員捏款矇銷、用少開多，部臣察出實情，訪知的弊，即便據實題參，將不肖官員置以重典，督撫知情者同罪，不知情者亦照失察處分。若竝無朦銷多報情弊，則應銷者即銷，應豁者即豁，可裁者裁，不可裁者即止，毋再徒爲混駁，使在外不肖官員得以藉口部費肆行科斂，致傷國本。

抑臣更有請者，錢糧之難於核算者，以尾數太繁也。查銀自一分以上，方可稱其重輕；米自一升以上，方可量其多寡；若銀止於釐則難稱，米止於合則難量矣。又或銀至毫、絲，更至於忽，則不過微末之間；米至於勺、抄，更至於撮，則不過顆粒之間。夫銀至於微、末，米至於顆、粒，數亦可以止矣。乃銀之尾數自忽之下，尚有微、纖、沙、塵、埃、渺、漠、逡、巡、灰等算位；米之尾數自撮之下，尚有圭、粟、顆、粒、黍、稷、禾、糠、粃、粞等算位，殊屬無益也。且不惟無益，而尾數太繁，適足以滋姦胥之駁竇，實則甚有損耳。總之，尾數多則清算難，清算難方可藏姦逞弊。若一目了然，人人可核之數,則部胥從何弄權耶?臣請嗣後錢糧尾數算至忽位爲止,如一忽之外尚有餘零,竟作二忽科算;米麥尾數算至撮位爲止,如二撮之外尚有餘零,竟作三撮科算。餘俱倣此,裁無益之算位,以剔無窮之弊端,其於國計民生實均有裨益也。

伏候上裁。

遵諭敬陳第四疏專差宜減

題爲遵諭敬陳專差宜減,以免擾累第四疏事。

臣惟皇上因在外諸臣於民生疾苦不爲上聞,朝廷詔旨不行下達,廢弛驛站,侵冒錢糧,民隱莫申,民冤無訴,於是屢遣在内諸臣訪查察究。此皇上軫念民瘼,惟恐一夫不獲其所,是以不得不然也。但天使之車塵、馬跡一經絡繹於道途,則閭閻之蒼首黔黎未免嗟咨於草野。在奉差之臣未常不以皇上之心爲心,未常俱有示威揗勒之事,并未常盡縱家人、跟役等需索地方官也。然往來供應,雖盞酒、粒粟、片肉、隻雞盡皆小民膏血。況地方官員賢能廉介者少,平庸畏事者多,一聞欽差將至,惟恐有所駁詰,莫不力圖要結以悅之。行賄與否,姑置弗論,而飲食之費已屬不少。上司雖戒之曰:"爾無科民?"有司亦隨答曰:"斷不妄派。"究竟無神輸之術也,更值不肖官員借端多斂則又不堪言矣。

此等事務,臣雖未得確情,竝無指實,然揆之情勢,在所不免。臣愚以爲除軍機重務,必須口授廟謨於兵主酌商行者,自當專差馳驛。又在外貪官污吏,督撫不行題參,被科道糾參,或旁人告發,并督撫扶同犯法肆行貪婪之事,亦必須遴選部院能員秉公確審,無庸置議外,他如整頓驛站、料理軍需、查勘海疆、恤刑督賑諸務,似應責成督撫。

蓋督撫爲封疆大吏,身居八座之尊,位列三台之次。皇上將數千里地方,數千萬百姓,託之綏懷撫治,乃不夙夜黽勉力報君恩,將此等分内之事闒茸貽誤,甚至捏冒侵漁,致煩皇上左顧右慮,另差近臣代理,似此不職之督撫,雖立置重典,亦不足惜。然天下督撫賢愚不同,未必盡皆不肖也。臣請嗣今以後,凡督撫司道不能料理必須差員之事,自當照舊遴差。其督撫司道能行之事,俱責成督撫司道料理,停其另差。如有貽誤、生弊等情,即將該督撫司道立行從重處分，以爲大吏溺職之戒。如此庶地方不至因供應而頻派擾民矣。

伏候上裁。

遵諭敬陳第五疏 酌價免賠

題爲遵諭敬陳請酌米豆價值，以免包賠第五疏事。

竊照康熙十五年間，皇上念軍需浩繁，恐在外臣工借端冒開，以少報多，侵欺肥己，是以特遣部員確訪米豆、草束價值。彼時奉差之員，惟以節減爲念，又遍訪各處，而止取一隅極賤之價，酌量開報，部臣止照差員所估准銷。以致節年以來，小民負賠累之苦，控訴無門。除別省情形臣未悉知者不敢具論外，如山東一省，臣閱工往來，每據里民以採買豆、草，貽累難支等詞，紛紛呈控。臣再三細訪，并差人密訪，知濟寧附近一帶康熙十六年十二月內黃、黑豆每倉石值銀三錢六七八分不等。康熙十七年九月內，每倉石值銀五錢三四分不等；十一二月內，每倉石值銀六錢一二分不等。本年五月內黑豆每倉石值銀四錢八分，今八月內每倉石值銀四錢五分。前五月內黃豆每倉石值銀五錢六分，今八月內每倉石銀五錢二分。前五月內穀草每束值銀八釐有奇，今八月內每束值銀七釐。而部定價值每豆一石止給銀一錢一分一釐，每草一束止給銀一釐三毫。計官給之價，較之民間時值約十分之七。有司無點金之術，不得不責成里民。里民實歲歲包賠，怪其哀控矣。

臣等爲督撫者，明知里民賠累之苦，然有司無米之炊，並非私派肥己，亦難以加罪於官，實無可如何之事也。查軍興之後，里民賠累最苦者，莫過於採買米豆、草束，次則解送軍前馬匹也。今解馬一事，已蒙皇上特旨嚴禁，不許捐勒，里民如釋重負，莫不感頌皇恩，歡呼載道矣。至採買米豆、草束一事，民隱迄未上聞。今又蒙皇上軫念民生病苦，令臣等將應行、應革事宜明白條奏，直言無隱。臣奉此明綸，敢不凜遵入告。惟是民間之疾苦，固當上聞，而米豆之價值亦應查確，庶無冒銷之弊。伏乞皇上勅下部臣作何定議，令各省撫臣將彼處米豆、草束價值數目，按季據實報部。如有以賤報貴者，一經察出，立即嚴加處分。部臣歲終即將該撫臣按季所報價值，取其酌中之數，而准其開銷。總期下不擾民，上不虧國。如此則里民更免此採辦米豆、草束累賠之苦，必且遍野歡騰，永戴皇仁於生生世世矣。

伏候上裁。

遵諭敬陳第六疏緩征養民

題爲遵諭密陳，請緩征海舟師，以養殘黎第六疏事。

竊惟國家自吳逆悖恩，閩粵繼變以來，王師四出，供億煩勞。幸賴我皇上天縱神威，廟堂奇略，閩粵後先歸命，逆桂隨伏天誅。雖滇、蜀之境尚有餘孽未平，而釜底遊魂自可尅期殲滅。當此時而出一旅之舟師，自是鄭錦可擒，海氛可奠。然臣愚以爲此宜緩而不宜急，何也？刼掠之難民可憫，而水陸之形勢當慎也。臣聞康熙十三四年，鄭逆竊踞漳、泉一帶，迨至十五年間王師南下，逆錦自揣難抗，遂將民間貨財、衣、糧、子女、玉帛，凡屬溫飽之家，不論丁壯、老弱、男婦人等，盡行刼令登舟，遷之入海。此等百姓不下數十餘萬，哀號之聲，悲慘之狀，雖逆錦左右之人，亦莫不爲之掩面流涕，不忍正視。此臣得之閩來人士之口傳之如此者也。

臣思此等難民入海三載，思歸故土，必有同心。第當逆錦大刼民財之後，勢尚鴟張，且屢弱難民驚魂未定，水汛未熟，兼之逆錦於刼來未久之人，防之必密，而待之必苛。難民雖有圖歸之念，而斯時莫敢遽發。若王師於此際進勦，則逆賊必驅難民而前，俾其先罹鋒鏑，難民妻子、資財盡在賊處，必且徘徊顧戀，誠不特不即來歸，而反迫爲賊用。況大海茫茫，風期、水汛皆不可忽。大兵堂堂正正，不勤遠略，未嫺海外之行。逆錦生長水中，習熟漂流，誠恐出沒靡定。以堂堂正正之師，而討漂流靡定之賊，譬之賁育擊鼠，有勇難施。追之急迫，逆必更刼難民而他徒矣。或再從而躡其後，未免過勞師而難得利。且設遇風濤之險，或有疏虞，則失軍實而損國威，攸關良非渺小。莫若稍遲進勦，則逆錦刼掠之物漸完，鴟張之形漸縮，難民驚魂既定，水汛亦知。兼之逆錦與難民相處日久，則待之必寬，而防之必疏。於是一人爲倡，萬人相隨，不招而自至者，踵且相接，賊勢日孤，將見逆錦舟中左右之人必且盡爲錦之讐敵。斯時特懸重賞，自有擒錦來歸者矣。臣故曰宜緩而不宜急也。

臣請皇上特飭在閩文武諸臣，停止征海之師，將禁旅分屯要地，并一切綠旗官兵，俱令逐日操練，晝夜嚴緝，不許稍有弛懈，以防姦宄暗通。兵有擾民者，立置重法。兼擇循良守令，責之息訟輕刑，除徭緩賦。俾見在之百姓時歡欣於樂利之光天，而陷賊之殘黎每懷思夫故鄉之化日，則不必勞師，而海疆計日自奠矣。

抑臣更有陳者，臣伏讀上諭內一條："一用兵地方，諸王、將軍、大臣於攻城克敵之時，不思安民定難，以立功名，但志在肥己，多掠占小民子女，或借爲通賊，每將良民廬舍焚燬，子女俘獲，財物攘取，名雖救民於水火，實則陷民於水火之中也。如此有不上干天和者乎？欽此。"大哉王言！遠邇臣民一聞是諭，當莫不感激無地，而繼之以泣者矣。夫守成之與創業，經權原有不同，而敵國之與吾民，德威自當異用。我太祖高皇帝崛起盛京，太宗文皇帝纘開鴻業，斯時直省地土尚屬故明，是以王師所到，凡有閉關相抗者，即便誅俘，此待敵國之道宜然也。迨世祖章皇帝定鼎京師，蕩平四海；至皇上御極之年，併取雲、貴，嗣此車書一統，向來尚爲敵國之姦頑者，今則盡屬朝廷之蒼赤矣。創業利於克敵，而守成惟在養民。敵國之姦頑無妨俘戮，而朝廷之蒼赤不可傷殘，此一定不易之理也。

不意康熙十二年間，逆臣變亂於邊陲，姦宄竊發於內地，致煩王師復出。然此變亂竊發者，乃係不法之逆徒，而非耕織之百姓也。地方守土之文武既不能預靖姦徒，衛此蒼赤，致其淪胥於賊，小民之困苦已屬難堪，乃領兵之將主又復惟利是圖，全不以國計民生爲念，俘殺竝行，嗟乎！何斯民之遭厄抑至此也？如以其不應從賊而俘殺之，則民力最弱，如暮夜被盜不過數人入室耳。然執其主而索之，未有不惟欲是從者。今迫之以盈千累百之賊兵，何敢一言相抗？是以任賊驅使，無不俯首聽命，實勢所必然，而情非得已也。

又民業甚微，其賴以謀生者，不過此室廬田土，若不從賊，便當棄業而逃，否則死耳。棄業而逃則憑何餬口？矧彼時到處有賊，逃將安歸？死則有祿者之責。蚩蚩之氓，原無應死之理，以不能逃、不應死之編民幸獲生於賊退之後，以待官兵之衛之，而忽坐以從賊之罪，而俘殺之，不亦寃且慘乎？嗟嗟！在統兵將領，或以兵馬遠來，勞苦日久，姑從之，以示鼓勵。殊不知民者，國家之元氣也。如欲鼓勵兵丁，寧使多費朝廷金錢以犒之，安可大耗國家元氣以悅之耶？且朝廷平日養兵專爲保此元氣，乃賊已去而兵反傷之，何耶？

即如江西一省，從前額賦約有二百餘萬，乃聞邇來僅存十分之三四，是司農每歲之失約計一百二三十萬。自康熙十三年至今，通計所失不下六七百萬。是鼓勵之兵卒尚未掃靖邊氛，而朝廷之額賦先已虧缺如許，究竟孰損孰益耶？

言念及此，不禁爲我國家痛恨而深惜之也。今此等大害，廷臣業已恪遵上諭，嚴定處分之例，臣又何庸置喙！但皇上爲官兵搶掠一事，前此曾經嚴飭，而統兵將領未見凜遵，是今日之要，不僅在於定例之嚴，而端在於行法之信。臣請皇上嚴飭各處兵主，務令遵例而行，再有犯者，必照新例處分，斷不稍恕，方克有濟。更請皇上并敕部院通行直省，毋論旗下民人，凡有收得從前難民在家，或搶或送或買，毋論如何得來之人，但有難民親屬前來求贖者，不計銀之多寡，即與贖回團聚。如有挦勒不放者，作何從重處分定罪。

再請皇上敕令部院、科道各官，將有廉德幹才，堪以撫綏殘赤，整頓巖疆者，不拘資格，各舉所知，保無過誤，授以江西、陝西、湖南、閩粵等一切新復地方守令之職，著令招集遺黎開墾荒土。此等守令准以兩年較俸，到任之日先將見存熟地若干、户口若干報明上司，兩年之内新增户口若干、新墾田地若干，并查舊存之地是否無荒，舊存之民是否俱在，地方是否漸增起色，元氣果否愈加培護，衡其賢才之等第，以分別而獎拔之。一等者，作何從優超陞；二等者，作何酌量加陞；絕無才能而貪劣不肖者，作何從重分別降革治罪，并連坐保薦之人。若原有才能而上司掣肘，不得行其志者，許其具文直達部科。該部科即與上聞，毋或抑阻。蓋被寇之地更復遭兵，殘敝至極，惟賴綏懷，是以必需賢能守令加意整頓。而在外臣工設有不能撫民而反行恣虐，甚至撥餉半歸私橐，而軍需仍派里民者，亦不可定；若係在外題用之員，則或狗庇掩飾，或貓鼠同眠，尤不可定，是以必得從内保薦發往，勸之以重賞，儆之以嚴罰而又假之以自行達部之權，庶可得實心、行實政，以拯此水火中之孑遺也。伏候上裁。

以上六疏，臣於繕畢之次，復爲展讀，戀直之言不一而足。臣自知嗣此以後，招尤不小，但歷荷皇上知遇之恩至深至重，雖肝腦塗地，不足仰報，又何敢稍避冒昧，稍憚嫌怨，以負皇上求言之切乎？是以將一得之愚遵諭據實陳奏，至臣尚有未盡愚悃，并生財裕餉等事，容臣閱工赴淮，隨時確酌另陳。

臣謹一併題明，伏乞皇上睿鑒施行。

生財裕餉第一疏 開水田

題爲遵旨敬陳生財裕餉第一疏事。

臣惟我國家車書一統，薄海内外莫不尊親。自唐虞迄今，幅員之廣無如我朝爲最。夫地方既如此之大，宜乎財賦日增貫朽而粟腐矣，乃司農猶鰓鰓焉患兵餉之不足，此不可解也。

查地方一里，有田五頃四十畝。地方十里爲方一里者百，有田五百四十頃。地方百里爲方十里者百，有田五萬四千頃。地方千里爲方百里者百，有田五百四十萬頃。依《王制》所載，山陵、林麓、川澤、城郭、宮室、塗巷三分去一計之，凡方千里之地，實有田三百六十萬頃。或其間有種棉花、蔬果、菱荷、藥餌之類，以其非係五穀，姑再除去四分之一，計地九十萬頃外，亦實有田二百七十萬頃。什一取民，古之常制也。每田一畝合夏麥、秋禾計之，至瘠之土亦可收糧一石。以什一之制科之，每畝徵糧一斗。每田一頃，應徵賦糧十石。二百七十萬頃，應徵賦糧二千七百萬石。內以一分徵本色，歲可徵糧二百七十萬石；以九分徵折色，每石牽科折銀四錢，而布帛、魚鹽之利不與焉。直隸十四省之地，不下方五六千里，然以步弓徑直量之，不過方四千餘里，今姑止作方三千里科算。爲方千里者九，每歲額賦亦應有糧二千四百三十萬石，銀八千七百四十八萬兩。此臣準古證今，寧從至少科算，乃不易之理，必得之數，而非無稽之臆說也。

今司農之所必需者，大抵兵餉、軍需、驛站與官役、俸工、營修、祭祀而已。蓋兵無餉則無以資飽騰，官無俸則無以養廉德，役無工食則無以餬人口、効奔走，三者不備，其弊皆能害齊民，傷邦本。又軍需爲蕩寇之先資，驛站通國家之氣脈，以及營修城郭、宮室，祭祀天地神祇，均屬必不可少。然臣約而計之，歲有銀二千萬兩，足以餉兵而有餘。官役俸薪、工食即便多加數倍，驛站人夫、馬匹亦或量爲加增，并一切軍需、營造、祭祀等項，不過再費銀二千萬兩，亦云至矣。設使國家每歲所入銀米，果有如臣前科之數，則每歲即多其所出亦不及所入之半，庫藏積帑必且充棟盈庭，尚何不敷之足患哉！

然各直省見徵額賦，較臣前科之數不及三分之一，自無怪司農之仰屋矣。夫天下既有實在之地，自當有必產之糧；既有必產之糧，自當有應輸之稅。今量幅員而計，地畝則甚多，按《全書》而稽，額賦則甚少，其故何耶？

蓋天下有三大弊，而世莫之察也。其弊不起於今而來自故明，且故明以前久同其弊，祇以世遠難稽，臣亦不復具論矣。何爲三大弊？一曰水利不修也，二曰賦輕而民惰也，三曰生者寡而食者衆也。考之經書，孔子贊大禹曰："卑宮室而盡力乎溝洫。"孟子對滕文公曰："民事不可緩也。"古之聖賢深知民以食爲天，故凡論治國平天下之道，必以足民爲首務，農事爲先資。齊用管仲之策，而富於山左。秦用鄭國之術，而強於關中。即漢唐而下，亦有開渠溉田者，俱能利民益國，但惜其不過行之一隅，未嘗遍爲經畫，是以終多荒土，後世不得盡蒙其利耳。

今我國家土地之廣，古莫與京。然荒而不治者，所在恒有。即治矣而類多平陽，無蓄洩之資，不待奇旱、大潦，雨暘稍不時若，其年即便失收，以致國賦日逋，而民生日困。此水利不修之弊也。

堯舜取民必以什一爲準，白圭欲二十取一，孟子非之。蓋過於什一，則民力難供；不及什一，則國用不足也。古來天下之利全在西北；其江南之蘇、松、常、鎮，浙江之杭、嘉、湖等府，在唐漢以前不過一澤國耳。自錢鏐竊據，南宋偏安，民聚而地闢，遂爲財賦之藪。故明初年見東南之賦足以供用，於是惟知盡東南之利，而不復謀及西北，是以西北之賦日少而民日窮。迨及季世，盜賊叢生而不可收拾矣。我朝定鼎之後，凡故明一切弊政盡皆革除，惟生財之道尚未復三代之古。雖墾荒闢土之令時下，而奉行之有司俱無探源之論，是以未有實益。

今臣奉命督河，奔走於平原曠野之間，目擊淮、徐、鳳陽之地蒿萊多而禾黍少，是以前於經理河工疏內請將沿河荒地募幫丁墾種，以固河防。及方將用其荒地，而即有主出認，多稱係伊納糧之田，臣不解其故。於是細爲訪問，知淮、徐、鳳陽一帶之民全不用人力於農工，而惟望田地之代爲長養。其禾、麻、菽、麥，多雜蓺於蒿蘆之中，不事耕耘，罔知糞溉。甚有并禾、麻、菽、麥亦不樹蓺，而惟刈草以資生者，比比皆然也。究厥所由，大抵每地一畝，其每歲所產之草，茂者可得千餘觔，稀者可得四五百觔。刈草千觔者運至城市，值銀五六錢，內去運價一半，實可得銀二錢有奇。刈草四百觔者運至城市，值銀二錢，內去運價一半，實可得銀一錢，而每畝額稅不過徵銀一二分不等，在小民有地一畝，不費牛種，不事耕耘，每歲止輸分許之額租，而可得草價一二錢有奇不等，是以相因成俗，而廢棄國家之地土，一至於此。此賦輕民惰之弊也。

古來經野之制，上農夫食九人，上次食八人，中食七人，中次食六人，下農夫食五人。蓋受地有肥瘠之不同，故所食用多寡之各別，大抵一夫終歲勤動，受地肥者，其所獲之粟不過養九人；而受地瘠者，其所穫之粟亦可養五人也。臣訪之蘇、松、嘉、湖之民，知壯夫一丁止可種稻田十二三畝。其歲收粒米，肥地不過三十餘石，瘠地亦可得二十石。以每人每日食米一升科之，則三十餘石者可食九人，而二十石者可食五六人。準古證今，原無異也。至農夫五等，牽上中下而合算之，每夫可食七人，內除本夫與本夫之母、妻、女，以及本夫之耄父、幼子，約共食其半計，可餘一半以食他人。古者民之類有四，曰士、農、工、商而已。士能明先王之道，佐人君治天下。農能力作畎畝，收粒米以養天下。工製必需之器物，以適天下之用。商則通有無、聚貨財，以利天下者也。又庶人在官，如今胥役之屬，爲政所必不可少者，亦得附於四民之末。此四民之中，力農者居十之七，而士、工、商與庶人之在官者，居十之三。是以每歲天下之穫，除供天下之食用外，尚有儲積以備凶年。夫天下之治也，在於家給人足。而其亂也，由於凍餒流離。若使天下之民果能樂歲有餘，而凶年不困，孰不欲安享於光天化日之下，而願爲寇攘姦，以自取死亡耶？是故欲天下之治，必先使天下多力田之人而後可也。

乃三代而下，四民之外，更有釋老之流與夫遊民、乞匄，悉不耕而食，不織而衣，絕義滅仁，病民蠹國。臣竊聞釋老諸書，雖旨趣各有不同，而其要總欲使人棄捐倫理，歸於虛無寂寞之鄉。其究至於使天下之人盡爲仙佛，斷絕人類而後止。嗚呼！成仙成佛之説，怪誕不經，姑置勿論。設人類而果有可絕之理，何妨任其妄言乎？且即使人類必不可絕，而聽其怪誕之説，不至於殃民蠹國，又何妨任其妄言乎？殊不知自有天地以來即有萬物，而萬物之中惟人最靈，故與天地參而爲三，人之有男女猶天地之有陰陽，男女生生不窮之道，猶日月運行之有晝夜，歲時往來之有寒暑也。

聖人知其然，而又慮其雜亂無章，爭鬭靡已也。是故爲之君以統之，爲之師以教之，爲之立三綱之道、五倫之理。又慮其頑而不變也，復爲之明五刑，以弼五教。夫如是，是以天下之民，皆知事君當忠，事親當孝，事夫當順。親上死長之道，油然而生，而四海之大，賴以久安長治也。今佛老之説，欲使天下斷絕人類，猶之欲強日月之爲晝不爲夜，歲時之爲暑不爲寒，其可得乎？不惟是也。天下如此其大，萬民如此其衆，政刑井井尚不克使之有恥且格，必待德禮兼施，始可化民成俗。

今朝廷之上方在整齊，而草野之間遍爲鼓惑，使天下戴君之心易爲戴佛，事親之力移而事僧，信其可以懺悔免禍之説，而輕於犯法；信其可以誦經求福之説，而濫爲施財。至於父兄、宗族、鄉黨、戚友之間，雖升斗之粟，些微之資，不肯假借，而修祠、建廟、塑像、飯僧，則雖千百之多，揮之如土，親疏厚薄，顛倒若此而方且自喜。其操小祝奢，洋洋得意，不知所操之小者已去，而所祝之奢者必不可來，而途窮無告、鬱鬱不得志之輩，與干犯法律、無所逃罪之徒，往往竄入其中。或談經説法，或念咒書符，或擊磬敲鐘，或遊方托鉢，千百成羣，悉皆喪其天良，以惑此愚夫愚婦。究竟姦盜詐偽之事，若輩仍無所不爲，即有所謂實在焚修、恪守其教者，亦正如不肖子弟舍六親而隨匪類，不亦大可悲乎？

至於乞匄一途言之，似屬可憫，而其弊不可勝言。文王發政施仁，必先鰥寡孤獨，以其無力自食，窮而莫告也。後世設養濟院以待孤貧，亦猶文王遺意。豈知近來乞匄大半皆屬壯夫，手齎穢毒之物以窘良民，而總屬之者更有匄頭，其孤貧口糧俱係匄頭領出，與盡役分肥，不得充實在孤貧之腹。且民間凡有吉凶慶弔之事，必先喚匄頭勞以酒食，給以銀錢，否則羣匄立聚其門，撒潑呼號，無所不至。而城市開張舖面之家，羣匄亦不時橫索，恃其污穢，百端無狀，使人敢怒而不敢咨。其所得之銀錢，半爲本匄醉飽街衢，而以半奉匄頭。是以富庶地方之匄頭，類皆各擁厚貲，優遊坐食，其溫飽氣象反勝士、農、工、賈之家。而坐而得食，相因成俗，遂有將良家幼童子女暗地拐去，或折其肢體，或去其耳目，畜養長大，以續其衣盎者焉。言念及此，殊堪痛恨矣。

他如説書、唱曲、打把勢、搬戲法、賣假藥、請仙、扶鸞、煉丹、禱禳、偷雞、剪綹之徒，不可悉數，此何爲者耶？韓愈曰："古之爲民者四，今之爲民者六，農之家一而食粟之家六，工之家一而用器之家六，賈之家一而資焉之家六。"此正指佛、老二氏而言也。又孰知近世除佛、老之外，更增此無限游惰之民，莫不仰給於各地方之良善乎？夫天下之民求其樂歲有餘，凶年有備，全在力農者之多於士、工、賈。故十人之中科農民七而士、工、賈三，良以農民七人所獲七分之粟，除自食其半，仍有餘粟三分五釐以售士、工、賈。而士、工、賈亦止須食其三分，尚可餘半分以爲儲積也。自佛、老之説興，不得不於農民七人之中驅一人以爲佛、老，加以乞匄游惰之民悉皆徒手求食者，又去半人。而農民七人者，僅存五人有奇矣。矧佛、老之飲食、衣服、器具、貲財，俱不下於士、工、賈，固已非若農民之儉約，而其營造之費等於王侯，則又百倍於士、工、賈焉。

夫佛、老無神輸鬼運之術也，勢不得不又驅農民半人以爲其工、賈。是十人之中，農民僅居其五，而士、工、賈與異端游惰之民，以及異端之工、賈亦居其五。夫向之士、工、賈三人，全賴力農七人之餘粟三分五釐以資食用，是以常見有餘。今農民七人僅存五人，是止餘粟二分五釐矣。以二分五釐餘粟養向有之士、工、賈三人，尚恐不足，而況益以異端游惰與爲異端工、賈者之二人，羣起而爭食乎？無怪樂歲之不免凍餓，而凶年之死亡相枕籍也。此生者寡而食者衆之弊也。

嗟夫！此三弊者，攸關於民生國計最切、最深，安可不亟爲早圖耶？圖之之道惟在修明水利。水利修則遍處皆係沃壤，然後準什一之制，辨土責貢，則賦不輕而民不惰，更將一切異端游惰之民嚴行禁絕，不許官民施舍，盡令改爲良民，各各給與地土，編入版圖，使之自食其力，而以餘力奉上。如是則不出十年，民康物阜，賦稅繁增，永免司農仰屋之歎矣。

至於修明水利之法，查臣前任安徽巡撫之時，目擊鳳陽府屬地方荒蕪，曾具有敬陳溝田之法以期墾荒實効等事一疏，備陳行溝田之益有五：一曰水災之小者可不畏也；二曰旱災之小者亦不畏也；三曰高、寶、淮城之河患可殺也；四曰裕將來國課於無窮也；五曰隱占包賠之弊可除也。并請廣開事例，募民開濬溝田等因，詳悉陳奏。蒙皇上敕部議覆，後值軍興孔亟，至今尚未舉行。然在今日而欲求實在生財之道，斷宜倣此溝田之法，隨地制宜，酌量更改而亟行之。且此法不但可行於江南，即直隸、山、陝、東、豫諸省，若俱一律舉行，則所以益國利民者無窮無盡。惟是援納事例見已廣開，則欲行溝田，必須另措墾本。

又臣從前止閱鳳屬而未歷淮、徐，止見地方之情勢而不諳河務之機宜，止知水患之由於積霖，而不知鳳屬兼受黃河之害。且更不知河害之不特可除，而竝可因之以爲大利也。今臣自受任總河以來，朝夕奔馳，往來相度，深知江南鳳、徐、淮、揚四府州屬逼近黃、淮，實有無窮之利，祇因從前未經講求，是以不但不能得水之益，而反受水之害。即臣奉命大修河道，亦止僅求於避害，而未議所以興利。然此四府州并山東兗州一府見有無窮之利，臣知之已確，安敢不力請修舉，以爲我國家久遠足用之謀乎？惟是其間經理事宜，頭緒繁多，且係微臣創建之論，若臣不躬自請行，則諸臣必且疑而難舉。雖臣自知庸劣，見在拮據，河工尚且日虞隕越，何能任此創舉繁難之務？然臣身受皇上浩蕩洪慈，淪肌浹髓，臣即肝腦塗地，亦不足以仰報萬一，又何敢畏難避勞，以負皇上知遇之隆恩也！

倘蒙皇上不以臣爲不肖，准臣將江南徐、鳳、淮、揚四府州，并山東兗州一府荒瘠地畝，會同各該撫臣隨機斟酌，盡心經營。則先用墾本銀五十萬兩，照臣前疏溝田之法，量加更改，召募無家無業之人，計口授食，督令墾土、挑溝，引水滋溉。并照大修河工之例，多用監理、分管等官。每分管官一員，募夫二百四十名，墾田一百二十頃，其所收之粟俱歸公家，更爲來歲加墾之資，以五年爲率，轉展經營五年以後，不復計口授食，竟將所墾之田給與開墾之人爲業，止量其所產，每歲科什一之稅，交有司徵收。除經始第一年不算外，約計六年之後，可爲國家歲增賦米三百萬石。國家既於此五府州地方，歲增賦米三百萬石，則儘可就近運赴京、通二倉，將江、浙等省遠處漕糧盡行改徵折色充餉。其每歲漕造經費等銀，亦可酌量節省，誠一舉而數善備焉者也。

至臣之以六年爲請者，蓋臣年將五十，目昏髮白，精力漸衰，犬馬餘生未知盡於何日，安敢遠期年歲？第此事若行則非六載工夫不能使規模大定，臣故不敢不以六年爲請也。至此係創舉之事，必須分外設官，破格用人，倘蒙皇上俞允准行，容臣另疏題請。其所需墾本五十萬兩，臣不敢請動錢糧。查臣先於敬陳經理河工第七疏内請令武生納監，已經部覆允行，後因奉旨治河，著動用正項錢糧。是以此例未開，今若仍開此例，約可得墾本一半。其不敷一半，請於第四疏内撥足濟用。又六年以内，轉展經營之時，雖有每歲所收米石，然亦必得有銀兩兼用，方爲有濟。此須每歲所收之米，代江、浙等省兌運漕糧，而令江、浙等省將應徵漕米照時價改折徵銀，以濟加墾之用。又五府州屬一切地畝，除見有水利并膏肥賦重之田，俱聽其仍舊，毋庸更議開溝，止將無主荒地并有主荒地，以及有主糧輕瘠地開成溝田之後，即量給開墾之人永遠爲業。有主荒地、瘠田，俟潛成溝田，規模既定之日，仍行給還爲業，照什一之稅徵納錢糧。其規模未定之前，凡民間應納額賦俱於經理案内代爲辦納。如此庶人人情願樂趨，而功效亦易於速見矣。至其間更有未盡事宜，應俟果奉俞旨允行之後，容臣另疏逐一題請。此生財經常之至計，誠足民足國之本謀也。

伏候上裁。

生財裕餉第二疏 開洋

題爲遵旨敬陳生財裕餉第二疏事。

臣惟經國之謀既以闢土墾荒、修明水利，爲第一要務矣。然天下之賴以流通往來不絕者，惟白銀爲最。蓋天下之物，無貴賤、無小大，悉皆準其價值於銀。雖奇珍異寶，莫不皆然。是銀操世寶之權，綦重而不可片時或缺者也。但海内之銀見存有限而日耗無窮，凡貼箔、鋄鍍、剪折、鎔折者，不可悉數。如江、浙等省，一切村鎮收買絲布紬鹽之行市，以及天下之開張舖面者，合計何止數百萬家。些小交易用錢，稍大則銀也。其用銀之時或將大塊剪碎，或將碎塊傾鎔，每鎔銀一兩必被火耗二三釐。又加剪碎之耗，凡大行大舖每日有耗至數錢者，次則日耗錢許或數分或分許不等。今姑牽作每家日耗銀一分，並合天下行舖止作一百萬家科之計，每日耗銀一萬兩，每歲耗銀三百餘萬兩矣。

加以直隸十四省商民上納地丁、雜項、關稅、鹽課等一切錢糧皆有鎔折，以及民間鍍器皿、鑲螺鈿、貼扇花、箋紙與鏒折甲、撒袋、刀環、鞍轡等各物，每歲所耗又何止數十萬兩。合而計之，天下歲耗之銀不下四百萬兩。而江湖之所沉溺者不計焉。雖民間有淘沙之徒掃塵淘洗，每獲得些須亦俱仍歸世用。然習其業者多在南方江、浙等省，而北地甚稀，統計不過萬人。而止以萬人習淘沙之業養彼萬家，計其所獲每歲不過銀一二十萬兩。是仍歸世用之數，較之實耗之數僅有數十分之中一分耳。以天下必需之物而計日銷耗，不能復來，將天下何賴以為流通不匱之資耶？

臣愚以為凡可使天下增銀為流通不匱乏之計者，洵當併為興舉也。夫銀之為物產自山中，然多生於海外日本諸國，而直省則間或有之。今直省之間有者，固當開採。而海外之產，亦宜使之源源而來，以足天下之用也。查開礦採銀一事，前此屢經議及而究未施行者，一格於聚人眾多，恐生姦宄；二格於先需繁費，獲利無幾，并地方官民恐開採之後，部差頻來，供應無出，未免苦累，是以類多不願而暗為阻之耳。

臣竊計有礦之處，其開採事宜，在附近居民知之必確，合無行令各省督撫查有礦地方，令有司擇土著有身家而情願開採之人，或聽其自行開採，或量行給資開採。有力之家自能措費開採者，作何按山地之大小寡多而科徵其賦。無力之家必需領費以為開採者，除徵賦之外，仍令納還原領之銀。俱責成該地方官實心董理，定以加級紀錄鼓勵之典，並遴府佐、防弁各一員駐於彼地，勤為稽察而嚴加彈壓焉。總之銀礦一事，不必利多於公家方始議採，但於公家無損即應聽民開採，使土內之物流入民間，以供不窮之用，益民所以益國矣。

至於海外之銀，向有各直省貪利之民往往操紬絲、藥餌等物，為彼地所必需者，乘船而往易銀而歸。聞故明倭寇猖獗之時，雖禁民入海而商舶之往來自若。即我朝定鼎之初，商民出洋者亦俱有禁，然雖禁不嚴而商舶之往來亦自若也。後因海逆鄭成功負險抗順，更於順治十六年突犯江南，於是申嚴海禁，將沿邊之民遷之內地，不許片板入海，經今二十年矣。流通之銀日消銷，而壅滯之貨莫售。臣屢聞江浙士民之言，謂"順治初年江浙等處一切絲、粟、布、帛、器具各物價值湧貴而買者甚多，民間資財流通不乏，商賈俱獲厚利，民情莫不安恬；近來各物價值頗賤而買者反少，民情拮据，商賈虧折，大非二十年前可比"等語。臣又聞江浙士民云，伊等鄰里、宗族、戚友，順治初年，凡十家之中富足與平常可以度日者居其七八，窮窘者居其二三，然亦告貸有門，覓食有路，而不至於大困；邇來家家窮窘，即有外貌平常似乎可以度日而其內中空虛，俱岌岌然有朝不保夕之勢，求其真正富足者，百家之中不過一二家而已等語，言人人同。

臣細察輿論，實因海禁太嚴，財源杜絕，有耗無增，是以民生窮困至於此極。夫邊方寇賊如人偶患風寒，其病在表，不難立爲治療；民生窮困如人氣血虛損，其病在裏，非亟爲調理不能復元也。近蒙皇上洞悉民隱，深念民艱，特沛恩綸，許令沿海之民採捕魚蝦，又於廟灣等處許駕一二百石小艇往來覓利。沿海之民感誦皇仁莫不歡聲震地，自慶更生將見，多年積困之殘黎從此漸有起色矣。惟是沿邊採捕所得不過魚蝦，而日耗之銀不能使之增益。臣反覆籌維，莫若另爲立法，將商人出洋之禁稍爲變通，方有大裨於國計民生也。

夫海禁之所以久嚴者，蓋恐內地姦民潛通海賊，將硝磺等項一切犯禁之物私販與之，并告以地方虛實，使得豕突狼奔擾我百姓耳。殊不知逆之在海，譬如鼠逞隙中，果有人執器坐守，而又畜貓以飼之，彼何敢輕登几席？即如順治十六年斃逆鄭成功聚如許烏合之徒，當國家江南武備未周之候，出我不意，大犯江寧一帶，尚且金陵一戰逆賊敗遁；不違矧今京口等處大兵如雲，而逆錦之勢又遠不及成功乎？至於各處亦間有乘舟飄忽、往來無定以及猝然登岸剽財物者，此皆附近島中居民而非大夥逆賊也。彼因海禁太嚴，所需紬布等物無從購覓，不得不爲剽奪之計。然此等小寇，衹須沿邊各地方官兵居民齊心有備，即不至受其荼毒，實不在乎嚴禁商人之出洋與否。若更諭以聖朝王化之寬厚，而撫恤招徠之，彼且効順恐後，盡爲良民矣。臣請皇上睿裁，敕部確議，行令江南、浙江、福建、廣東等近海各省之督撫，將該省向來商賈出洋最便之地調設道、鎮各一員，道臣稽查收稅，鎮臣彈壓防姦。凡有商民出洋者，必於此地登舟，不於此地而另由他處登舟者，出洋之商民與放行之官弁俱以違禁論。其由此登舟之商民，務將籍貫、姓名并攜帶某某貨物，俱逐一登簿填記。凡有關軍需等物，俱不准帶去。其可以出洋各貨，查照各關榷抽分則例，責令上納稅課，方許開行。其徒手之人，並無資本、貨物者，不許出洋，違者仍照治罪。至商舶回時，凡一切帶來貨物，如蘇木、胡椒之類亦俱照例一體收稅，雖金珠亦然。惟白銀一項，毋論多寡，俱免抽分，并令各省稽防之道、鎮，凡有商舶去來，俱彼此移會通知。設有此省舶隻失風誤入彼省疆界者，即便詰明籍貫收之登陸。

臣聞內地紬絲等一切貨物載至日本等處，多者獲利三四倍，少者亦有一二倍。江、浙、閩、粵四省但得每省每歲有值銀一百萬兩之貨物出洋，則四省之民每歲可增貨財七八百萬。若慮海逆邀截，則海面寬闊異常，而商舶之瞭望極遠，戒備極密，預避極早，亦無從守候邀截，不致有藉寇兵資盜糧之弊。或因閩省見在進勦海逆，不便遽爲通商，則宜於江、浙二省先行通商，俟勦除海逆之後，再將閩、粵二省一律踵行亦可。倘果蒙皇上允行，則海內之貨易於求售，可免過賤虧商，而海外之銀必且源源而至，雖有日耗，隨有日增，其所以資天下流通不匱之用者，無盡無休，不五年而民困自甦；不十年，而民生大遂，閭閻日見殷康，倉庫益加盈足，而所收稅課亦可資兵餉之用。此亦生財經常之至計，利民益國之要務也。

伏候上裁。

生財裕餉第三疏 毀銅器

題爲遵旨敬陳生財裕餉第三疏事。

臣惟修水利以廣墾田，既可增天下之粟；開礦山而通遠賈，兼可裕天下之財，固爲足民利國經常之計矣。然銀、粟之外，於民最便者又莫如錢，則凡可爲錢法之助者，亦當亟請併行也。

臣接准部文，知五觔以上之銅器，立損人腸胃之銅烟袋，俱經奉旨嚴禁，要在使民間用銅者少，則所司易於收買，庶有濟於鼓鑄耳。然天下見有無窮之銅，可以不費錢糧即行取用者，臣不敢不亟爲陳明也。查佛、老之徒，百計設法以誘天下之財，莫不懸鐘鼓、擊磬盞以爲招來之具。其鐘之小者重數百觔，大者重數千觔，甚有重至數萬觔者。直隸十四省遍處皆有，而浙江爲最。約而計之何止有鐘數萬口，有銅數千萬觔耶？此皆農夫、織婦之血汗精神，錙銖積累而成者。與其置之無益之地惑愚夫、亂聖化，何若盡取鑄錢，散於天下，俾之足國用而利民生乎？

然或者曰，佛、老之說從來甚久，三教竝興已非一朝一夕矣。而一旦盡收其鐘，是盡廢其教矣，無乃不可乎？此或人之見云，然而臣則有以解之也。夫聖王宰御萬方，慾使天下知所親不爲叛亂，必以一道同風爲首務，故曰書同文，良以教之，不可雜，猶之一國之中而共事一君也。今天下所賴以有君臣父子之義者，惟此聖人之教。若又任佛、老之雜亂於其間，是猶一國而三公矣。將在下之民，何所適從乎？又何怪鬭爭擾亂之靡已乎？

況天下之人，賴聖人之教，得生於綱常倫理之間，以有其衣食與安富尊榮。乃既得其衣食與安富尊榮，而旋棄聖人倫理之教以崇信異端，是何忍心害理之一至此也！且三代以上，從無佛、老。孟子曰："我非堯舜之道，不敢以陳於王前。故齊人莫如我敬王也。"王珪曰："恥君不及堯舜，臣不如魏徵，故人臣事君必以匡君爲堯舜，始爲敬君之立極。"今皇上敬天勤民，事事必法堯舜，則凡在臣工又安可姑容三代以下之惡弊，而不請皇上亟去之乎？或者又曰：佛氏起於東漢，姑置弗論。若老子《道德》一書著於周末，即孔子亦常問禮，臣輔何人，有何學識，而敢於排之？豈孔子之問非與？此又或人之見云，然而臣則又有以解之也。夫老聃固周末高年有德之隱君子也，彼見王迹掃地，五霸疊興，悉皆假仁義以自利，臣弒其君子、弒其父，綱常倫理之間息滅殆盡而莫可救藥也，是以故爲高論而輕世肆志焉。

至孔子問禮一節，先儒力言其爲附會之説，而非實有其事。然臣愚以爲其事亦似乎有，而非謬捏也。蓋孔子稟溫良恭儉讓之德，雖小君南子且見之，乃適周而知有高年有德之隱君子如老聃者，安肯棄而不見然？然見而問禮，則於求教之中寓教之之意，此聖人正人之微權也。

夫老聃乃放棄禮法而以道自名者也，孔子如果欲求其奧妙則當問道，何乃問禮？不問其所好而問其所惡，何耶？蓋禮爲綱常倫理之經，不可一日或廢者也。孔子見老聃放言高論，恐後世効之，蕩而不知所止也，於是就而問禮。孔子之意，以爲禮不可廢，故發端以問之，問之即所以教而正之也。彼老聃者，既不申明其所尚之道，而又不直答孔子所問之禮，顧曰去子之驕氣。夫孔子就而請問，何等謙光！乃反曰驕。何也？老聃深知孔子教之之意，而又自執其棄禮之見，其意若曰："以我之高尚，而子顧以微詞求正我乎？"故曰驕也。以聖人正人之微權，而老聃已識破，其智有不可及者，孔子猶龍之歎不亦宜乎？然老聃之書至今在世，其言雖駁而不純，而得一守雌之説，亦皆詔人退讓之義，非若近世之書符、念咒、擊鼓、敲鐘，假死生禍福之説，造俚鄙不通之詞，設網以羅天之財者比也。是近世佛、老之徒，已非佛、老之本來面目，不過徒爲惑世、誣民、病農、蠹國耳。又安可不亟爲正之，以輓此頹風，使天下知君親之義而不致叛亂乎？是廢害世之異端，而收濟世之財用，誠無疑議矣。

臣請皇上乾斷，敕下該部通行省各督撫，除先聖、先賢、山川、城社，以及名臣之應在祀典者不議外，其餘一切佛、老廟、寺、菴、觀内所有之鐘盡行收取，以爲鼓鑄之用。如此則可省買銅之費，而立鑄無窮之錢。雖一時權宜之計，而有裨於國計民生、皇風世教者，誠非渺小也。

伏候上裁。

條奏應生應節疏

題爲請旨事。

臣惟國家自軍興以來，費用浩繁，錢糧不足，然皇上軫念民生，不特從不加賦，而凡災荒之見告者，或賑或蠲，洪恩立沛。又因河道廢壞，江南之民久苦昏墊，更不惜動用數百萬正項錢糧，命臣大爲修治。皇上惠養元元之深仁厚澤，真可爲無所不用其極矣。今廷臣因加增米、豆、草束價與蠲緩賑濟諸務均應議准，誠恐入不敷出，不得不預行籌畫。以臣等各督撫諸臣身在地方，凡應生應節之處知之必悉，是以請敕臣等將如之何使百姓不致困苦，以足國用，有益兵餉，令臣等盡心速議陳奏。

伏念臣以一介愚庸，安知國家大計？然忠君之念，戴主之誠，則雖頃刻之間未常或離方寸，又安敢不竭臣一得之愚以備聖明之採擇耶？竊思從來理財之道，不過曰節曰生，第古今時勢不同，自昔言之，則生節理應並論；由今言之，則其利專在乎生而不在節矣。何也？節者，減無益可省之費之謂也；生者，取天地自然之利之謂也。減無益可省之費謂之節，則禮樂、兵工凡屬必不可省者，俱不在應節之例；取天地自然之利謂之生，則尺土寸壤凡在覆幬之中爲雨露之所及者，可使之生、使之長，以資民食而足國用也。

粵稽春秋之世，載在經傳者大小二十四國，大國地方千里，次者數百里，小者數十里。雖國有大小之殊，而內而君祿、卿祿、大夫、上士、中士、下士等祿外，而朝聘、燕享、會盟、征伐等事悉無虛歲，而未常取財於異地。即如滕地截長補短，僅方五十里耳，而常祿常事之外，更有事齊、事楚之勞亦皆拮据支吾，不聞流離死徙。今之滕縣即古之滕國也，見徵額賦寥寥無多，考古證今，大抵滕地今日之產不及古時十分之一。夫同一滕地也，而今昔生財多寡之不同，至於如此，其故何也？蓋古時地褊人稠，不得不曲盡人力，取天地自然之利以供繁費。而今則類多曠土矣，夫人力盡則境內隙地必少，不能別爲生法，惟有力議節用以期有餘。曠土多則隨處皆可栽植以圖長養收穫，正宜百方生息爲足民足國之謀。臣故曰生、節並論者，昔之時勢宜然，而今則專在乎生而不在節也。若夫生之之道,又宜有經有權,守經而不知權,則無以濟見需之費用;行權而不知經,則無以起後此之瘡痍。必須經、權並用,庶近之可免司農之仰屋,而百姓亦無困厄之咨嗟;遠之可裕倉庫之豐盈,而兆民更享無窮之樂利,誠國家萬世無疆之休也。

臣不揣愚昧,謬擬生財經權事宜,列爲四疏。陳奏內一疏有關邊海要務,遵例密奏。

伏乞皇上概賜全覽,敕部議覆施行。

靳文襄公奏疏卷七終

卷八　治河題稿

【靳文襄公奏疏目錄】

恭謝天恩復任、運米未盡、酌調河員贛榆等縣、恭報開運、恭報回空、重堤預給夫食、弁員有責、義友竭忠、兩河再造、河工守成、疾病日甚、永辭聖世

附撫皖題稿
減差節省驛站錢糧疏、節省錢糧、題明宋鑣

男治豫編次
孫樹德校正
曾孫光烈、文仝校字

靳文襄公奏疏卷八　治河題稿

總督河道、提督軍務、太子太保、
兵部尚書兼都察院右副都御史臣靳輔

恭謝天恩疏復任

奏爲恭謝天恩事。

竊臣前年被劾之時，自分萬無生理，荷蒙我皇上排衆論而保臣軀，幸江南而還臣職。今者又蒙我皇上不以臣爲不肖，復任總河。聖恩至此，臣即粉身碎骨，亦不足仰酬萬一，雖赴湯火，臣亦何辭？臣祇恐衰病殘年，有辜皇上使過之澤，而愚懋招尤，萬一仍觸禍機，豈不更負我皇上終始保全之恩？此臣所以敢哀辭於聖聽也。復蒙我皇上命臣可報効幾年則報効幾年，又復賞臣披領弓箭撒袋，臣承恩之下，心之所感，口不能言，叩首午門，但惟淚落。

伏念臣十年河上，雖切報主之誠，曾無治河之識，全賴我皇上力闢浮議，又復不惜帑金，由是臣得遵奉方略畢力河干。而以臣爲阻壞河務者，不一而足，又賴我皇上屢加救護，臣然後獲有今日之生，得承今日復任之命。是皇上之熟嫻於河者，踰於日月之明；皇上之加恩於臣者，且出臣於天地之外矣。天恩似海，臣報難窮。臣惟有益切實心任事之誠，以少盡犬馬答主之意。臣謹百叩跪謝以聞，伏乞睿鑒施行。

運米未盡疏

題爲欽奉上諭事。

竊臣荷蒙皇上優旨復任總河，犬馬殘年方以隕職是懼。乃復蒙皇上令臣從黃河運漕糧二十萬石至山西蒲州等處備貯，更蒙上諭："黃河上運危險艱難，米船倘有疏失，免其議處，則靳輔亦盡心効力。"伏念臣向者奉職無狀，幸賴我皇上格外保全，得以至今。今蒙我皇上委任至此，設臣有疏失，臣受重處，臣亦甘心，而皇上但期即日運到，有濟於百姓，遂復天恩寬大，示臣於鼓勵，臣敢不竭此衰朽，益圖勉奮，以稍答皇上天地之心也。

更蒙上諭："凡事以身自任，心切爲主，事無有不成。且先經黑龍江駐防兵丁運送米石，衆議以爲初創，地方不便行，惟朕獨斷而行。"今兵已駐，運道已開，邊境多有裨益。此乃實據，仰見我皇上廟謨獨運，識絕古今，所以我皇上事無不舉，舉必有成，不但功德巍峩，籠罩百代，即此嘉言懿訓，實足垂教無窮。臣雖不才，亦願書紳。至臣於十五日到任，江北糧船多已過濟。蓋自清河仲家莊閘入運北上，已行有七百餘里矣。若復驅而南，還從支河口①再入黃河，亦有五百餘里，路途往返，反費時日。而南來糧船兩相交錯，必致壅塞，兩相耽誤。況查江北糧船半多滿號，黃河行運必須船隻堅固、器具周備，方免疏虞。若一幫之中復加挑選，則挑賸之船，仍當北運，運弁亦難兩顧。臣已移咨漕臣即於江以南糧船中擇其輕便之幫於清河縣一帶截留，令其西運似爲直捷。

查江以南糧船多帶有剝船，黃河開封以上水勢散漫，多有淺澁，必得一船兩剝，亦并移咨漕臣即於別幫糧船中帶有剝船者借其協濟，稍給津貼，庶黃河水淺之處可以不致誤運。惟是黃河行運，水深既須提溜，水淺又須損輓，必得多加夫役，然後可以速達。臣仰體皇上救民之意，自宜送運早到蒲州。如江南、山東地方需用夫役，臣亦移咨江南、山東各督撫臣酌行；河南、山西地方需用夫役，即遵旨於河南、山西撫臣酌行，亦量給其口食，則運送可以送到，而夫役亦不苦累矣。至臣桃汛在邇，暫赴清江浦料理此運送之事。經臣酌量遴

---

① 支河口，即支河口砦，位於宿遷縣，"城西北二十里，在五圈，就河堤築"（同治《徐州府志》卷一六《建置考》）。

委淮徐道劉曈代供指臂，俟臣防險諸事一完，即單騎前赴河南一帶躬親督率。總之，此運送備貯之事，皆我皇上格外之曠典，臣受恩深重，但期有便於運丁、有濟於百姓，以宣布皇仁之大，故不敢不實心實力妥酌改撥，稍盡犬馬之報。謹將運送未盡事宜，一一題明，伏乞睿鑒，敕部議覆施行。

酌調河員疏贛榆等縣

題為酌調隣邑閑員專管中河堤工，以固河防事。

切照中河堤工綿亘三百餘里，界歷宿、桃、清、山、安五縣之中，亟需專責官以資修防。除武弁一項，已經微臣酌調均平，見在另疏題明外，有所應設文官，如或另為添設，未免又有俸工之費。臣今再四籌維，惟有就近將贛榆縣丞一員裁去，改為分管宿遷縣中河縣丞，專管修防中河堤工。其所遺事務，歸併贛榆縣知縣管理，自無貽誤。再將盱眙縣分管山盱湖堤主簿一員裁去，改為分管桃源縣中河主簿，專管修防中河。管河縣丞、主簿外，清河等三縣並無管糧之縣丞、主簿，又加揚屬之如皋一縣，鳳屬之五河等八縣，廬屬之廬江等五縣，皆係一令一典，並無縣丞、主簿。故今贛榆、沭陽誠可比例裁去，改隸宿、桃、清、山四縣，聽各該管河同知統轄，以固河防者也。

抑臣更有請者，所有宿遷中河東奠等減水六壩①，臣於前任內請以該縣典史看守。今該縣既已調有縣丞專司修防中河，相應將此六壩一併責成，停其典史看守可也。又山陽縣雲梯關外南堤工，其所遺原管山盱湖堤三十里，應令歸併盱眙縣縣丞兼管修防，亦無貽誤。至安東縣中河堤工，已經接任河臣王②題明，將沭陽縣主簿帶管在案。但以彼縣之官帶管此縣之河，將來必致諉誤，且安東見有長樂司巡檢一員，儘可就近兼管，無事他求，應將該巡檢改為該縣分

---

① 東奠壩，位於宿遷縣，"康熙二十二年總河靳輔建，在治北，連支河共六座，長二百二丈。在東南者，曰東奠、德遠、鎮宣；在西北者，曰西甯、澄泓、錫成，俗謂之五花，近已傾圮，碎石猶存"（同治《宿遷縣志》卷一三《營建志》）。

② 河臣王，即王新命，字純嘏，四川潼川人，歷任刑部郎中、江西布政使、湖廣巡撫、江南江西總督、福建浙江總督等職，"（康熙二十七年）調福建浙江總督王新命為河道總督"（《清聖祖實錄》卷一三四，康熙二十七年三月己丑條）。

管中河巡檢，專管修防中河堤工。即將沭陽縣主簿裁去，改爲分管清河、山陽兩縣中河主簿，專管修防中河堤工。其所遺事務，歸併沭陽縣知縣管理，亦無貽誤。蓋以贛、沭兩縣地僻而小，不必多設閑員。即如淮屬除南岸堤工，臣於前任内亦曾請調大使一員，專司分管修防。今查大使係未入流，職太卑微且無巡緝之責，不足彈壓地方。今臣擬將本縣廟灣司巡檢①調赴大套，分管修防雲梯關外南岸堤工，仍將大套大使調赴廟灣管理巡檢事務。庶烏遠之堤工可收彈壓之效，而於内地之守亦無曠廢之虞也。

理合一併聲明，臣謹具題，伏乞皇上睿鑒，敕部議覆施行。

恭報開運疏

題爲恭報西運糧船起行日期事。

竊臣惟我皇上念切秦地民瘼，諭將漕糧二十萬石，命臣運至蒲州，以爲備貯至計。蒙皇上不以臣爲不肖，委令運送，臣益當固竭愚誠，不累軍民，必期速到，庶足上慰皇上加惠元元之至意。臣昨到濟，已將改撥江南糧船情由並將剥船之津貼、縴夫之口食一一題明矣。嗣臣來到清江寓署，准漕臣董訥移到漕船，臣驗得内有江北之船不如江南糧船之堅固，方足在黄河之内輓溜長行。因隨覆咨漕臣重加改撥江淮等衛船三百八十四隻，共計糧二十萬石。惟是僱夫之事，若咨商江南督撫諸臣，則往返之間多費日時，且責之州縣又恐不肖官吏擾派累民。而剥船一項，臣與漕臣面相商酌，漕臣以北運亦須剥船以濟淺阻，若截借西行，誠恐抵通有誤。不若暫借他項錢糧給與各幫弁丁，俟其自僱剥船，仍應於應給行月之内，分限三年扣還清項。臣念西運之事固屬緊要，而早達天庾更爲重務，若各幫弁丁自僱剥船則亦可，并僱縴夫不但輓拽有資，而且不致累民。於是計其僱船、募夫之費，每船實需銀八十兩，但照將來行月扣還之數，目今祇可借給六十兩矣，每船尚缺銀二十兩。内漕臣先已每船捐給銀六兩，共銀二千餘兩。臣今捐銀二千兩，委運之淮徐道劉曈、又淮揚道劉殿邦各捐銀一千兩。統而計之，每船尚未足八十兩之數。如果不敷，必須補湊之時，

---

① 廟灣司巡檢，"在明代爲廟灣司巡檢，國朝雍正九年移駐草堰口，爲草堰司巡檢，後移駐永興集"（光緒《淮安府志》卷一三《職官表五》）。

俟臣前詣河南再當斟酌。惟是借給六十兩之項，據查淮庫錢糧無項可借，適屯田收穫籽粒變價銀二萬餘兩現貯淮安府庫，臣因與漕臣會商借給，漕臣酌議三年之內自應扣項清還。

臣復宣布皇仁，各船弁丁無不踴躍，而臣目前親勘緊要險工尚宜料理，此西運之事須得能員佐臣指臂，代臣督押先行。臣前疏已將淮徐道劉瞪上達天聽矣，隨據劉瞪呈稱："船多路曠，人役繁雜，必須多遴幹員分頭協理，方於運送不誤。"復詳候補知州馮大奇①，候補知縣佟毓秀②、梁柱、張道溥③，昔年押運屯麥之効用守備劉景、候推守備張彪等到臣。臣見其年力精壯，足共驅策，即委其分頭儧運，協募夫船，以期漕船速到。

臣賦性愚昧，料事不能周詳，直至臨事始能因時斟酌，然又不敢回護已往之言，致誤國家之事。故今日西運事務，有與原題相合者，有與原題未甚相合者，總祈皇上天地之大寬臣淺陋。至於可以運至何處，或需倉房暫貯，然後轉運。其轉運之時，或需車輛，或需騾頭，以及口袋必需之具，容臣將河工諸務料理就緒，即星程前往河南一帶，再與豫、晉撫臣另疏題報外。茲據淮徐道劉瞪呈報，西運糧船於本月初三起行日期前來，理合題報，恭慰睿懷，伏乞皇上睿鑒施行。

恭報回空疏

題爲恭報西運漕船頭次回空，並前後剝運情形，仰祈睿鑒事。

該臣等看得奉旨西運漕糧二十萬石，計截留太平等九幫船三百八十四隻。前此由淮以溯於河，而自歸德以上河道險阻情形甚於徐州以下之黃河者，艱難之狀莫可名言。臣等與淮徐道劉瞪等仰體皇上賑濟秦民之聖心，各矢竭蹶圖

---

① 馮大奇，江南徐州人，監生，康熙二十一年（1682）任獲嘉知縣（雍正《河南通志》卷三七《職官八》）。

② 佟毓秀，字鍾山，滿洲正藍旗人，監生，歷任江蘇按察使、廬鳳道員、河南巡撫、貴州巡撫等職（雍正《河南通志》卷三七《職官八》）。

③ 張道溥，"字履嘉，官堂邑知縣，立義學，清保甲，嚴巡警，盜賊潛踪，尤長於聽訟，有神君之號"（同治《徐州府志》卷二二《人物傳》）。

維，以期無負聖明委任至意。於是集思廣益，無不以爲惟有多僱剥船盡將幫船剥輕，自可利於疾儧，而俾所剥之民船隨剥隨運，亦可速於抵津。此臣等之本志也，已於本年六月初六日題明在案。滿擬從此一剥、再剥而三剥爲率，不過兩月便可報竣，豈期六月六日以後旋爲伏水漲發，長有五六尺不等？夫黄河上自三門而下，建瓴之勢如同奔馬，伏水不過五六尺而隨路之急溜遄流奔騰澎湃，晝夜如斯。不特剥船無風一觸便溺，即九幫原船當浩瀚無涯之際，非擱淺而船傷，即頂溜而舟損。若夫原在平穩之所，或方乘風急行之時，忽遇俗之所謂神水、神澗頃刻漂没者，則又不在擱淺頂溜之内也。節據押催委官以及沿途文武幫弁等員紛紛呈報，臣等不禁寢食靡寧，心膽俱裂。然相機催儧，設法救護以及鼓勵之事，羽檄頻仍，無有虚日，無如限於人力之無可施，終不能副臣等仰體皇上期於速到之意。

臣等就事論勢，從前伏汛由歸德以至開封，漂没損壞者既已若是其累累；今自開封以至滎澤，尚有一百八十餘里，險阻又甚於開封以下之情形。秋汛在邇，若必令原船俱至滎澤而後起盡回空，將必幫船盡行破壞，米多漂没而後已也。船、糧兩重，臣等固當速運以到孟津，尤以慎重，以全國帑，敢不曲計兩全之善策耶？隨與淮徐道劉暟面商確酌，通查妥議去後。今據該道身經目擊，斟酌時宜，詳稱僱過前後大小剥船一千二百餘隻，起剥過漕米一十五萬一千二百石零。其九幫原船自到滎澤四十一隻，以及隨地傷損、器具不全起空各船蔡茂春等，共計二百一十餘隻皆令回空外，尚存原運漕米歸併完固幫船，停泊祥符境内候剥起運孟津者，止四萬八千七百石零。並從前漂没之幫船七隻、剥船七隻等因，詳報前來。臣等覆核無異，但據豫省經收委員開封府知府蘇佳嗣①等日報，至七月三十日止，共計起運過七萬三千七百餘石，則尚有一半未到之剥船見在沿途，祇以河道自滎澤以至孟津二百餘里急溜尤甚，而且南岸壁立陡峻非常，北岸則一片大灘沮洳陷溺，以是並無縴路，非東風則剥船不能寸進。見在沿途以及歸併候剥之米，倘得東風時作下難月餘俱到，第恐秋氣漸深，西風日厲，以致阻滯有難臆度也。至從前漂没幫、剥船糧，臣等見在設法捐補，俟於事竣疏内題報，並見在尚有歸併空船隨時遣發，歸次修艙以濟新運外，理合一併題明，伏乞皇上睿鑒施行。

---

① 蘇佳嗣，"奉天人，廕生，康熙二十八年任（開封知府）"（雍正《河南通志》卷三六《職官七》）。

重堤預給夫食疏

題爲遠方之民應募河工，工停欠帑情實事確，久蒙聖明洞鑒，部臣格於成例屢駁屢追，仰籲天恩始終特賜豁免，以免再瀆天聽事。

該臣等看得從前河工原無修治全河之事，間有興舉，無不勒之州縣，派募里民。在司事諸臣固得坐享安逸，而凡所派之州縣用一費十，民不勝其苦累矣。恭遇我皇上神聖文武，聰明睿智，以河工關係國家大事，力排廷議而出之乾斷，不惜數百萬金，獨任臣輔修治全河。於時臣輔自分智慮短淺，不勝惶悚，但具有愚忠，敢不仰體皇上愛民以治河，而又可因河以累民耶？且勒募之里民老弱不齊，緩急難恃，用以濟小工而且不足，似臣輔奉命，兩河並舉，日需人夫十餘萬，若循派募之舊章，將必半壁號呼矣。然且不特民苦於累，而大工亦將貽誤無成。臣輔於時幾經籌慮，乃易派募而爲僱募，定賞罰，示勸懲，遴委能員分頭四出，廣朝廷愛民德意，多方鼓勵，設法招徠，十年之中始得大工告成而民不擾。

惟是所募之夫遠近不一，大率皆江南淮、徐、廬、鳳之屬，山東東、兗等府之屬，河南開、歸等府之屬，甚至有直隸之大名等處之人聞風而來，樂於趨事。然皆各有父母妻子，則安家有費；奔走道途，則食宿有費；力作器具，則置辦有費。是每夫一名受僱之始，即預給銀數兩不等以資其諸費，而後始得到工。到工之後，仍復按工支給。彼夫也者，恃其筋力之強健，奮其畚鍤，截長補短，築成千百土方，然後照題定每方給銀若干之數扣除找給，期於銀工相抵而後已。此臣輔十年中興舉大工，募民應役預給錢糧之原委也。

獨是重堤一工奉旨興築，臣輔亦期力圖早竣，飛飭各監理，責令分管各員鼓舞義民照大工之例，齎銀星往江北、東、豫等處分頭僱募，每名預給數兩不等，因而如期畢集者一萬餘人。正在按工支給、興築甚力之時，奉旨停工，各夫無不驚惶失業，四散求食而去。所有預給數兩之處無憑扣追，隨經接任河臣王新命查明題請豁免，部覆不准。奉旨："這築堤用過預給等項錢糧，著該督再行逐一明白詳察具題，到日再議具奏。欽此。"是預給一項情實事確，久在皇上洞鑒之中矣。臣輔於時待罪在家，恭讀上諭，早已額首，爲此數萬窮夫感聖明浩蕩之恩之無涯涘也。復經接任河臣王新命遵旨逐一明白詳察，疏稱當日監理等官領帑召募數萬人夫皆係覓食窮民，若不預給銀兩則此輩父母妻子憑何贍養？又豈能裹腹遠赴江南？且工作之器具，棲止之棚蓆等項憑何措辦？此夫之不得不行預支，官之不得不行預給，乃從來興工之舊例，非自重堤之創始支給也。後忽奉旨停工，數萬窮民夥聚淮城，各員捐措解散之不暇，遑敢問其預給銀兩，應請皇恩一併准銷等因具題，部覆堅執一切工程俱係按工給發工價，竝無預給之例，仍令在原經管各官追取報部等因在案。

今臣等復查得，從前報銷工程冊內原無預給工價之名，部駁自是有因，但從前亦無半途停止之工，凡有預給工完扣除，是以在工有預給之實，而冊報無預給之名。惟重堤一工忽然中止，無憑扣除，遂有預給之名而請豁免也。部臣身不在河，固不知其原委，不得不有此駁。臣等既在事中，若復因循部議將欲追之，當日預領之夫則早已鳥驚獸散矣。按籍而求，能保無株連滋蔓，致悖皇上愛養黎元之聖心乎？是追之原籍不可也。將欲追之當日經給之員，則各員奉公募夫，照例預給，不能逆料其工之不終而早爲之規避，且閑散麼麿貧寒徹骨，安能李代桃僵？勢必仍責之各夫之原籍，徒滋擾累，是追之各員無益也。

臣等伏覩我皇上溥博如天，賜饘賜賑之恩無歲不下，沾恩被澤之感無人不然，所當仰請皇上垂念興工之際，惟恐其夫之不來而預給在先；停工之後，惟恐其去之不速而無憑扣追，事既出於意料之外，勢乃處於無可如何之中，特沛天恩，准予豁免，則臣等亦且同此數萬貧民共邀浩蕩之鴻慈矣。除原任守備陳傑出核減土方銀一百兩零，已於康熙三十年十一月內繳完河庫訖，王大成①購交椿木細數另冊送部查核外，所有重堤案內預給夫食銀兩始末情由，臣等據實瀝陳，貼黃難盡，伏祈皇上俯將臣等看語特賜睿鑒全完，敕部確議施行。

弁員並有河工之責疏

題爲弁員並有河工之責，請照文官題補之例以收實效，永保堤防事。

竊惟河上文武等官各有河工專責，必須熟習諳練之員，然後知水土之性，盡防守之方，而保河道於久安也。欽惟我皇上聖明天縱，功德巍峩，其於河道機宜，實見他人所不能見，言他人所不能言。又蒙俞旨特准管河文官坐名題

---

① 王大成，"字維祥，婺源人，少負幹濟，效力省城，巡撫靳輔獎許之。靳總河務，挈大成往，濬築有方，河堤堅固"（光緒《重修安徽通志》卷二四九《義行三》）。

補，憶臣遵行之後，收其指臂之效者亦復不少。惟是武員尚無定例，臣前在任時，有臣坐名題補而部覆議准者，如徐屬河營守備華成名是也；有臣坐名題補而部議不准者，如揚屬河營守備李良相等是也。臣維治河大概不外築堤束水，而防河之要不外防險保堤，使河道既治之後，防險有人，保堤有人，則自不致於衝決奪河矣。

臣查自古以來，未嘗不為防險保堤之計額設河夫，然皆隸於州縣，有名無實，並無專官督其力作，又復一年之內到工無幾。夫水土之役成之甚難，守亦不易，以不素習之河夫，而又加以一年無幾之力作，則防險保堤不過虛應故事，雖欲河道之長治而不旋修旋壞，又安可得乎？

臣遵皇上方略，更有監於已往之弊，特條陳於皇上之前，請裁河夫而為河兵，復請設八營之守備、千、把以督率之，俱蒙我皇上一一准行。臣前在任時，故得轉飭守備、千、把，督令河兵遇險則糾集搶救、下埽、簽樁，平時則栽柳、砍柳、巡堤以及駕船運料。凡遇獾洞、鼠穴、水溝、浪窩之類，有即修填，不使稍有滲漏。再每五日，令各弁員將督率河兵分工力作之事，俱一一開寫呈報臣衙門，以考其弁兵之勤惰。此所以藉皇上之威靈，而險工、堤工得以保護不壞。

自臣去任之後，河營員弁部選日多而諳練之弁遂復日少。臣去冬同戶部侍郎臣博濟①等勘閱工程之時，因將河上事宜問及弁員，有茫然不能登答者，甚至問及河上之地名、路程之遠近俱不能對。因今日弁員中已諳河務者少而不諳河務者多，若更遲數年則陞遷、老死，熟諳河務之人盡去，而防險保堤更不能再收力作之效矣。

伏祈皇上俯念河工關係重大，文武員弁均有專責。文官既准以熟諳河務之人坐名題補，則弁員並當照文官之例，亦准以熟諳河務之人坐名題補，則文武齊驅，弁兵效命，其於防險保堤實大有裨益也。

伏乞睿裁，敕部議覆施行。

---

① 博濟，康熙九年（1670）進士，歷任庶吉士、戶部侍郎等職（《清聖祖實錄》卷三三，康熙九年四月乙卯條）。

義友竭忠疏

奏爲義友竭忠王事，盡瘁捐軀，微臣生死難安，仰籲聖慈推恩分恤，以慰幽魂，以勵草野愚忠事。

切臣一介寒微，歷蒙皇上天恩拔擢，於康熙十年由學士陞授安徽巡撫。大凡外官自州縣以上有刑名錢穀之責者，必以禮聘士協同料理，名曰"幕賓"。臣於是時留心訪求，未得其人，適有浙江錢塘縣儒士陳潢者遊學京師，偶與臣遇。臣見其狀貌魁梧，器宇凝重，動止語默，咸秉以禮。臣遂聘以同行，並令教臣子焉。然臣亦未之奇也。徐而察其學問似非章句，探其言論悉具性情，臣亦未之信也。

乃自抵皖署後，臣與之寢食，惟俱朝夕討論，講求政事，始知其識明敏而深厚，其才肆應而曲當。臣不禁愛之、重之矣。臣撫皖六年，適當軍興之際，陳潢之裨益實多。然此六年之中，猶爲臣一人之私藉，而非有所宣力於國家也。迨康熙十六年三月，臣復蒙皇上天恩陞任總河。當兩河敝壞之後，前此覆轍頻仍，聞者心驚，見者膽落，無不以畏途視之。臣雖報効有心，而設施無術，亦豈能無憂惶悚懼之念！陳潢即毅然告臣曰："遺大投艱，豈得無懼？但能實心力行，則天下無不可爲之事，正可藉此以報君恩。即潢草茅下士，素有志於當世之務，而未獲進身，無由建白。今亦正可相佐，以報朝廷，以畢素志。"臣於是一聞潢語，瞿然自驚，隨應之曰："子能助我宣力王事，以報君恩，我亦何敢再萌身家之慮哉！"於是矢志同心，黽勉協力，出則隨臣荒度經營，入則偕臣料理文告。凡所以算土方、核浮冒、科料物、圖節省之處，纖悉無遺漏。如是不避寒暑，無分晝夜，與大工爲始終者，十年有如一日，故臣得以時遵聖略竭蹶從事。俾兩河復歸故道，潢與有力焉。但臣蒙皇上命臣治河，臣復以禮聘潢與之同事，是潢之盡心於臣，猶臣之盡心於皇上。

乃臣職友誼之所當然耳，臣亦何敢將陳潢妄瀆天聽！特是大工之內，如開河、築堤，募夫辦料，設法催攢，釐姦剔弊，鼓舞人才，不避勞怨，不畏強梁，臣力之所能爲、臣心之所能盡者，陳潢不過助臣盡瘁而已，原無足異。若夫發前人心思之所未及，開微臣智慮之所不能者，則有五大功焉。

一如下河七州縣從前被淹，人但知高家堰衝決三十四口，因而不能堵塞清水潭之故，而不知前人尚留翟家壩未堵三十餘里，與成河九道之處，以致滔滔下注，不舍晝夜。清水潭遂成澤國，清口內灌無休而下河遂成巨浸，被災十分矣。潢乃建議盡行築堤塞河，以敵清口之黃，且創設減水壩逐漸宣洩，以保高堰之堤工，始得減下河十分之災爲二三也。

二如清水潭旋築旋決，末次勘估需帑金五十餘萬。潢乃建議棄其舊口，移築堤工於湖內，改爲永安河，節省帑金四十餘萬，乃得永免潰決而保安瀾也。

三如前此甘羅城運口逼近黃河，河水內灌淤墊山、清、高、寶之河道。每年冬底必大起民夫挑挖，以濟新運，不無勞民傷財。潢乃建議改進太平壩，以避黃水內灌，即或黃強淮弱之年間有內灌，黃退旋即衝刷，仍舊永不淤墊。迄今十有餘載，免民夫挑挖之勞歲，省民財數萬金也。

四如康熙十七年冬，駱馬湖運口已經淤斷，新運無由北達，危急非常。潢乃建議創挑皁河二十餘里，地皆沮洳陷溺，應期而成，且復挑支河三十里以避黃水，再無淤墊之患，使通漕直達天庾也。

五如聖心愛民一案，原題不過欲洩減壩之水以利民田，潢乃建議創挑中河以避黃河一百八十里逆流之險，恤軍利漕，自歷代行運以來所未有之事也。

當其興舉以上各工之時，無論寅僚，不分老幼，無不以爲必不能成，且有涕泣以求臣之停止者。惟潢信之確，而臣任之力，得蒙皇上乾斷，允臣興舉，且荷皇上如天之福，百川効靈，俱已成功，爲國家永遠之利。實潢之聰明卓見以成之者，臣實不敢昧心掠之歸己，以欺皇上，以欺天也。

臣知潢之才，感潢之心，念潢之功，情不得已。當聖駕甲子南巡之時，蒙天語問臣以有無得人，臣即以陳潢姓名對上。嗣因皇上聖慈，必欲使下河無一夫之不獲，命臣子治豫問臣以有無別治之法。潢乃籌之晝夜，議添重堤一策，仍挽減壩所洩之水以出黃河。臣因試驗有素，是以據實具題以此策出之陳潢。蒙皇上不次之恩，授以僉事道銜贊理河務。潢深感激，方將益竭其才力圖報効，不意因此議論紛起，部議革去職銜，而潢亦隨病入膏肓矣。後蒙聖明洞鑒，察潢無他特恩寬宥，而潢又隨物故矣。

今臣復蒙皇上天恩復任總河，豈不以臣向者曾効犬馬之勞耶？但向者幫臣以効犬馬之勞者，乃陳潢也。是臣與潢乃同事一體之人，臣幸而生，遂得再受皇恩；潢不幸而死，臣何忍負之！使潢尚在，臣猶願以百口保題潢於皇上之前，以備驅使，必有可觀。潢誠不幸而死，臣若避嫌隱忍，是臣生爲負友之人，念臣衰病日甚，旦夕難保，若不及早陳情，一時風燭，死爲負友之鬼，逢潢地下何以相見乎？臣今不揣冒昧，將臣友潢始末與潢竭忠王事各緣由，據實直陳，仰祈皇上察臣情詞，憐潢勞績，特沛天恩，准復陳潢僉事道銜，以光泉壤，不獨潢之幽魂矢報銜環，而微臣仰荷推恩，及潢亦且死得瞑目，將見天下草野未達之士，當必有所觀感興起而益奮其他日報効之心矣。

臣謹具奏，貼黃難盡，伏祈皇上睿鑒全覽，憐憫施行。臣不勝激切悚惶待命之至，伏候敕旨。

兩河再造疏

題爲兩河已蒙聖功再造，臣等敬陳全體情形，謬抒善後一得之愚，仰佐國家永遠平成之業事。

竊惟黃河源自崑崙，西來萬里，乃氣化之經絡，爲地理之血脈，前人之説詳矣。惟是挾沙而行，性不由於地中。自禹鑿龍門之後，滎澤而下全在人力之維持，經雲陂以障之者是也。否則潰敗決裂，爲害滋大。此成敗相因，古今所以一轍也。然當未敗之日，與夫既敗之時，固非人力不足爲功。而爲功之後，如果熟識全體之情形，度其輕重緩急而再預爲之備，則自可以制非常之變而不難。非然者，則一旦意外之來，未免坐失機宜而倉卒莫爲之所矣。

按自康熙十六年以前，河道敝壞已極，淮揚千里民罹昏墊之災，國賦因之虧損，且將有阻運之虞矣。荷蒙皇上聖心乾斷，決意修治，既不以臣輔爲不才，力排衆議而端任之；又不惜數百萬之金錢，鋭意興舉而大治之。故臣輔得以時遵聖略，勉竭駑駘，忘其身家，以圖報効。自康熙二十二年蕭家渡閉合龍門，二瀆安流之後，每年伏秋因有減水壩逐漸宣洩，歷今十載，河身已自深寬，將來惟有愈深愈刷，足以容納暴漲而無虞。此皆皇上洪福齊天，百靈効順所致，所謂已成已治者是也。臣等何庸再爲置喙哉！

乃前者，臣輔恭聆聖諭云："全河已固，設或險工一有疏虞，前功盡棄矣。"大哉王言！河道守成盡此聖諭數語。凡爲河臣者，苟能於各險工加之意焉，則有備無患，是保全之上策也。獨是臣輔在河十有餘年，其中甘苦知之最確，久已仰體皇上神功遠運、精益求精之心，因而推廣險工不可疏虞之聖諭，窮源溯流，以爲今日全體情形之内，欲得百世無敝之術，須加意外之防。則高堰再當籌畫萬全，以資扞禦；中河再宜加幫遙堤，以固金湯也。

蓋以黃河自河南滎澤縣起，以至江南之清河縣止，兩岸各有一千餘里。臣等常設一必不然之慮，遥爲制變之計論之。如南岸險工之在開封者若有疏虞，其水乃入淮河。若夫歸德以下與宿遷以上若有疏虞，其水乃會入睢水並桃源、清河之間。若有疏虞之水，總皆歸入洪澤湖，以侵高堰，使高堰能自保固，以敵其疏虞之橫，則凡南岸衝決之水，仍由清口而出，止於民田受淹而於運道無礙。且所疏虞之決口易於堵塞，而無持久糜料之虞。倘高堰一有不固，則黃水仍舊內灌山、清、高、寶二百里之運河，其為淤墊無疑矣。故臣等以為高堰之尚應籌畫萬全也。

再查北岸險工之在河南者若有疏虞，其水乃由張秋以入運河，再由天津以入海。險工之在山東者設有疏虞，其水乃由濟寧、魚臺、豐、沛之間入運河，總歸駱馬湖以入黃、中二河，亦止於民田受淹而於運道無礙。若險工之在宿遷以下，清河以上者，設有疏虞，則黃、中二河之水建瓴北瀉，勢必奪河，則宿、桃、清一百八十里之運道必然淤墊無疑矣。此南北兩岸千百餘里上下緩急輕重之情形如此。然此第就險工設有疏虞而言也，若再以伏秋長水情形論之，如本年黃水長至八尺，清水長至六尺皆未出漕，即或加長數尺，以至丈餘，有減水壩可恃，總不足以為慮，康熙二十四年之成驗可見也。特是天時氣化不齊，旱潦難定，倘遇異常大水之年，宿遷以下則添山東諸水，清口以下則添淮河之水，一時清、黃二水交漲，設或再遇如康熙十九年與二十四年長至二丈之外，則必勢若滔天，奔騰洶湧。雖有減水壩，而一時宣洩不及，誠恐中河難以支持，不能保無漫溢衝決之患。故臣等以為中河之尚宜講求也。其講求之法在中河，則須加築重堤一道，再開夾河一道，以作重門之障。並於西寧橋添建石閘兩座，以備意外宣洩。更於堤工之上，每二十里設立涵洞一區以溉民田，則北岸自是萬萬無虞矣。在高堰亦須加築前此停止重堤，以作外藩，以防意外，則南岸亦在萬萬無虞矣。

但此兩岸重堤需帑一百二十餘萬，為費甚大，臣等俱所不敢議及。惟查高堰向開運料小河一道，即以河土築成堤工見高八尺。臣等以為應將此見在小堤加築寬至三丈，高至二丈餘尺，不啻事半而功倍，亦足以制非常之變也。再查中河見在亦有河溝一道，因之挑濬深通，俾成河道。再令分洩暴水，歸併平旺河以入海。即以挑河之土，將見在遙堤加高二、三、四尺不等。再於仲家莊、陶家莊兩閘左右各添一閘，以利宣洩。是洩處既多於今，而所障又高於昔，則自足以禦狂暴。而合而計之，則南北兩岸凡遇照常伏秋，自有減壩宣洩，倘值異常大水，亦藉重門鞏固，而為有備無患，永保安瀾矣。但所費亦需帑金六十餘萬也。

此河道全體情形窮源溯流之論，其情其理久在皇上神明洞見之中，且臣輔已經病入膏肓，僅餘一息，不能効力矣。祇以犬馬之誠，惟恐旦夕殞命，所有愚忠不能上達，是誠辜負皇上起復臣輔之意，死不瞑目。故臣等謹先具疏預爲題明。

抑臣等更有請者，宿遷縣張莊運口，乃北運河之水接入中河，並通黃河之咽喉也。臣輔前挑中河之時，曾議此處設閘以司啓閉，蓋欲使山東之水大則開閘分流入黃，以保中河；小則閉閘令入中河，以濟糧運。旋因臣輔解任，廢閣不行，歷今五載，不舍晝夜。雖於糧運無誤，然實未爲萬全，誠恐一年東水微弱，則彼流入黃河、中河之運道淺澁可虞矣。臣等愚見，以爲將此運口竟行堵塞，另於駱馬湖之東、中河之南仍建石閘一座，倘值東水大長之時，則開以洩之；東水消落之日，則閉以蓄之。平時更可藉以運料，以資修防，庶於中河、運道萬無他虞矣。

理合一併具題，伏乞聖裁，貼黃難盡，並祈皇上睿鑒全覽施行。

河工守成疏

題爲謹陳河工守成緊要事宜，仰祈睿鑒採擇，特賜天語申飭，以固河防事。

竊惟人情莫不急見在而怠緩圖，所有黃河險工亦知竭力堵禦，以備非常，此外大略疏忽視之者多矣。殊不知水性泛濫，全藉堤工堅固以保安瀾。欲求堅固堤工，莫如興築之時夯硪得法，尤莫重於既成之後隨時修補。蓋以風雨淋灘、人畜踐蹋以及鼠穴、貛洞種種殘毀之端無時不有，久之漸成卑薄，不堪扞禦矣。諺云："千仞之堤，潰於蟻穴。"從前皆蹈此弊而莫之省也。故臣輔前於敬陳經理河工事宜第七疏內，請設河營兵弁專令修防，更念工長兵少不足於用，原擬工成之後，各有淤地露出可以添設幫丁，俾其協力供役等因在案。今查添設幫丁必須撥給地畝以資養贍，勢必徹底丈量又起爭端，應將幫丁停止不議外，但每丁一名派管堤工五、六、七、八、九十丈不等，各有採柳、運料、防守險工、打椿、下埽、挑挖引河等項之役，不能時時在汛修補殘毀，將來亦豈能免卑薄之虞哉！臣輔早已計及於此，今乃酌爲以堤護堤之法，通飭文武官弁。凡堤面寬二丈者，止留八尺爲行路，其餘一丈二尺盡行密栽細草，更於坦坡之下平地去處，沿坦坡俱栽臥柳，各寬十丈，以防水長汕刷，並禁人畜踐蹦，久之自足以固外藩，以避風雨淋灘、人畜踩蹦之患。則每兵一名自足修補獾洞、鼠穴，並行路之殘缺而有餘矣。

又凡黃河兩岸之堤去河里數不等，大略臨河之岸高，而近堤之地低。蓋以河水出漕之時，沙先停於近河之岸，而清水後至堤根故也。及漲消水落，堤根之水無處宣洩，積爲深溝，自二三尺以致五六尺不等。每風起浪騰，堤根日被汕刷。今宜於積水上流量挖一溝，引黃直灌積水處所，使其停沙於此低窪。俟黃水消落之後，再於下流亦量挖一溝，另引清水從此而去，自然日漸淤平。見在靈璧縣張、韓二堡之堤坐受此病，常被汕刷，當與一切低窪急行設法淤平者也。其堤裏一面或係深坑，或係舊日決口，積水爲潭，深至一、二、三、四丈不等。每當伏秋水發，黃河水面大約高於堤裏之地數尺，以至丈餘不等。是故設或衝決，便有建瓴難遏之勢，而每年加幫防險取土亦艱。

臣輔前任內相度情形，曾將邳州董家堂、桃源縣龍窩二處險工不拘埽臺，上下建設涵洞，引黃灌注。復於月堤，亦建涵洞，使清水流在月堤之外。堤裏窪地不久淤成平陸，幾與黃河水面相平。不但堤根牢固，而每年取土亦易，此從前之明驗也。臣輔復任以來，凡係險工可設涵洞者，已經飭行興建。以後宜仿此行之，實於險工大有裨益。

至邳州舊城迤西周圍約有百里，地勢卑窪，四面皆高，以致所淹之水竝無去路，遂成澤國。前皇上南巡之時，曾於此處乘舟。今臣等竊以爲，此亦可借黃以淤灌之也。臣輔在任時，徐州長樊大壩險工堤裏卑窪甚寬，涵洞之外不足淤灌，遂於埽臺下首掘開丈許之口引黃內灌。迨伏秋一過，自然挂口。仍將握口之處堵塞，不數月已將窪地淤高二三尺矣。今邳州亦宜照此已驗之法行之，其清水亦可引至運河而去，或慮掘堤可虞，不妨擇其適中之地建設小閘一座，以便酌量內灌，更爲萬全。不數年後，將見澤國變爲沃壤矣。

以上數條，俱於河工深有裨益，極應舉行，以爲善後之策。但行之非難，實心力行之爲難。且掘堤進水淤墊低窪之區，其事甚易，其効甚大，而人多不知情形，往往畏避不肯舉行。臣輔有志於此而未之逮，今伏枕呻吟之際，每爲念之不置，誠恐旦夕殞命，此情無由上達。則已行之密栽柳、草，與未全行之涵洞，不及行之邳州灌淤等事，所當預爲題明，仰請天語申飭，以爲善後之一助也。

臣等謹疏具題，貼黃難盡，伏乞皇上睿鑒全覽，敕部議覆施行。

疾病日甚疏

　　奏爲微臣疾病日甚，見有重任在身，未敢遽請乞休，仰懇聖慈遣發臣子到豫，一視微臣生死銜恩事。

　　切念微臣犬馬殘年，疾病已久，荷蒙皇上復起用臣，臣不敢以疾病力辭者，臣誠感激天恩，妄思報効於萬一耳。乃陛辭之後，力疾馳驅，半載之中諸病畢集，如頭痛若劈、耳疼若撞，與夫痰無休，間且咳血盈碗，寒熱交作，痔瘡並疊，以及胃脹、脾洩等症，非此即彼，旋止旋復。然更番爲祟，猶可勉強支持，於職事毫無所闕，不意自七月二十六日起，以迄於今，晝夜發熱不止，頭、項、胸、背俱痛，咳則引動痔痛等症兼而受之，非昔之旋爲即止，彼此更番之說矣。每日止食薄粥三碗、參藥二盞，以致形枯如柴，精神大減。夫河工何等重大，臣病已入膏肓，豈容尸素其間，爲之貽誤？祇以秋汛未過，尚須隨機策應，兼蒙皇上特委督運西糧亦未報完，臣心何安而敢遽請乞休？除一面仍加勉強與協理河務府丞臣徐廷璽①公同料理職事外，但似此奄奄一息，如能照舊病不再增，或可挨至來春，則微臣尚有赴闕謝恩之日；如果諸症不減，再有所增，勢必日甚一日，溝壑之期近矣。不揣冒昧，仰懇皇上俯念微臣風燭之言，赦其狂瞽，恩准遣發臣子兵部員外郎靳治豫來到滎澤，少敘父子之情，則微臣生有餘榮，死無遺念矣。

　　爲此謹具奏聞，伏祈睿鑒施行。

遺　　奏

　　奏爲微臣從此永辭聖世，自慚辜負天恩，伏枕哀鳴，仰祈睿鑒事。

　　竊念微臣至愚至陋，才則等於中人，而硜拙之性實切忠君愛國之念，無論

---

　　① 徐廷璽，漢軍正白旗人，歷任內閣侍讀學士、禮部侍郎、工部右侍郎，順天府丞等職，"諭大學士等，河道關係緊要，著户部侍郎博濟、兵部侍郎李光地、工部侍郎徐廷璽前往查閱，靳輔亦著同去"（《清聖祖實錄》卷一五〇，康熙三十年四月甲戌條）。

從前過叨殊恩異寵，恩德難酬，即臣本年衰病糾纏，重荷睿慈垂恤，兩遣臣子治豫南來省視，是誠曠古恩榮。臣何人，斯得蒙皇上天高地厚之恩至於此極也！

私心感激，自謂一死不足以報高厚，於是竭力醫藥，計圖痊可少効涓埃。無如病入膏肓，百醫罔効，黃泉咫尺，戀主依依，惟有教臣長子治豫以率他子若孫勉事聖君，捐軀報國，以繼微臣犬馬之志而已。至臣閱歷河干十有餘載，前歲甲子聖駕南巡，蒙恩面賜宸章之頃，諭臣須著河防一書。臣於時跪聆天語，不勝踴躍，祇以大工未竣，不遑著述。

兹臣復拜水土之命已將一載，業經通前徹後，草成大略，須俟數月之後，方得成帙，進呈御覽，已囑臣子治豫至期恭進矣。抑臣更有請者，臣於水土之役爲時最久，稔知河工非人莫治，然欲得人以爲河工之助，經臣驅策多年，著有成驗者，莫如江南山清盱眙同知馮佑、淮徐道僉事劉暄二人，允稱長才肆應而雄幹明敏，熟諳河工無出其右者也。又山東濟寧道佟國聘，河南管河道周銓元①，與夫前在河工、今經陞任之福建福州府知府石之玫，江南池州府知府李燦，原任湖廣寶慶府知府劉光業數人者，皆係熟諳河務，久著勤勞，居心謹飭之員。若夫微臣自從撫皖以來，則更知有山東臬司喻成龍②一人。蓋以成龍初爲江南建德知縣曾著賢吏之名，今歷任臬司彌勵清操，是亦方面中之卓卓者。以上若而人，臣雖不知其後此有無變節與否，第即其從前、見在而論之，則馮佑、劉暄等不特可爲河工之臂指，而尤稱肆應長才，足備驅使。夫以人臣事君之義，臣聞之熟矣。既知之深，臣亦何敢隱忍不言，以負皇上求才若渴之聖心乎？

又臣前此逢世無術，以致負謗招尤，因而奉命勘河之原任尚書熊一瀟③，

---

① 周銓元，奉天錦州人，監生，按察司僉事，康熙二十九年（1690）任河南管河道（雍正《河南通志》卷三五《職官六》）。

② 喻成龍，字武功，號正菴，漢軍正藍旗人，廕生，康熙二十六年（1687）任陞山東按察使（道光《濟南府志》卷二九《秩官七》）。

③ 熊一瀟，"字漢若，南昌人，康熙甲辰進士，選庶常，授御史，在職十二年，直聲播中外，戊午典試江南，所拔取多知名士，宋學士衡、楊宮諭大鶴並出其門。尋陞太僕少卿、順天府尹，疏蠲地租以甦民困。向來北闈號舍片蓆覆頂，一瀟捐貲易之以瓦，至今鄉、會兩場士子賴之。洊歷吏、兵、刑、工四部卿貳，肅銓政，慎刑獄，免逃人之株連，清河工之積弊，兩任工部尚書，在朝四十餘年，以病乞歸"（雍正《江西通志》卷七〇《人物五》）。

原任給事達啓納①、趙吉士②等皆被指摘而去，情殊可矜。昨臣既蒙皇上力排羣議而起復，則熊一瀟等事同一體，其無辜受累自在聖慈洞鑒之中，亦當仰請皇上如天之仁，一體矜恤者也。痛臣蒙恩入地，戴德九原，死而有知，銜結永無窮期，特是臨終冒昧陳情，語無倫次，除委同知馮佑將敕印，並王命旗牌、書吏、文卷等項，送交協理河務府丞臣徐廷璽收明外，貼黃難盡，伏祈皇上睿鑒全覽施行。臣一靈不昧，不勝惶悚，嗚咽之至，謹具奏聞。

撫皖題稿附

減差節省驛站錢糧疏

題爲敬陳減差節費之法，以裕軍需，以甦驛困事。

臣惟軍餉爲今日之急需，然必節省有法，而後能上下均利也。驛站爲國家之血脈，尤必調理得宜，而後可始終無弊也。臣謬膺巡撫之寄，極知司農仰屋之艱，是以凡可變通，無不力求節省，如宣樓等船可以歸埠省費者，已經臣酌議具題矣。

至於驛站錢糧，臣屢准部咨酌量裁減，先曾勒令藩司驛道於必不可裁之中，將鞍屜等款曲爲量裁，咨明兵部，續准部覆以不裁差遞等夫又行駁出。今各州縣紛紛詳籲難裁情由，臣雖屢行飭駁，然大抵再三勉裁，連鞍屜各款不過萬金而止。至於驛站全局，臣復將錢糧差使通盤打算，則即此萬金又誠有斷斷難裁者。蓋臣屬驛站，昔年止供江西、廣東二省差使，所答應者惟平南王及兩廣督臣、廣東提臣、江廣兩撫臣、數鎮臣之差而已。今則平南親王之差十倍於昔，而又添江西督臣、廣西撫臣、安徽、九江、江西三提臣，以及安親王、簡

---

① 達啓納，又達奇納，"九卿等議覆河工一案，將總河靳輔擬革職，其奉差閱河之尚書佛倫、熊一瀟，給事中達奇納、趙吉士，督理下河之侍郎孫在豐，會勘河工之總督董訥，總漕慕天顏俱擬革職。幕賓陳潢革去職銜，擬杖流"（《清聖祖實錄》卷一三四，康熙二十七年三月丁酉條）。

② 趙吉士，參見"達啓納"注。

親王、各將軍、都統等差，至於安塘員役之飛馳與部差之絡繹又難悉數，今日應付之繁，實數十倍於昔矣。計臣屬驛站錢糧，自康熙九年核裁之後，止存二十四萬餘兩。及康熙十三年，一時軍興，差繁馬少，臣同查驛郎中舒淑布①等調劑衝僻，再三斟酌，量增銀二萬有奇，以視原額所增不及十分之一。夫以添數十倍之差，而僅加十不及一之費，其爲不敷顯然易知也。

即如部咨所開，以楚、豫二省驛站見在核減，謂臣屬亦當照減等語。此在部議，揣度雖是，而其實有不然者。蓋楚省見在用兵，豫省實當孔道，所增各兵主、王、貝勒、將軍、都統等差固自不少，但二省向有雲、貴、廣西等省之差。近因逆寇阻塞，雲、貴差俱暫停，而廣西又歸中路，是楚、豫二省之差所增雖多，所減亦不少也。惟臣等中路舊有之差分毫不減，而新增之差則數十倍於前。是以衝驛所倒之馬，每每於額設之外，有多倒至一二倍不等者。且種種賠累皆在不貲，而並無款項開銷，拮据之狀萬分難支。臣故曰即見在議裁之鞍韂等款亦實難以裁減也。

臣因思欲興利必先除害，欲議節費之法不如先清糜費之由。今日驛站所以不支之故，固困於差使之繁多，而尤困於跑差員役之狼籍。查騷擾驛遞，雖屢經奉旨嚴行禁飭，但今日勘合火牌率皆内部大差及藩王、將軍、督撫、提鎮之員役，彼挾其聲勢，動稱緊急軍機，以州縣驛卑小之官壓以軍需機務之勢，誰敢有執法力爭者？

近據衝驛州縣各官紛紛赴皖，向臣面訴大差橫索、支應難堪之苦。臣詰其：「何不當時據實通報，以憑題參，乃於事後口說，有何益處？」據各官覆稱「大差之來，其暴如雷，其速如電，卑職等親自馳迎，竭力供應，尚且無端辱詈。動以違誤軍務，報部正法爲辭，百般刁掯，彼時事在頃刻，不容轉身。職等何暇具文，況多騎橫索之事，皆係伊等私情，並無檔案憑據留與職等，若一經申報，勢必隨奉院臺嚴駁，即或院臺憫念驛困，據詳上聞，在大部亦未必據一面之詞，即將伊等處分，勢必彼此俱行駁查。一經駁查，伊等惟有混賴，豈肯自吐真情？是呈報題參徒多一件事務，徒見得職等不善供應，故惟有剜肉補瘡，吞聲飲泣」等語。

臣復詰云：「馬匹在爾等廐内，銀錢在爾等庫中，爾等執法不與，彼何能強取而去？揆此則明係爾等違例濫給，於人何尤？」又據各官覆稱「職等豈肯

① 舒淑布，滿洲正紅旗人，歷任甘肅按察使、陝西布政使等職（乾隆《甘肅通志》卷二八《職官二》）。

甘心濫給，但伊等所奉之差何等重大。如與彼爭執，勢必稽遲時日，是伊等未受騷擾驛遞之處分，而職等先干遲誤軍機之死罪。職等雖至愚，豈不圖保功名、性命？總之近日擾驛之差比比皆然，差愈急則勒索愈多，差愈大則聲勢愈橫，職等如欲申報則不勝其報，院臺如欲題參亦不勝其參。且伊等雖萬分騷擾，而毫無實據落職等之手，則申報題參，總歸無濟"等語。

臣聽其言詞，句句皆實因。查上年二月內，有部發前往廣東候補參將張霖等多騎驛馬，勒索銀兩，經臣據實入告，及部議請敕兩廣督臣金光祖①確查。而張霖等悉皆不認，致兩廣督臣以未得驛官對質，咨臣確查張霖等多騎驛馬、勒取惜馬銀兩交收確據，臣雖檄行驛傳道訊取驛丞、馬夫口供移覆，然騷擾之人當時遠去，不留痕跡，今欲求其確據，將從何來？是臣雖極欲遵例執法，亦果屬無益。豈惟臣不能執法，即部臣亦無可如何也。

夫霖等不過赴廣候補之官而如此橫索，則凡奉內部藩王各差人員，地方官無可奈何之情更可見矣。夫大差擾驛，在有司、督撫以及部臣既俱無可如何，則以有限之錢糧而供無窮之勒索，將見驛站之倒廢可立而待，從此遲誤軍機勢所必至矣。臣言念及此，不禁憂思如焚，於是再三籌畫，得一減差救時之策，敢為我皇上一一陳之。

減差者，減內外火牌勘合之專差也。查《中樞政考》開載：凡王公、將軍、督撫、提鎮、巡鹽御史諸臣，每歲各給火牌五張至五十張多寡不等。是以諸臣一切章奏，皆得專差乘傳徑達輦下。此固從來定例，然當議節錢糧、求蘇驛困之際，又宜酌量變通。在諸臣止期章奏速達，何必逐次專差？臣請嗣今以後，凡應給王公、將軍、督撫、提鎮、御史諸臣火牌，查照原額之數，每十張減去八張，止給二張以備諸臣必需專差齎進，如題參貪官、巨憝，大計，軍政，薦舉，奏銷錢糧冊籍等項之用。蓋臣曾聞昔時有一巡按御史題參大貪巨惡，因機事不密被其伏黨中途將奏疏劫去。

雖今法令森嚴，諒無此等之事，然諸臣一切章奏，若盡歸驛遞代傳，恐姦徒賄通齎馳人役，私開竊看亦不可定。若仍量給火牌，則人皆知緊要事件，必定專差而不一概發遞，自可絕其姦狡窺伺之念。且隣省設有緊要軍機，一時急欲打探，亦得火牌方可前往，故必須量留十分之二。

至於諸臣一切章奏，除遇要務則專差齎馳，遇緊急軍機則交安塘筆帖式飛

---

① 金光祖，"漢軍正白旗人，康熙九年任兩廣總督，二十年十月解"（《八旗通志》卷三三九《各省總督》）。

送外，其餘平常事務照例三件以上裝包封固，編定號數，填該衙門傳牌一紙交給附郭州縣，令其轉發各驛逐遞傳齎。凡到一驛，立將本包傳牌交付明白，仍取前驛某衙門某號本包傳牌到驛年月日時收管一紙，呈繳該管州縣官轉報查考。更責成經過地方巡撫，督令府州縣官並安塘承差一體編號，不時稽查，毋令沉滯遺失。如有遲誤，即便嚴加究處。再令在京各直省提塘於彰義門外設立人役，如遇伊經管衙門傳牌本包一到，立即接受，送至該提塘家拆封，照例將本章諮文分頭投送各衙門。如此則在外諸臣之差可減十分之四，蓋填用火牌十張一往一回，實騎驛馬二十次。今若減去八張，令各驛代送，有往無回，實省八次。再加仍給火牌二張，往回四次而計之，實共止騎馬十二次，臣故曰可減十分之四也。

至於從京出外之差，除皇上因機密重務特遣專員者無庸議外，其餘事件不妨斟酌緩急，凡可從簡者亦應量減專差。他如發解兵餉、砲位等項，往往撥章京披甲等數十員名以及百餘員名不等隨行押護，在部臣雖從慎重軍需起見，然沿途自有文武官兵，何必動煩禁旅？臣請嗣今以後，此等大差止須差官一員隨帶跟役數名押解前往，部臣仍先期由安塘飛咨沿途督撫、提鎮，令其預備官兵護送。其官兵應多應少，俱聽部臣酌定。臣等沿途督撫准到部文，立即飛行附近道、府、副將、參、遊等文武各官，令其照數選撥弁兵。文官仍親帶快役人等緊隨押護，送出該管境汛，交明前途文武官方回本處。如此則由內出外之差，或亦可減十分之三四。

至於安塘一項，見設筆帖式一員，撥什庫二名，並督撫差承二名輪遞軍機，捷如飛電。此從古未有之良法，允稱盡善。但督撫差承人等既能一體飛馳，從無貽誤，則撥什庫二名似可撤去。蓋伊等為國家傳遞機務，晝夜勤勞，自是可憫。然久離鄉土，不無室家之思，往往有置買婦女人口者，此亦人情之常，難以禁止。惟是若輩口糧有限而養此餘人，逐絲逐粒無非出於驛站項下。臣請嗣今以後，每塘撥督撫承差四名輪流飛遞，仍留筆帖式一員，令其稽查督率，其撥什庫二名俱行即撤。如此則安塘仍舊，軍機不致遲誤，且可無濫費之弊。

若夫跑差員役狼籍之由，總因於勘合火牌之外多帶餘人，以致多騎馬匹，或將部給火牌勘合竟行收藏，不與各驛驗看；或雖與各驛驗看，而不照勘合火牌所填數目討馬，勒要多騎，橫行索詐。在沿途驛站，惟附近京師者，不畏強橫，若愈遠則愈弱，不敢與抗矣。此雖非一日之弊，而近來則又更甚。臣因思勘合火牌之設，原為撥給驛馬之符，乃伊等敢於多騎橫索者，蓋以驛官卑微易於凌虐耳。臣念驛官雖微而該驛印信亦係朝廷欽給者也，嗣後請令部臣將勘合火牌紙張稍爲加寬，多餘空白之處，責令各差員役凡過某驛，必須該驛官於勘合火牌空白之處，填明馬數、人數，鈐蓋驛印。至伊等呈繳勘合火牌之時，如無某驛印記者，即以擾驛議處。如是則各差稍有顧忌，即或多騎亦在情理之內，不至十分強橫矣。

又伊等應騎馬匹並隨帶跟役，俱填勘合火牌之內。部臣寧於勘合火牌內，量情增馬一二匹、跟役一二名，使之寬然有餘，便於遵照。不必扣定數目，反致伊等不敷乘坐，格外多索。仍責成地方督撫諸臣行令各驛，如有不照勘合火牌，多索馬匹、多帶餘人者，立時飛星密報，該督撫即便出其不意，親往盤詰查明，在勘合火牌內者放令前行，其多餘之人俱留下，解部嚴究。如此則多騎驛馬、橫索騷擾之弊自可少杜矣。

如蒙皇上允行，則內外差使俱減其各驛供應之費，約可省十分之四。費既省十分之四，則各驛見在額設錢糧亦可裁十分之四。臣屬見在額設站銀二十六萬有奇，以十分之四科之，每歲可省十萬餘兩。其直隸各省錢糧多寡，臣不能知，然即據臣屬江南半省之地節省此數，則合各直省而計之，每歲所節省者不下一百餘萬矣。於以充軍餉而足國用，爲利豈淺鮮哉！如此則見裁各驛之馬而猶勝於增馬，見減各驛之銀而實勝於加銀，衝地之驛永無倒廢之虞，衝地之官可免喪亡之患。國家既有裕餉之益，而官民又復交受其利，誠一舉而數善備焉者也。

或者曰："朝廷設立王公、將軍、督撫、提鎮、巡鹽御史，令其掌守封疆，料理庶務，其所差員役例得給與火牌，今何一旦議減如許？恐一己之見如此，而眾論未必爲便。"臣以爲不然，查臣衙門向來額給火牌四十五張，近又加增五張。臣有七旬之父、弱冠之子，並弟侄輩俱在京師，臣豈不欲照舊專差往來通問，因公及私，以圖自便？然人臣之職當以益國爲主，臣何敢求一己之便利而妨國家之大計乎？在諸臣，諒俱有同心矣。

總之，節費裕餉實爲今日至要之著，但與其裁難裁之項，必致貽誤軍機，何如節應節之財，兼可永甦驛困？誠有利無害，臣是以敢於力請也。再照酌省驛站錢糧事一案，理應依限題覆。但臣既有減差節費之請，應俟部臣議覆此疏之後，如蒙俞允，容臣將臣屬驛站錢糧除裁去十分之四外，其餘存留若干通盤打算，酌量衝僻通融撥給，使各驛均勻無偏枯之歎，一併另疏題給可也。相應題明。緣係因兵餉不敷，議裁錢糧事理，臣謹密疏陳奏，貼黃難盡，伏乞皇上睿鑒全覽，敕部議覆施行。

節省錢糧疏

題爲敬陳減差節費之法，以裕軍需，以甦驛困事。

竊臣將所屬驛遞，按照地方衝僻，確酌道里遠近通盤核算，逐驛逐遞斟酌裁減，檄行驛道覆核去後。隨據該道僉事尚崇善詳稱，該本道捧閲憲頒文冊內開列州縣驛遞孰衝孰僻、里道遠近分別四等，因驛定馬，因驛定糧，與夫水驛調劑，仰見憲臺籌餉盛心至公至明，備極苦心矣。但憲檄內有令查有無損益之處，即速妥議聲明以憑酌奪等因。故奉文惟謹細繹詳慎，不敢草率呈覆，是以有寬限之請也。今經謹慎詳審，再四思維，隨又將冊內開列逐驛細核所定夫馬、馬價、夫工、草料、廩糧、槽鍘、鞍屜、藥材、燈油等銀，以及差夫分別並定大差額外僱募等項，以各驛獸醫總編槽鍘等項之內，裁各驛禁卒而徒犯責之夫頭兼管；裁塘報馬快而緊急塘報公文，並令馬夫輪流傳送；裁抄牌傳差而差使經臨之時，即令馬夫傳旗知會，酌權通變，無不允協。至懷寧縣馬廠蘆課銀兩，向動站銀完納，相沿已久。今憲議令該縣於本廠設法收取花利完納，俾各驛無有異同，在該縣自難推諉也。若夫桐城縣完納馬田丁地銀兩，向日夫多稻少，無餘稻可以完納，故亦動站銀完納。今額夫既裁，允應改將每歲餘稻變價完納者也。又舖兵工食等項別屬，俱不取給於站銀，而獨寧屬編給，已蒙憲臺裁省盡一矣。本道切見分別衝僻四等驛，驛皆得其宜，此衝僻之別不容議者也。衝驛差繁，不能限定十分裁四；僻驛差稀，不能守定十分裁四。故馬因驛定，而僻驛夫馬、馬價、夫工等銀視衝驛遞減，此又夫馬、馬價、夫工等銀之不容議者也。至差夫一項，向來多寡不均。今則衝僻俱有定額，又定有大差經臨，照例僱募，另行請銷。並水夫亦仿旱驛之例，各該夫頭及全裁，雷港一驛又裁，米豆等船歸埠，以省工食、修稔之費。惟是雷港驛既裁，則東流應差之船不無道遠。又荷憲籌改撥貴池二船以協東流，接濟至安、池等屬解給各項站船、水手工食、修稔等費。今各船除發歸各埠者，編款已裁。其改入水驛並見存船隻既已無多，則工食等項誠如憲檄，應即於本驛支給，無庸另解。悉皆斟酌得宜，變通盡善者也。本道何能復贅一辭？除奉憲冊備抄分檄十府州一體遵照外，理合繕造清冊詳覆等因，呈詳到臣。

據此，該臣看得驛站之設，所以重皇華而速機務，事誠巨也。但地方有衝僻之不同，故額編錢糧有多寡之不等。查臣屬地方衝僻有歷來相沿無異者，亦有昔僻今衝、昔衝今僻者，必須因時制宜，斟酌緩急而通融均撥，始可免偏枯之歎。矧今加意核裁，則量存備支錢糧已屬甚少，若不以目前之衝僻妥酌，而概照向日之額編議減，則必大有偏累難支之弊矣。是以臣前疏題明，容臣將原編新加驛站錢糧二十六萬有奇除核減四分之外，通融撥給等因，聲明在案也。

今減差之疏，已蒙皇上俯採蒭蕘，敕部覆允行臣造冊具題。臣謹通盤合算，斟酌時宜，將所屬六十州縣驛遞衝僻分爲四等：

以夾溝、睢陽、大店、固鎮、王莊、濠梁、紅心、定遠、張橋、護城、店埠、金斗、派河、三溝、梅心、呂亭、陶衝、青口、小池、楓香、滁陽、大柳、池河、懷寧、練潭二十五驛遞爲第一極衝。

東流、建德、貴池、青陽、南陵，並腰站公館、蕪湖、當塗八遞爲次衝。

歙縣、休寧、婺源、祈門、黟縣、績溪、涇縣、旌德、太平、石埭、高井、鎮巢、百善、泗州、盱眙、天長、全椒、和州、含山十九州縣驛遞爲稍衝。內婺、祈二邑向來原未設馬，但接壤江右、浙江二省，目今鄰寇逼近，邊報軍情必須馬匹馳遞。近年皆撥別邑之馬協濟勉支，今各屬之馬俱已裁減，不能再爲撥協，應將婺、祈二邑照歙、休等縣之例，一體各設馬五匹，以備飛馳。

他如寧屬之宣、寧二邑，太屬之繁邑，廬屬之無、六二州及廬、英、霍三邑，鳳屬之壽、潁、亳三州及懷、五、虹、霍、蒙、潁、太七邑，滁屬之來邑，並廣德、建平二十一州縣則俱爲僻遞。內有廬屬英、霍二縣尤爲最僻，向來止設班驢六八頭不等。今查英、霍二縣處萬山之中，逼鄰楚、豫山險之境，伏莽良多，誠恐一時姦宄竊發，如上年逆犯羅寰伯等之事，必須飛馬馳報，方能擒剿，非驢頭可能迅達。故亦照最僻州縣之例，各改設馬二匹。其銅陵一縣向雖設馬，然縣治在於江濱，嗣後應止於水驛，應付夫船。其額設之馬，相應全裁。

至於各驛遞，每馬一匹，所有飼馬草料、馬夫工食及槽鍘、鍋桶、棚廠、柴薪、燈油與治馬之藥材、獸醫以及鞍屜、秋轡、轡鐙、皮條，又有買補倒馬之價，與供應過往勘合火牌差使廩糧，皆屬斷斷必需之款。查草料一項，各驛遞有每馬日給八九分者，有日給一錢者，內日給一錢者十居七八，而日給八九分者十居二三。今從節省錢糧起見，其日給八分者，既能供差無誤，則他驛又何必照舊多給？嗣此以後，相應將各驛遞馬匹，每日概給草料銀八分。又馬夫工食一項，每名日給三四分不等。今擬極衝驛遞內日給四分者，俱照舊支給四分；有日給三分而又以捐置馬田租稻加給者，亦俱率循舊章。

其次衝、稍衝與僻遞原給三分者，照給三分；內有原給四分者，改爲日給三分；又有日給三分而又加給馬田租稻者，改爲日給二分。租稻仍行加給。若夫按馬設夫之處，大抵俱屬十馬八夫，間有十馬七夫者，今既減專差，將各省齎奏火牌俱改爲傳牌，令馬夫傳遞，則極衝各驛必須一馬一夫，方可輪齎。庶各夫自走自差，自惜自馬，可無指勒需索、推諉貽誤之弊。其次衝驛遞則仍照舊例十馬八夫，至於稍衝驛遞改爲十馬六夫，僻遞改爲二馬一夫可也。

又馬價一項，臣屬驛遞例係按年編銀一十五兩，以爲買補之用。雖徽、寧、廣三屬內有不編馬價者，然遇馬匹倒斃之時，總於額編站銀內通融動支買補，歷年奏銷在案。今既徹底釐清，自應計用編設款銀，但當此節省錢糧之際，難以一例編價。臣細加酌核，除極衝、次衝驛遞全編馬價尚有不敷之虞，俱照舊每馬一匹編價銀一十五兩無庸更議外，其餘稍衝並僻遞俱可量爲遞減。今酌將稍衝驛遞，每年止編馬價七兩五錢，二年方准報倒買補。僻遞馬價，每年編銀五兩，三年方准報倒買補。如有未及年限而倒斃者，俱著各該州縣自行購賠，不得動用額設馬價。

又廩糧一項，各州縣驛遞額編有一處數百兩者，有一處數十兩者，亦有原無編款，總於額銀內動用者，向係參差不等。今內外之差俱減，則此款亦應大爲節省。臣擬按馬編設廩糧，極衝驛遞每馬一匹，每年設廩糧銀三兩；次衝驛遞每馬一匹，每年設廩糧銀一兩五錢；其稍衝並僻遞，經過勘合火牌差使稀少，即偶有應付，亦屬無多，俱可不必另編廩糧也。

又槽鍘、鍋桶、棚廠、柴薪、燈油、藥材、獸醫、鞍屜、秋轡、轡鐙、皮條等項，則無論衝僻，乃有馬必需之項。舊例每馬一匹編銀數兩至十餘兩不等，亦有竟不編設而總於額銀內通融動用者，殊爲偏枯不勻之極。今臣再三酌核，加意減省，每馬一匹概編銀三兩，使衝僻畫一，無多寡偏枯之歎。

至於差夫一項，供應勘合、火牌、軍需、飼鞘，乃係必需之款。查各州縣驛遞額設之夫，少者一二十名，多者一二百名，多寡不一，甚是不均。每遇大差經臨，額夫仍不足應付，往往額外僱募。臣再四思維，額設各夫亦有供差之役，亦有坐食之日。若照舊全留，則非節省之法；若盡行全裁，則如解餉、解砲等大差一時驟到，動輒需夫數百名，彼時額夫既裁，而僱募小民又復畏避不前，則勢必遲誤軍務，所關不小。今各按衝僻量設夫頭，極衝驛遞每驛設夫二十名至三十名不等，次衝驛遞各設夫十名至十五名不等，稍衝驛遞各設夫八名，俱仍照舊責成各該州縣官綜理供應。僻遞之夫，俱行全裁。凡用夫無多之差，俱令額設夫頭供役答應，如遇解餉、解砲等大差經臨，額夫不足應付，則責成各夫頭分頭僱募。其額外僱夫，既無額編款銀可用，應另動正項給發，照例於年終報部開銷。如此，則無差之時，坐食者少；大差驟到，應募有人，錢糧既不糜費，而軍務亦可不誤矣。其夫頭工食，向例日給三、四、五分不等。今酌改爲概給三分，內有向給三分，又給馬田租稻一升者，今減爲日給二分，仍照馬夫之例，每月加給馬田租稻一石，以資餬口。合而計之，總不出三分之數也。

至於臣屬水路八驛濱臨大江，供應江、楚各省水路往來差使，俱屬最衝。惟是望江縣雷港一驛，地處江北圩區，離江三十餘里，向來一切差使從江南東流縣水驛應付之後，必須遶過江北灣泊而赴雷港討取夫船更換前往，至江西彭澤縣交替，緊急差使每爲濡滯。查自東流以抵彭澤止九十里，較之其餘各驛道里相去俱不甚遠。自東流應付，儘可直達彭澤，何必多由雷港，反致濡遲？所有雷港一驛錢糧，應竟全裁充餉。

至於水驛之夫，每驛向設五十、七十名不等。今除雷港驛全裁外，其餘俱照旱驛設夫之法，減爲二三十名不等。如遇大差經臨，額夫不足應付，亦令水驛夫頭分頭僱募。但今正當調遣官兵之際，不時需用船隻，添僱縴夫甚多，實與旱驛不同。其額外募夫之費，即於所設支闗銀兩內動用可也。

又各驛應差站船，原共四十九隻，大小不等。但尋常差使用小船之時居多，而用大船之時少。除裁雷港驛差船二隻外，其貴、銅、東三縣櫓、荻二驛米豆大船共五隻，相應一併裁去，俱照宣樓船隻歸埠之例，聽其裝載客貨，以資餬口。遇有大兵、大差之時，預行提集，照例給發差銀，一體裝送。則既省工食、修艙之費，而公差亦可無誤矣。

又安、徽、寧、池、太、廣六府州馬夫、差夫工食不敷，各屬向有捐置馬田租稻，歷年支給報銷在案。今馬夫、差夫既俱裁減，則每年約有餘稻三千餘石，亦應於年終報部充餉者也。又各驛見設馬三千匹，今共裁馬一千七十三匹，即就近交給各驛遞收養，以備補倒馬缺額。在於本年站銀內，照額編馬價，每匹十五兩之數計算，扣出站銀一萬六千九十五兩。又驢十四頭，每頭酌變銀二兩，其變銀二十八兩一併聽部撥充餉。

再查安屬練潭一驛，見係懷寧縣縣丞兼理。然該縣丞有催糧之責，不便久令兼攝，應請以所裁雷港驛驛丞古必達改爲練潭驛驛丞，以專職守。廬屬之店埠驛係調高井驛驛丞管理，鳳屬之定遠驛係調百善驛驛丞管理，以上三驛應請各給印記，庶於該驛錢糧事務有所憑信，而勘牌過臨可以遵例印蓋。

至廬屬之鎮高等驛、鳳屬之百善驛，泗、盱、天、壽、亳以及全、和、含等各州縣，向來亦係衝途，因自十三年江、廣軍機，緊差往來如織，安、廬、鳳三府屬大路各驛馬匹不敷應付，是以臣於欽奉上諭事案內，會同查驛部員，將以上各州縣驛遞之馬調撥大半，協濟大路各衝驛。故大差經過鎮高等驛者，有將原騎大路衝驛之馬越過數站，苦累不堪。況先已撥協衝驛，今又裁減以上各州縣鎮高等驛遞，萬難答應大差矣。然鎮高等驛非南北必由之路，凡內外差遣人員儘可不必遶道經由，嗣後前赴江、廣之差，必由安、廬、鳳三府屬大路衝驛前往，則有馬有夫，自無貽誤。或由鳳屬前至江寧省城者，則由滁陽、大柳、池河等驛而往，均有夫馬應付。

此外稍衝並僻地各州縣，雖各留設馬五匹、二匹不等，不過僅備邊報軍情及本地意外緊急機務之用，並無應差夫馬。倘差遣人員迂道經由，不特該地方官無術應付，且恐貽誤緊差，所關非小。應請敕下部臣，嗣後差出人員，必令務由前項有馬驛路而行，不得遶道以致有誤要務。

合而計之，臣屬原額新加夫馬、水驛錢糧通共二十六萬四千三百三十八兩零，但差使繁多，是以各屬紛紛呈詳，莫不以賠累難支，身家性命為憂，涕泣哀籲。然軍興孔亟之時，臣又屢准裁減驛站錢糧之部咨，不得不曲體司農仰屋之意。先於欽奉上諭事案內，將鞍屨等款核裁咨部去後，續又准部文裁減。臣再三核酌，大抵竭力勉裁，連鞍屨等款不過裁至萬金而止，既無補於司農，又大損於驛遞，是以反覆籌維，將驛遞艱苦實情題明，並陳減差節費之法，且云如蒙皇上允行，則內外差使俱減，止就臣屬而論，見在額設站銀二十六萬有奇，可減十分之四，計裁銀十萬餘兩等因，已經廷臣議覆奉有依議之旨，欽遵在案。今臣實裁站銀十二萬九千二百四十三兩零，止留站銀十三萬五千九十五兩零。除欽奉上諭事案內裁過銀七千七百三十兩零，已於奏銷十四年驛站錢糧冊內開明。今此案內，每歲實裁銀十二萬一千五百一十三兩零，又裁租稻三千餘石，又裁馬、驢變價銀一萬六千一百二十三兩。較臣原題裁減十分之四計之，除馬、驢變價銀兩外，計每歲多裁站銀二萬三千五百餘兩，租稻三千餘石。此乃臣念需餉浩繁，故於難裁難減之中逐一勘酌，凡可勉強節省，俱經竭力裁減，稍資軍需，是以所裁銀兩有逾於前疏之數也。

相應一併密疏題明，除冊送部外，緣係節省錢糧並定驛站衝僻，以為永遠章程事理，貼黃難盡。所有微臣看語，伏乞皇上睿鑒全覽，敕部議覆施行。

題明宋鑣案

　　該臣看得宋二韃子等皆愍不畏死之徒也，因有宋鑣向藉吳三桂聲勢，霸利害民，業經訪拿，擬流發遣陝西府谷縣安置。乃於康熙十三年春機乘吳逆反叛，私自逃回，潛伏無爲州官壩地方，詭言四王招兵，往來江寧、揚州、蕪湖等處，糾集亡命，製造軍器，擅立內營，各佩義字號布，思往六安山中倡亂，相機叛投吳逆。先將家口分佈裝送湖濱，隨於是年八月初四日祭旗、祭砲，率領多人前至含山縣運漕地方，砍柵劈門，搶刦鄭鼎新等五家，射死民人王子達等三人。因被地方居民擊殺，賊衆擒獲陳喜鑣等，銜恨又復縱火焚房百有餘間，負贓駕船直竄巢湖。路經巢縣浮橋，計欲斬鏈而過，當被該縣督同兵捕堵禦，賊衆潰敗，棄舟奔逃。使非節挫其鋒，協力剿撲，幾至蔓引鴟張無所底止矣。

　　幸天網不疏，旋將姦黨及伊母、妻、子女陸續成擒，而鑣復怙惡不悛，投入饒境賊營，明目張膽，益肆猖獗。幸大兵進剿，當陣捉獲，旋因傷重身斃，梟首竿示，亦足以蔽其辜矣。宋二韃子一犯，歷鞠江、揚招人，甘受桁楊，堅不實吐，惟云覓送鐵匠代賃房屋而揚燕。茲劉芝招，送汪一龍、梁五子及勾引未去之伍明之。以上三犯雖未同刦運漕，實係宋鑣同謀首惡，所當與刦財、焚房、傷人之王福、吳茂先、劉鳳來、吳鑣、徐六、陳坤、陳龍、伊應科、甘旭、程麻子、陳喜、王大所等按律斬首梟示，以彰國法。

　　李元成、湯明、李節、張雲、湯君赤已服冥誅，應無容議。各犯人產，均應查籍，分別入官遣流。吳君祥、徐大有歷審被脅情實，合依知情不首，杖流允宜。朱又熹、薛君美、張三、張文、張恩兒等五犯，或指引逆屬窩寓，或遞送逆屬同逃，按律均應杖配。

　　歐上選身充捕役，私刑湯君赤，以致攀累無辜，投荒難貸。廬江縣防兵除蕭老一名已經病故外，劉國鼎、劉禮、錢昇、許清並城守民夫施宜林均應一杖，贓物應照給沒。餘審無干，相應免議。其汪偉元賃居鑣衆，當日有無知情，應俟緝獲王德生究訊定奪。夏海若爲藍稱子房主，今稱子在逃，仍應責緝。至脫逃林爲樹、譚天如、孟雅公即孟子章、胡三號祥甫、李起龍、張德、李君祥、王善長、梁五子、藍稱子、劉六、孫世明、揚州和尚姓單、姓蔣、姓吳、姓王、姓李，又王德生、宋載公、宋載賢、宋鳳儀即宋大韃子、海彥、小老漢並妻金氏、張四即張文之、王福之弟二漢均應移行各屬查解緝拏另結。

　　見獲各犯人産及不應緣坐人口，已經查取冊結，送部查核。未獲各犯，内有查明人産者，見在責令該司造冊看守，應俟正犯獲日並結。再照捕役歐上選吊栲無辜之陳歪嘴；廬江縣知縣孫承麟①失於覺察；兵丁劉國鼎等分受布匹；防廬把總陳鳴鳳約束不嚴；天長縣奉查伊應科人産，不將應科親兄陶尚文等拏解，捏稱並無人産；巡檢王天申②查報不實；知縣萬海珠③妄行出結；無爲州革職知州顔堯揆④不詳查林爲樹、譚天如果否吊死，妄行出結；及監斃重犯之承問巢縣陞任知縣于覺世⑤，無爲州革職知州顔堯揆，廬江縣解任知縣孫承麟，當塗縣知縣高起龍⑥，懷寧縣陞任知縣段鼎臣⑦，蕪湖縣知縣馬汝驍⑧，

---

①　孫承麟，字振子，臨海人，舉人，康熙十二年（1673）任廬江知縣（嘉慶《廬江縣志》卷五《職官志》）。

②　王天申，浙江人，康熙十二年（1673）任天長縣典史（嘉慶《備修天長縣志》卷六《職官表二》）。

③　萬海珠，江西南昌人，舉人，康熙十四年（1675）任天長知縣（嘉慶《備修天長縣志》卷六《職官表二》）。

④　顔堯揆，福建永春人，拔貢，福建永春人，"康熙六年知無爲州，時前令佟國貞所築新壩漸爲江濤所齧，揆自李家祠至王家渡築壩八百八十丈，闊三丈，高一丈九尺。次年大水，田廬恃以無恙，并和州含、巢二縣皆賴焉。州民勒石於壩上，名之曰顔公壩"（乾隆《江南通志》卷一一七《職官志》）。

⑤　于覺世，"號赤山，山東濟南府新城縣人，中乙未科進士，於康熙七年六月内到任，至康熙十四年三月内陞任刑部江南清吏司主事，歷官至提督廣東通省學政、按察司僉事"（雍正《巢縣志》卷一二《職官志》）。

⑥　高起龍，正白旗人，廕生，康熙十五年（1676）任當塗縣知縣，後歷任安徽按察使、四川布政使等職（康熙《當塗縣志》卷一二《職官》）。

⑦　段鼎臣，奉天人，廕生，康熙八年（1669）任懷寧知縣（乾隆《江南通志》卷一〇九《職官志》）。

⑧　馬汝驍，字天行，奉天人，廕生，康熙十年（1671）任蕪湖知縣（嘉慶《蕪湖縣志》卷七《職官志》）。

廬州府署府事陞任同知周夢熊①、通判黃際會，安慶府休致知府姚琅②、署司事分巡鳳廬道副使范時秀③、安慶府知府劉國靖④、丁憂通判何旅⑤、見任通判段鼎臣，安徽按察使司按察使丁思孔⑥等，俱應逐一查參。但各官俱在康熙十五年正月十二日赦前，惟湯君赤一犯病故赦後，但查定例"監斃一二人者免議"，似應一概免其題參。惟是此案情關重大，人犯眾多，不得不詳慎駁查。應以擬流犯屬陶尚文、陶尚德於康熙十五年二月十三日獲解到皖之日扣限，相應一併聲明，統聽部臣議覆者也。既據該司招詳前來，臣覆核無異，除人產冊結送部查核外，相應密題。

伏乞敕下法司議覆施行。

靳文襄公奏疏卷八終

---

① 周夢熊，真定人，貢生（光緒《續修廬州府志》卷二三《職官表一》）。

② 姚琅，"號書岑，浙江石門人，少穎悟，讀書過目成誦。順治壬辰，以拔貢除授，歷任有聲。康熙庚戌，擢守皖郡。皖濱大江，地衝馬貧。加以憲節駐臨，事機填委。琅廉潔敏幹，寬猛互濟，游刃有餘。培植學校，撫字殘黎，案無留牘，獄無枉縱，一時有神明之譽。甲寅，大兵征滇王歸，往來水陸悉經皖，琅區畫得宜，村市安堵。署臬篆，讞決明慎；修郡乘，紀載詳明。以積勞成疾乞休，皖人扳轅失聲。歸二載，以疾終"（康熙《安慶府志》卷一二《名宦》）。

③ 范時秀，奉天人，貢生，康熙九年（1670）任鳳廬道事（光緒《續修廬州府志》卷二三《職官表一》）。

④ 劉國靖，"遼東廣寧人，康熙十三年任，鐵面霜威，吏民憚之，陞淮揚道"（康熙《安慶府志》卷十《秩官志》）。

⑤ 何旅，浙江人，監生，康熙十二年（1673）任安慶府通判（光緒《重修安徽通志》卷一二三《文職表》）。

⑥ 丁思孔，"奉天廣寧人，壬辰進士，康熙十四年任（安徽按察使），陞江蘇布政使"（康熙《安慶府志》卷十《秩官志》）。